대각등계집
大覺登階集

동국대학교 불교기록문화유산아카이브사업단(ABC)
본서는 문화체육관광부 지원으로 동국대학교 불교학술원에서 간행하였습니다.

한글본 한국불교전서 조선 28
대각등계집

2015년 10월 8일 초판 1쇄 인쇄
2015년 10월 20일 초판 1쇄 발행

지은이 백곡 처능
옮긴이 임재완
펴낸이 한태식
펴낸곳 동국대학교출판부

주소 100-715 서울시 중구 필동로 1길 30
전화 02-2260-3483~4
팩스 02-2268-7851
Homepage http://www.dgpress.co.kr
E-mail book@dongguk.edu
출판등록 제2-163(1973. 6. 28)
편집디자인 꽃살무늬
인쇄처 (주)타라티피에스

© 2015, 동국대학교(불교학술원)

ISBN 978-89-7801-448-9 93220

값 23,000원

이 책의 무단 전재나 복제 행위는 저작권법 제98조에 따라 처벌받게 됩니다.

한글본 한국불교전서 조선 28

대각등계집
大覺登階集

백곡 처능白谷處能
임재완 옮김

동국대학교출판부

백곡집白谷集 해제

임 재 완
한림대학교 연구교수

1. 개요

『백곡집白谷集』은 조선 중기의 고승인 백곡 처능白谷處能(1617~1680)의 시문집이다. 문집 명칭을『대각등계집大覺登階集』이라고도 하는 이유는 권1, 권2의 첫머리 제목에 '대각등계집'이라고 되어 있기 때문이다. 하지만 판심에는 '백곡집'으로 되어 있다. 대각등계는 백곡 처능의 존호尊號이므로『백곡집』이라 함이 타당하다. 식암息庵 김석주金錫胄가 1682년(숙종 8)에 쓴 서문에도『백곡집』의 서문을 쓴다고 하였다. 동명東溟 정두경鄭斗卿이 1654년(효종 5)에 쓴 서문이 있는데 아마도「불교의 폐지에 대해 간언을 하며 올린 상소문(諫廢釋敎疏)」을 보지 못하고 서문을 쓴 듯하다.「불교의 폐지에 대해 간언을 하며 올린 상소문」은 1661년(현종 2)에 지어졌기 때문이다.

백곡 처능은 당시 보기 드물게 문학적인 재능이 출중한 스님이었으며, 또 유가儒家 경전에도 두루 통달하였다. 즉 유교·불교를 넘나드는 고승이었으며, 불교가 쇠퇴 일로에 있었던 조선 중기에 올린 한 편의 장편 상소문인「불교의 폐지에 대해 간언을 하며 올린 상소문」은 당시의 불교 전반적인 상황에 대해 해박한 논리를 전개한 것으로 호불론護佛論의 명문에 속한다.

2. 저자

백곡 처능의 속성은 전씨全氏이며, 1617년(광해군 9) 5월 3일에 태어나 1680년(숙종 6) 7월 1일에 입적하였다. 자는 신수愼守, 법명은 처능, 호는 백곡이다.

12세에 의현義賢 스님을 따라 스님이 되었다가 17, 18세경에 속리산에서 서울로 올라왔다. 당대의 문장가이며 선조의 부마인 동양위東陽尉 낙전당樂全堂 신익성申翊聖(1588~1644)을 찾아가 스승으로 모시면서 4년 동안 배웠다. 낙전당의 넷째 아들인 춘소공春沼公 신최申最(1619~1658)와는 나이가 비슷하여 친구처럼 지내면서 신익성을 모셨다. 4년 동안 처능은 주로 유가 경전인 『논어』·『맹자』 그리고 제자백가서를 배웠으며, 아울러 당송팔대가인 당唐의 한유韓愈와 송宋의 소동파蘇東坡 문장까지 두루 배우면서 문학적인 소양을 많이 쌓았다. 글을 한번 지으면 계곡의 물이 쏟아져 나오는 듯 자연스럽게 쏟아져 나왔다. 당대의 문장가인 정두경(1597~1673)은 기재奇才라고 칭찬을 하였고, 시풍은 성당 시대盛唐時代의 분위기가 있었으며, 모두 깨우침을 터득한 후에 지은 글이라고 하였다. 식암食庵 김석주金錫胄는 '격고기건格古氣健(시의 격조가 예스럽고 분위기가 굳건함)'이라 하였으며, 분애汾厓 신정申晸은 '청신고건淸新古健(청신하고 예스럽고 굳셈)'하다고 평가하였다.

20대 초반에 지리산에 있는 벽암 각성碧嵒覺性(1575~1660)을 찾아가 스승으로 모시면서 스승이 돌아가실 때까지 배웠다. 묘향산·속리산·계룡산 등지에서 주로 생활을 하다가, 1657년(효종 8)에 대둔산의 안심사安心寺

에 오래 머물면서 불법을 강연하니 배우러 오는 스님들이 많았다. 남한승통南漢僧統(남한산성 승병 대장)에 임명되었으나 몇 달간만 일하다가 즉시 사임하였다.

1680년(숙종 6) 봄에 금산사金山寺에서 5주야晝夜 동안 대법회를 열었다. 6월 20일경에 가벼운 병세를 보이더니 7월 1일에 세상을 떠났다. 사리 세 조각이 나왔는데, 모악산母岳山의 금산사, 대둔산의 안심사, 계룡산의 신정사神定寺에 나누어 모셔 두었다.

『백곡집』에는 실려 있지 않지만, 분애 신정이 「백곡처능사비명병서白谷處能師碑銘幷序」, 명곡明谷 최석정崔錫鼎이 「백곡선사탑명白谷禪師塔銘」을 지었다.

3. 서지 사항

『백곡집』은 조선 중기의 고승인 처능의 시문집으로 총 2권 2책이며, 목판본이다. 무주茂朱의 인명印明·신청信淸, 태인泰仁의 종원宗元, 임실任實의 원익元益 스님 등에 의해서 전라북도 김제 금산사에서 1683년(숙종 9) 3월에 초판본이 간행되었다. 본 대본은 1819년(순조 19) 4월에 역시 금산사에서 간행된 후쇄본으로 고려대학교 소장본이다.

제1권에는 오언고시五言古詩 7편, 칠언고시七言古詩 10편, 오언율시五言律詩 68편, 칠언율시七言律詩 30편, 오언절구五言絶句 15편, 칠언절구七言絶句 38편, 잡체시雜體詩 8편, 총 176편의 시가 수록되어 있다.

제2권에는 서序 5편, 기記 4편, 설說 3편, 발跋 1편, 서書 2편, 행장行狀 3편, 비명碑銘 3편, 제문祭文 1편, 권선문勸善文 1편, 소疏 1편으로 총 24편의 글이 있다.

4. 내용과 성격

처능은 당대의 문장가인 신익성으로부터 유가 경전과 당송唐宋 시대의 문장을 배워 유가적인 학식과 교양을 쌓았으며, 불교는 당대의 으뜸가는 고승인 벽암 각성에게 배웠다. 즉 유교와 불교를 두루 관통하는 스님이었다고 평가할 수 있다.

시와 문장에 뛰어나 정두경·김석주·신정 등 여러 문장가들로부터 성당 시대의 시풍이 있다거나 '격고기건', '청신고건'하다는 평을 받았다.

그의 시는 자연에 대한 관조를 진솔하고 아름답게 표현하였으며, 삶에 대한 사랑으로 가득 차 있다. 〈그윽한 곳에 살면서(幽居雜興)〉 4수 중 마지막 시에 더욱 그런 면이 잘 나타나 있다.

이른 새벽에 맛있는 우물물 길어 와	淸晨汲甘井
어스름한 저녁에 좋은 차를 달인다.	薄暮烹良茶
차를 마셔 목을 적시니	飮之沃喉
맛이 어찌 그리 진한가.	釅味何其多
수천 봉우리를 향하여 문득 머리 돌리니	千峰忽回首
높고도 험준한 모습으로 우뚝 서 있다.	屹立高峩峩
하얀 돌에는 점점이 이끼가 있고	白石點苔蘚
검푸른 절벽에는 넝쿨이 드리워져 있다.	蒼崖垂薜蘿
부질없는 인생도 종말이 있으니	浮生有終極
이 아름다운 경치를 어이할거나.	奈此風光何

그의 시 가운데는 스승인 동회 신익성의 시를 차운한 시가 많으며, 또한 스승을 그리워한 시가 있다. 다름 아닌 인간에 대한 연민과 그리움이 구절구절 잘 드러나 있다. 스승이 세상을 떠난 뒤에 스승의 집 앞을 지나

면서 지은 시는 더욱 그러한 모습을 잘 표현하였다.

〈동회 선생의 옛집을 지나다 감회가 있어 동명 정두경의 시운에 따라 시를 짓다(過東淮先生舊宅有感次東溟鄭學士韻)〉가 바로 그러한 시이다.

선생의 옛집에서 통곡하노니	痛哭先生宅
누가 백대百代의 스승이런가.	誰爲百世師
옛적에는 지음知音으로 즐거웠으나	往時知己樂
오늘은 온 마음을 쏟아 슬퍼하노라.	今日盡情悲
책상 가득 놓여 있는 시서詩書를 보니	滿案詩書在
눈물 흘러 옷깃을 적시네.	沾襟涕淚垂
저승은 참으로 아득히 멀리 있는데,	幽冥眞迥隔
쓸쓸히 〈팔애시八哀詩〉 읽을 뿐이네.	空讀八哀詩

〈팔애시八哀詩〉는 두보가 여덟 명의 친구를 그리워하며 지은 시다.

처능이 남긴 여러 편의 글을 통하여 그의 사상의 모습을 엿볼 수 있다. 「임성 대사 행장 후서任性大師行狀後序」에서는 조선 불교의 맥락을 일목요연하게 자신의 세대에까지 이어짐을 보여 주었다. 즉 조선 불교의 큰 흐름은 태고 보우太古普愚에게서 시작하여 환암 혼수幻菴混修→구곡 각운龜谷覺雲→등계 정심登階淨心, 또는 벽계 정심碧溪正心(동일 인물)→벽송 지엄碧松智儼→부용 영관芙蓉靈觀→청허 휴정淸虛休靜과 부휴 선수浮休善修→벽암 각성→백곡 처능으로 이어진다.

등계 정심으로부터 교학의 맥이 다시 이어지는데, 등계 정심→정련 법준淨蓮法俊→백하 선운白霞禪雲→정관 일선靜觀一禪→임성 충언任性冲彦이다.

능 상사에게 선禪과 교敎의 차이점에 대해서 설명하면서 써 준 「선교설-능 상사에게 주는 서(禪敎說贈勒上士序)」에서 선교일치론禪敎一致論을 주장하고 있다. 선이란 마음이다. 교란 가르침이다. 선이란 근기根機가 뛰어난 사람을 위해 전해진 것이요, 교란 근기가 모자라는 사람을 위해 부득이 말로 설명하는 것이다. 마음과 입이 다르기는 하지만 이치는 근원이 하나이다. 교를 떠나서 따로 선이 없고, 선을 떠나 따로 교가 있음이 아니라고 하면서 선교일치론을 주장하였다.

「성명설性命說」에서는 성性과 명命을 분리해서 보지 않고 성명性命이 하나라고 하였다. 『중용中庸』 제1장 첫머리에서 "천명天命을 성性이라 한다."라고 하였다. 바로 성과 명은 하나이다. 다만 주고받음에 명칭이 나뉠 뿐이다. 불가佛家에서는 성명, 또는 신명身命이라고 한다. 성과 명을 나누지 않고 합해서 말한 것은, 성이 곧 명이고, 명이 곧 성이며, 명칭을 부름도 모두 사람에 달려 있기 때문이다. 학자들도 이 점을 분명히 알면, 삼교三教의 성명설에 대해 동이同異를 대략이나마 분별하고 의혹이 없어질 것이라고 하였다.

「인의설仁義說」에서는 고자告子·노자老子·묵자墨子·장자莊子·양자楊子 모두가 인仁과 의義를 따로 분리하여 보는 것을 비판하고 인의仁義는 자신에게 있다고 하였다. 배우는 이들은 여러 제자백가들이 논한 인의부동지설仁義不同之說(인의가 같지 않다는 설)에 대하여 깊이 의미하고 상세히 연구를 해야 한다고 하였다.

「불교의 폐지에 대해 간언을 하며 올린 상소문(諫廢釋敎疏)」은 불교 폐지의 부당함을 말한 장문의 상소문이다. 「불교의 폐지에 대해 간언을 하며 올린 상소문」을 굳이 풀이하자면 '불교를 없애자는 조정의 정책에 간언諫言을 올리는 소疏'라 할 수 있겠다. 처능이 쓴 여러 글 중에서 가장 장문의 글이며, 조선 시대 호불론護佛論의 입장에서 쓴 명문名文에 속하는 글이다. 여타의 상소문과는 달리 8천여 자에 달하는 「불교의 폐지에 대해 간언을 하며 올린 상소문」은 그 자체로 한 편의 훌륭한 저서라고 평가되고 있다.

당시 조정에서 숭유억불崇儒抑佛 정책으로 불교를 혁파하려고 하여 비구니들이 살고 있는 자수원慈壽院과 인수원仁壽院을 없앴다. 『조선왕조실록』에 의하면 1661년(현종 2) 2월 12일에 자수원과 인수원을 혁파했다고 하였다. 자수원과 인수원을 혁파하고 그곳에 살고 있는 비구니를 내쫓아 보냈기 때문에 처능이 강하게 분노를 표출하였으며, 당시 불교의 전반적인 탄압에 반대하면서 올린 글이 바로 「불교의 폐지에 대해 간언을 하며 올린 상소문」이다. 1661년 쓴 것으로 추측된다. 「불교의 폐지에 대해 간언을 하며 올린 상소문」은 불교를 옹호하고 장려해야 한다는 장편의 상소문으로 당시 불교 정책을 잘 알 수 있는 한 편의 논문과 같은 성격을 가지고 있다.

불교를 폐하려는 여섯 가지 이유를 조목조목 반박하면서 불교 폐지의 부당성에 대해서 논하였으니, 첫째, 불교가 인도에서 탄생되었다고 해서 폐하려고 한다면(異邦域問題), 진리의 세계에서는 지역의 문제가 전혀 문제가 될 것이 없다고 하면서 많은 역사적 사례를 들어 논증하였다.

둘째, 시대가 다르다고 폐하려고 한다면(殊時代問題), 즉 순임금과 우임금이 다시 태어나더라도 부처는 자신들과 조금도 다름이 없다고 할 것이라고 하면서 시대는 문제될 것이 없다고 하였다.

셋째, 불교의 윤회설을 들어 불교를 폐하려고 한다면(輪回問題), 시든 꽃이 내년 봄에 다시 피지 않을 것이라는 생각과 같다고 하면서 반박하고 있다.

넷째, 불교가 재물을 소모한다고 하여 폐하려고 한다면(耗財帛問題), 어진 사람을 보배로 삼으면 백성이 편안하다고 하였다.

다섯째, 불교가 국가 행정을 손상시킨다고 해서 폐하려고 한다면(傷政問題), 중이 나라의 법을 범하면 죽여도 좋고, 벌을 줄 만한 사람에게는 벌을 주고 덕을 밝혀야 한다고 하였다.

여섯째, 군역을 지지 않는다고 해서 불교를 폐하려고 한다면(失編伍問題), 중이 지는 부역賦役은 종이를 만들어 바치는 일, 남한산성을 지키는 일, 전쟁이 일어나면 번개처럼 달려가 나라를 지키는 등 매우 많다고 하면서 반박하였다.

5. 가치

조선 시대 불교사에 있어서 시대적으로 중간에 위치한 처능은 문학적으로 출중한 시를 남겼을 뿐만이 아니라 사상적으로도 벽암 각성을 계승한 뛰어난 스님이기도 하다.

그가 남긴 170여 편의 시는 자연에 대한 통찰력과 삶에 대한 예지를 담담한 필치로 그려내었다. 당대의 문장가인 정두경으로부터 성당 시대의 기풍이 있다는 격찬을 받았으며, 또 김석주에게서는 격고기건格古氣健하다는 평가를 받았으니, 그가 남긴 시가 어떠한 경지에 도달했는지 충분히 알 수 있다.

사상적으로는 선교일치론·인의내재설·성명일치설을 주장하였으며, 1661년(현종 2)에 현종의 폐불교廢佛敎 정책에 반대하면서 올린 한 편의 장편 상소문인 「불교의 폐지에 대해 간언을 하며 올린 상소문」은 조선 시대 호불론의 대표적인 명문에 속한다.

6. 참고 문헌

김용조, 「백곡 처능의 간폐석교소에 관한 연구」, 『한국불교학』 4, 한국불교학회, 1979.

김주호, 「백곡 처능 선사의 시세계」, 『동악한문학논집』 7, 동악한문학회, 1994.

남희수, 「백곡 처능의 활동과 호불상소」, 동국대학교 대학원 사학과 석사학위논문, 2005.

김달진 옮김, 『백곡집·월저당집』, 한글대장경 83, 동국역경원, 2002.

김기영 역주, 『현정론·간폐석교소』, 한국불교연구원, 2003.

차례

백곡집白谷集 해제 / 5
일러두기 / 23
백곡집서白谷集序 / 25
서문 / 29
주 / 31

대각등계집 제1권

오언고시五言古詩-7편
그윽한 곳에 살면서 幽居雜興 35
진주 이 명부에게 등잔 기름을 부탁하면서 삼가~ 敬呈晉陽李明府索油 38
동회 선생의 시에 삼가 차운함 敬次東淮先生韻 39
해바라기를 심다 種葵 40
오이를 심다 種瓜 41
감흥感興 42
감회가 있어 有感 43

칠언고시七言古詩-10편
'군불견'이란 글을 즉시 지어 양열 스님에게 주다 君不見走筆贈良悅師 45
조 수재에게 주다 贈趙秀才 48
관음재에서 머물다 즉시 시를 짓다 宿觀音齋走筆 50
시골집에서 숙박하다 宿田家 51
단가행短歌行 52
말 그림 畫馬圖 53
악전고투의 노래 苦戰行 55
목동의 노래 牧童詞 56
옛 친구를 송별하면서 진간재의 체를 본받고 또~ 古別離效陳簡齋體仍次其韻 57

황산곡의 체를 모방하여 송별함 效黃山谷體送別 58

오언율시五言律詩-68편

삼가 편양 대사에게 올림 謹呈鞭羊大士 59
사라촌에서 숙박하면서 즉시 시를 지음 宿沙羅村口占 60
봉두타에서 지음 題峯頭陁 61
법려가 보내온 편지를 받다 得法侶書 62
쌍암에서 지음 題雙菴 63
차운하여 조 수재를 보내다 次韻別趙秀才 64
정 목백에게 시를 삼가 보내다 敬呈聯珠鄭牧伯 65
마운사 摩雲寺 66
비에 막혀 백헌 상공에게 삼가 드림 滯雨敬呈白軒相國 67
두 번째 其二 68
왕 상사를 이별하면서 시를 지어 줌 贈別王上舍 69
백주 상공의 시에 삼가 차운함 敬次白洲相公韻 70
천주사에서 백주 상공에게 삼가 드림 天柱寺敬呈白洲相公 71
두 번째 其二 72
등봉사 登峯寺 73
봄날에 취미 장로에게 보내다 春日寄翠微長老 74
주계 이 상사의 시에 차운하다 次朱溪李上舍韻 75
권 상사의 시에 차운하다 次權上舍韻 76
덕인 대사를 이별하며 別德仁大師 77
남쪽으로 돌아가는 헌 상인을 전송하며 送憲上人南歸 78
배꽃 梨花 79
호정 정 상공의 계곡 정자에서 지음 題壺亭鄭相公溪堂 80
늑 대사와 이별하면서 시를 지어 주다 贈別勒師 81
화 대사와 이별하면서 시를 지어 주다 贈別和大師 82
청주에서 눈을 만나 목사에게 보냄 逢雪西原邑呈牧伯 83
호남 관찰사 조 방백에게 삼가 드리다 敬呈湖南趙方伯 84
강성사 벽에 시를 짓다 題江城寺壁上 85

두 번째 其二 86
처사의 초당에서 짓다 題處士草堂 87
보림사에서 비를 만나 무료하던 중 희 대사의~ 寶林寺逢雨無聊中喜見熙師詩句 88
박 충의의 시에 차운하여 즉시 짓다 走次朴忠義韻 89
화봉사에서 학 상인을 만나다 花峯寺遇學上人 90
대원사에서 인 대사를 만나 밤에 이야기하다가~ 大元寺遇印大師夜話口號 91
행각 떠나는 해심 사미를 보내며 送海心沙彌行脚 92
남쪽으로 돌아가는 웅철 사미를 전송하며 送雄哲沙彌南歸 93
장수사에서 시를 지어 인 대사에게 주다 長水寺吟贈忍大師 94
즉시 시를 지어 의천 상인에게 주고 작별하다 走筆贈別義天上人 95
즉시 시를 지어 인 도인에게 주고 작별하다 走筆贈別璘道人 96
간 대사가 붓을 구하기에 백필 한 자루를 보내다 偘大士索筆寄白筆一枝 97
눈 雪 98
동회 선생의 옛집을 지나다 감회가 있어~ 過東淮先生舊宅有感次東溟鄭學士韻 99
동명 정 학사에게 보냄 寄呈東溟鄭學士 100
개원사에서 시 두 수를 지어 부백~ 開元寺吟得短律二首敬呈府伯兪令公 101
두 번째 其二 102
삼가 용안 수령의 시에 차운함 謹次龍安守韻 103
남한산성 국청사의 봄을 회상함 南漢國淸寺春懷 104
별장 양 영공의 시에 삼가 차운함 奉次楊別將令公韻 105
보령 수령에게 보냄 寄呈保寧倅 106
일 때문에 감회가 있어 삼가 김 상공에게 보내다 因事有感敬呈金相公 107
신 상사에게 보내다 寄呈申上舍 108
부산사에서 시를 짓다 題浮山寺 109
신성 수령에게 보내다 寄呈新城地主 110
어떤 사람이 베 한 필을 보내왔기에 고마움을~ 謝人送布一匹因次其韻 111
원 처사에게 보내다 寄元處士 112
고요한 은거지에서 흥취를 보내다 幽居遣興 113
신정사 망남루에서 짓다 題神定寺望南樓 114
백운산에서 응암 대사와 이별하면서 白雲山留別應巖大師 115

풍악에 유람 가는 기 대사를 전송하며 送奇大師遊楓岳 ……… 116
격포진 봉화대에 올라 登格浦鎭烟臺 ……… 117
즉시 시를 지어 호남 관찰사 신 모에게 주다 走筆寄呈湖南申方伯 ……… 118
법성포에서 우연히 짓다 法聖浦偶題 ……… 119
원 동자에게 주다 贈元童子 ……… 120
청계사 벽에 시를 짓다 題靑溪寺壁 ……… 121
호서 아사와 작별하다 奉別湖西亞使 ……… 122
섣달그믐 除夜 ……… 123
부여의 박 명부가 임기 육 년이 차다 扶餘朴明府瓜滿六年 ……… 124
충추 원 목백에게 삼가 보내다 敬呈忠原元牧伯 ……… 125
호거산에 오르다 登虎踞山 ……… 126
옥천사와 학서사 두 절을 구경하다 遊玉泉鶴棲兩寺 ……… 127
마천대 摩天臺 ……… 128
전주의 보좌관 심 명부에게 보내다 寄呈全州半刺沈明府 ……… 129
박 수재의 초당에서 짓다 題朴秀才草堂 ……… 130

칠언율시 七言律詩-30편

백마강에서 회고함 白馬江懷古 ……… 131
태조산 작은 암자에 자면서 宿太祖山小庵 ……… 132
동회 선생과 헤어지면서 辭東淮先生 ……… 133
동회 선생에게 삼가 드리다 敬呈東淮先生 ……… 134
또 又 ……… 135
운장암에서 우연히 읊조리다 雲藏菴偶吟 ……… 136
봄날 친우에게 보내다 春日寄友 ……… 137
또 又 ……… 138
동회 선생이 지은 백운루 시에 삼가 차운하다 敬次東淮先生白雲樓韻 ……… 139
백헌 상국에게 보내다 寄呈白軒相國 ……… 140
백주 재상의 시에 차운하다 敬次白洲相公韻 ……… 141
해숭위 윤 공의 시에 차운하다 敬次海嵩尉尹公韻 ……… 142
봉명암에서 짓다 題鳳鳴菴 ……… 143

장 수재와 작별하다 別張秀才 ········ 144
철옹에서 동주 이 공을 방문하고 그의 시에~ 鐵甕訪東州李公仍次其韻 ········ 145
묘향산 비로봉에 올라갔다가 날이 저물어~ 登香山毗盧峯日晚宿毗盧菴 ········ 146
복천사에서 비에 막혀 고을 원에게 시를~ 福泉寺滯雨呈主倅兼呈同遊諸公 ········ 147
익산군 재실에서 즉시 시를 지어 고을 원에게 益山郡齋走筆奉呈邑倅~ ········ 148
신 정자를 곡하다 哭申正字 ········ 149
인동으로 가는 도중에 즉시 시를 지어 경상도~ 仁同途中口號敬呈嶺伯 ········ 150
봄날에 임 대사에게 보내다 春日寄林師 ········ 151
산에서 나와 청주 통판에게 보내다 出山呈西原通判 ········ 152
차운하여 정 수재에게 보내다 次寄鄭秀才 ········ 153
남한산성의 동문 누각 위에서 즉시 시를 지어~ 南漢東門樓上口占敬呈大尹 ········ 154
다시 앞의 운을 사용하다 再用前韻 ········ 155
또 又 ········ 156
또 又 ········ 157
민 수재의 운에 따라 즉시 시를 짓다 走次閔秀才韻 ········ 158
이 진주의 초당 운에 따라 삼가 시를 짓다 敬次李晉州草堂韻 ········ 159
유 수재와 이별하다 別柳秀才 ········ 160
내가 조정의 명으로 팔도총섭이 되었다가~ 余以朝命爲八方都摠攝經三朔被罷 ········ 161
동회 선생의 청백당 운에 따라 삼가 시를 짓다 敬次東淮先生靑白堂韻 ········ 162
남 상사에게 보내다 寄南上舍 ········ 163
축에 있는 운에 따라 즉시 시를 지어 범령 상인에게~ 走次軸中韻贈法玲上人 ········ 164

오언절구五言絶句-15편

신 한림에게 보내다 寄呈申翰林 ········ 165
강양의 김 명부에게 보내다 寄呈江陽金明府 ········ 166
산을 나오다 出山 ········ 167
또 又 ········ 168
동회 선생 집을 지나치다 過東淮先生宅 ········ 169
강촌에서 우연히 짓다 江村偶吟 ········ 170
너럭바위에서 짓다 題盤石 ········ 171

이별하면서 주다 贈別 172
일 상인과 헤어지다 別一上人 173
특 대사에게 보내다 寄特師 174
해 두타에게 보내다 贈海頭陁 175
이 상사의 운에 따라 즉시 시를 짓다 走次李上舍韻 176
구름과 강물에 대한 시 雲水吟 177
혜 대사와 이별하면서 別惠師 178
원 대사와 이별하면서 別遠大師 179
대흥사에서 인 대사를 만나 밤에 대화를 나누다 大興寺逢仁大師夜話 180

칠언절구 七言絶句-38편

부석사를 구경하면서 遊浮石寺 181
동회 선생에게 삼가 올리다 敬呈東淮先生 182
가을날에 인 존숙에게 보내다 秋日寄呈忍尊宿 183
박 병사의 행차 길에 보내다 寄呈朴兵使行次 184
동명 사백에게 보내다 寄呈東溟詞伯 185
고산 수령에게 보내다 寄呈高山宰 186
동백정 冬栢亭 187
칠불암의 칠영전에서 짓다 題七佛菴七影殿 188
김 수재의 거처에서 짓다 題金秀才幽居 189
공주 목사의 서찰이 와 기뻐하다 喜公州牧伯書至 190
설법하는 자리에서 김 수재의 운에 따라 시를 짓다 法席次金秀才韻 191
묘향산에 유람 가는 성일 대사를 전송하며 送性一大師遊妙香 192
이 만호를 보내면서 別李萬戶 193
이 진주의 초당시 운에 따라 삼가 시를 짓다 敬次李晉州草堂韻 194
간의 이 선생에게 보내다 寄呈李諫議先生 195
비인 신 명부가 달력을 요구하기에 보내 주다 寄呈庇仁愼明府索曆 196
낙수암 樂壽菴 197
은선암 隱仙菴 198
이 한림에게 보내다 呈李翰林 199

익 대사에게 보이다 示益師 200
순천 가는 길에 順天途中 201
고려산에 오르다 登高麗山 202
강화도 유수 조 상공의 운에 따라 삼가 시를 짓다 敬次江都留守趙相公韻 203
고란사 벽에다 짓다 題皐蘭寺壁 204
아미암에서 짓다 題峩帽菴 205
이날 저녁에 또 김 파여 장로에게 보내다 是夕又寄金波如長老 206
삼청동에서 나오다 出三淸洞 207
즉시 시를 지어 적 대사에게 주고 이별하다 走筆贈別迪師 208
임수대 臨水臺 209
금강산으로 들어가는 혜 대사를 전송하며 送惠師入金剛山 210
혜 대사에게 보내다 贈惠師 211
인 상인이 그린 관동 풍경에 시를 짓다 題仁上人所畫關東 212
또 又 213
회선 사미를 전송하며 送懷善沙彌 214
연기사에서 자면서 즉시 시를 짓다 宿煙起寺口號 215
온천 행궁에서 이 학사의 운에 따라 삼가 시를 짓다 溫泉行宮敬次李學士韻 216
안흥진에서 즉시 시를 지어 첨사인 김 영공에게~ 安興鎭走筆呈僉使金令公 217
다시 첨사 영공에게 보내다 復呈僉使令公 218
용봉사에서 시를 지어 옛 친구에게 보내다 龍鳳寺吟贈舊識老宿 219

잡체시 雜體詩 - 8편

수시 數詩 220
건제체 建除體 222
옥련환체를 본받다 效玉連環體 224
회문체를 본받아 짓다 效回文體 225
봄날에 임 대사에게 보내는 회문시 春日寄林師回文 226
달밤에 바다를 바라보며 지은 회문시 月夜望海回文 227
일언에서 십언까지 自一言至十言 228
아홉 글자로 한가한 흥취를 서술하다 九言賦閑興 229

주 / 230

대각등계집 제2권

문文-23편

임성 대사 행장 후서任性大師行狀後序 249
원 동자에게 주는 서문 贈元童子序 252
처원 상인을 송별하는 서 送處愿上人序 255
해 선자에게 주는 서 贈海禪子序 258
선교설-늑 상사에게 주는 서 禪敎說贈勒上士序 259
만월당기滿月堂記 263
봉은사 중수기奉恩寺重修記 264
봉국사 신창기奉國寺新刱記 269
유점사 산영루 중수기楡岾寺山影樓重修記 272
만국도설萬國圖說 274
성명설性命說 276
인의설仁義說 278
석씨원류 발釋氏源流跋 282
대사헌 유 공께 올리는 편지 上大司憲兪公書 284
어떤 재상에게 올리는 편지 上某相公書 288
사보은천교원조국일도대선사행장賜報恩闡敎圓照國一都大禪師行狀 292
고한 대사 행장孤閑大師行狀 300
「홍각 등계의 비명과 서문」을 추가함 追加弘覺登階碑銘幷序 305
향림사 사적비명香林寺事蹟碑銘 311
정헌대부 팔도도총섭 겸 승대장~正憲大夫八道都摠攝兼僧大將悔隱長老碑銘 315
동회 선생에게 올리는 제문 祭東淮先生文 320
논산 석교를 중수하므로 선행을 장려하기 위해 쓴 글 論山石橋重修諭善文 324
불교의 폐지에 대해 간언을 하며 올린 상소문 諫廢釋敎疏 326

주 / 375

임성당 대사 행장任性堂大師行狀 / 389
주 / 398

찾아보기 / 399

일러두기

1 '한글본 한국불교전서'는 문화체육관광부의 지원을 받아 동국대학교 불교학술원에서 수행하고 있는 '불교기록문화유산아카이브(ABC)사업'의 결과물을 출간한 것이다.
2 이 책은 『한국불교전서』(동국대학교출판부 간행) 제8책의 『대각등계집大覺登階集』과 『임성당대사행장任性堂大師行狀』을 저본으로 하여 번역하였다.
3 번역문에 이어 원문도 수록하였다. 원문은 『한국불교전서』를 저본으로 하였으며, 문文과 행장行狀의 원문에 간단한 표점 부호를 넣었다.
4 원문 교감 내용은 원문 아래에 표기하였다. ㉠은 『한국불교전서』의 교감 내용을, ㉡은 번역자의 교감 내용을 가리킨다.

백곡집서 白谷集序

　대사大師는 나이 17, 18세 즈음에 속리산을 떠나 서울로 올라와서 여러 이름난 대신과 학식 있는 선비들의 문을 방문하면서 자신이 지은 시문詩文을 폐백 삼아 바쳤다. 당시 선배인 큰 선비들이 대사의 총명함과 영특함을 크게 아껴서 칭찬하고 발전하도록 도와주었으며 영교휴묵靈皎休默[1]과 같은 이들도 대사보다는 뛰어나다고 여기지 않았다.

　당시 나의 외조부 낙전당樂全堂 신 공申公[2]은 조정에 있는 것을 좋아하지 않아 회상淮上[3]에서 은거 생활을 한 적이 있었다. 대사는 곧바로 경전經典을 가지고 스님임에도 불구하고 신 공의 넷째 아들인 춘소공春沼公[4]과 함께 아침저녁으로 곁에서 신 공을 모셨다. 붓이나 벼루 등을 준비하는 잔일을 하면서 4년을 지냈지만 여전히 게을리하지 않았다. 신 공은 경서經書와 역사서, 『논어』·『맹자』 같은 우리 유가의 말씀을 가르쳤으며, 한유韓愈와 소동파蘇東坡의 저서까지 두루 언급하였다. 대사는 매일 밤낮으로 열심히 읽고 공부하였으며 독송한 지 오래되어서야 드러내었다. 대사의 문장은 자못 광대무변하였는데 마치 계곡의 물이 쏟아져 나오는 듯하였고, 강물이 콸콸 쏟아져 나오는 듯하였다. 동명東溟 정두경鄭斗卿[5]이 더욱 감탄하고 칭찬을 하면서 기재奇才라고 하였다. 그렇지만 대사는 자신의 본분사를 아직 철저히 밝히지 못했다고 여겨 지리산 쌍계사에 있는 벽암벽암碧嚴 선사6를 찾아뵈었다. 대사는 학식이 풍부한 선사에게 의지해 참구하여 참된 가르침을 널리 퍼뜨리고 편안히 깨달음의 세상에 머물렀다.

대사는 중년中年이 되어서 서울 주변에 산 적이 있었는데 동명 정두경이 대사에게 시를 보냈다.

지난번엔 동양위를 곡哭하였더니　　　　　　徃哭東陽尉
오늘은 백곡 대사를 만났네.　　　　　　　　今逢白谷師
봉황鳳凰7은 끝내 돌아오지 않고　　　　　　鳳凰終不返
용상龍象8 또한 슬픔을 머금었구나.　　　　龍象亦含悲

대사가 세상에서 존경을 받음이 또한 이와 같았다. 그 뒤에 춘소공이 갑자기 세상을 떠나고 외가의 여러 사촌들도 연이어 집안이 쇠락하였다. 내가 스님을 만날 때마다 문득 나에게 과거의 일을 이야기하고 매번 마음 아파하였다. 구양수歐陽脩9가 세상을 떠나자 혜근惠勤10이 눈물을 흘렸고, 만경曼卿11이 죽자 비연秘演12 또한 늙어 버렸으니, 대개 안타깝고 갈피를 잡을 수 없는 탄식이 있는 법이다. 흥망성쇠가 서로 뒤바뀌는 것은 예로부터 본래 그러하니 덧없는 세상의 삶과 죽음에 대한 감회는 또 어찌 끝이 있겠는가?

대사는 예전에 남한산성의 승군僧軍 총대장을 역임하였지만 얼마 있다가 사직하였다. 때때로 아미산峨帽山(충청남도 부여 소재)과 성주산聖住山(충청남도 보령 소재) 사이를 홀로 왕래하다가 경신년(1680, 숙종 6) 가을에 마침내 조금 아픈 기색이 있다가 입적하였으니, 아아 슬프도다. 대사의 문도 회선懷善이 뒷일을 잘 수습하여 거의 유감이 없게 되었다. 그리고 또 대사가 평생 동안 지은 시문 수백 수를 수집하여 천 리 밖에 있는 나를 방문하여 나에게 서문을 써 주기를 요청하였다. 내가 원고 상자를 열어서 읽어 보니, 시의 품격은 예스럽고 시의 분위기는 굳건하여 그 수준이 영교휴묵보다 떨어지지 않았다. 그리고 소싯적의 작품들은 또 모두 다 대가인 선배들에게 물어서 인정을 받았다. 노년에는 더욱 문장이 웅대하여 고금의 여러 다양한 문장 체제에 능했다. 그가 지은 서문序文·비문碑文·기문記文들은 역시 대다수가 호탕하고 거침이 없어 볼만하여 나의 서문을 기다리지 않더라도 저절로 세상에 전해질 수 있는 것이었다. 그렇지만 나는 이 대목에서 더 슬프게 마음속에서 올라오는 느낌이 있으니, 그것은 홀로 비연에 대한 여릉廬陵(구양수)의 감정이나 혜근에 대한 미산眉山(소동파)의 감정일 뿐이겠는가. 끝끝내 슬퍼하고 침묵만을 지켜 회선의 스승에 대한 간절한 뜻을 저버릴 수 있겠는가? 그리하여 대사의 평생 경력과 두 세대에 걸쳐 다진 우의를 책의 첫머리에 써서 나의 감회를 기록하여 『백곡집』의 서문으로 삼고자 한다. 대사의 이름은 처능處能이고, 백곡白谷은 그의 호이다.

임술년(1682, 숙종 8) 중양절에 식암 거사息庵居士 김석주金錫冑 씀.

白谷集[1]序

始師年十七八。自離岳。走至京師。踏諸名卿學士之門。出詩文以爲贄。而一時先輩鉅公。多愛師之聰穎[2]夙悟。奬而進之。以爲靈皎休默之徒。不是過也。時我外王考樂全申公。不樂在朝。嘗屛處於淮上。師輒持經卷。攝緇而從之。與公之季子春沼公。朝夕左右。供筆硯之役。關四寒暑。猶不忘。公仍敎以經、史語孟諸吾儒家言。旁及韓蘇等書。師遂日夜誦讀。久而後乃發之。其文頗滂沛浩漾。若峽之決而河之潰也。東溟鄭公斗卿。尤歎賞之。以爲奇才。顧師以己事未明。遠訪碧岩性師於頭流之雙溪。衾依老宿。提唱眞乘。居然一曹洞之世。適而中年。嘗棲正近圻。鄭東溟以詩贈之曰。徃哭東陽尉。今逢白谷師。鳳凰終不返。龍象亦含悲。其爲世所引重又如此。其後春沼公。遽下世外氏群從。又相繼凋落。余每與師相遇。師輒爲之叙說徃故。繼之以慨然悱惻。夫歐翁捐館。而惠勤流涕。曼卿已死。而秘演亦老。

盖亦有漠然。不知所向之歎焉。盛衰相嬗。自古已然。則浮世存沒之感。又烏可旣耶。師嘗爲南漢僧統之任。未久辭去。時獨徃來於峨眉聖住之間。至庚申秋。竟以微疾示寂。噫嘻悲矣。其徒懷善。收拾後事。殆無遺憾。則復裒其平生所爲詩文數百首。千里訪余。請余序之。余乃發其篋而讀之。則其詩格古氣健。類非沾丐於靈皎休默之餘謄。而少時之作。又皆就質於諸先輩鉅公得其印可者。晩益宏肆。能爲古今雜體。其爲書序碑記之文者。亦多踈宕可觀。有不待余文。而自可以傳於世者。然余於此尤有所慴。然感於中者。不特廬陵之於秘演。眉山之於惠勤而已。又安可終然泯默。以重孤懷善。爲師勤勤之志耶。故將師生平終始及兩世相識之誼。並書諸卷首。以志余感。以爲白谷集序。師名處能。白谷其號也。

壬戌重陽。息庵居士書。

---

1) ㉮ 강희康熙 22년(1683)에 간행한 목판본으로 고려대학교에 소장되어 있다. 2) ㉯ '頬'은 '頻'의 오자이다.

서문

옛날 고승들은 선禪의 이치를 깨우치기만 하면 문장을 짓는 일에 노력을 기울이지 않았어도 문장이 역시 더할 수 없이 맑고 뛰어났다. 일반적으로 시는 성정性情에 뿌리를 둔 것이니 마음이 이미 맑아지면 언어로 표현되는 것이 저절로 그렇게 되는 것이다. 육조대사 혜능慧能은 서역 인도에서 온 불법佛法을 전하신 분이니, 어찌 시를 열심히 익히느라 온 정신을 다 쏟았겠는가? 그러나 명경보리明鏡菩提 같은 작품은 대단히 성당盛唐[13]의 시풍이 있었으니, 나는 선을 깨우친 자는 문장에도 뛰어났음을 알았다. 이런 까닭에 지금 백곡 처능 대사 문집의 서문을 요구하기에 내가 대사의 시와 문을 보니, 모두가 삼매를 얻은 후에 지은 글이라 구승九僧[14]도 대사보다 뛰어나다고 할 수 없다. 그러나 처능 대사가 선을 깨닫기를 혜능 대사만큼 하였다면 처능 대사의 시문은 이 정도에 그치지는 않았을 것이다. 처능 대사는 아시는가?

갑오년(1654, 효종 5) 청화淸和(4월) 16일에 동명 거사東溟居士 정두경鄭斗卿 씀.

古之高僧。旣已悟禪。則雖不從事於文辭。文辭亦淸絶。盖詩本性情。心境旣淸。發於言者。自不得不爾。六祖傳西來衣鉢者也。曷嘗從事於詩。勞其肺肝者哉。然明鏡菩提之作。大有盛唐音律。余知悟禪者之能文。以此今白谷禪師能公。求其集序。余見其詩若文。皆得三昧。九僧不足多也。然使能師悟禪。如盧行者。則能師之詩文。不但止此而已。能師會麽。
岢甲午。淸和旣望。東溟居士書。

주

1 영교휴묵靈皎休默 : 김석주金錫冑의 『식암선생유고息庵先生遺稿』 권8의 「백곡집서白谷集序」에서는 "奬而進之. 以爲靈皎默休之徒. 不是過也."라고 하여 '靈皎默休'로 되어 있다. 신정申晸의 『분애유고汾厓遺稿』 권10의 「백곡처능사비명병서白谷處能師碑銘幷序」에서는 "遺外迹. 托詩鳴. 悅靈皎休默之名者耶."라 하여 '靈皎休默'으로 되어 있다. 영靈은 영관靈觀, 교皎는 미상, 휴休는 휴정休靜, 묵默은 진묵震默 스님을 말한다고 한다. 『백곡집·월저당집』(김달진 옮김, 동국역경원, 2002) 참고.

2 신 공申公 : 신익성申翊聖(1588~1644)을 가리킨다. 본관은 평산平山이고 자는 군석君奭, 호는 낙전당樂全堂·동회 거사東淮居士이다. 선조의 사위로 12세에 선조의 딸 정숙 옹주貞淑翁主와 결혼하여 동양위東陽尉에 봉해졌다. 아버지가 상촌象村 신흠申欽(1566~1628)이다.

3 회상淮上 : 경기도 광주廣州 주위의 두강斗江으로 추정된다. 처능이 지은 「제동회선생문祭東淮先生文」에 "廣陵之東. 斗江之傍."이란 말이 있다. 경기도 광주의 동쪽, 두강의 옆이란 의미이다. 두강은 광주 주위를 흐르는 강임을 알 수 있다.

4 춘소공春沼公 : 신최申最(1619~1658)를 가리킨다. 본관은 평산平山이고 자는 계량季良, 호는 춘소春沼이다. 신익성의 넷째 아들로 낭천 현감狼川縣監을 역임하였으며, 저서로 『예가부설禮家附說』이 있다. 식암息庵 김석주金錫冑의 스승이다.

5 정두경鄭斗卿(1597~1673) : 본관은 온양溫陽이고 자는 군평君平, 호는 동명東溟이다. 문장에 뛰어났으며 저서로 『동명집東溟集』이 있다.

6 벽암碧岩 선사(1575~1660) : 각성覺性 대사를 말한다. 호가 벽암碧岩이다. 벽암碧嵓으로도 쓴다. 병자호란 때 전국 승병 총사령관인 팔도도총섭八道都摠攝을 맡아 큰 공로를 세웠다. 제자로 수초守初, 처능이 있으며, 저서로 『도중결의圖中決疑』, 『간화결看話決疑』가 있다.

7 봉황鳳凰 : 뛰어난 인물을 말한다. 여기서는 작고한 신익성을 비유한다.

8 용상龍象 : 학덕學德이 높은 스님을 말한다. 여기서는 백곡 대사를 비유한다.

9 구양수歐陽脩(1007~1072) : 송宋의 문장가이다.

10 혜근惠勤(?~1117) : 송의 고승이다.

11 만경曼卿 : 송의 문장가인 석연년石延年(994~1041)의 자이다. 저서로 『석만경집石曼卿集』이 있다.

12 비연秘演 : 송의 고승으로 석만경과 교우가 깊었다. 구양수의 작품 중에 「석비연시집서釋秘演詩集序」, 「제석만경문祭石曼卿文」이 있다.

13 성당盛唐 : 당唐나라 시대에 시가 가장 전성기를 누리던 시대를 말한다. 이백·두보·

왕유 등의 시인이 활동하였다. 일반적으로 당대唐代를 초당初唐·성당盛唐·중당中唐·만당晚唐의 4기로 구분하는 것은 남송南宋 엄우嚴羽에서 시작되었다.
14 구승九僧 : 시로 유명한 아홉 명의 스님을 가리킨다.

대각등계집 제1권
| 大覺登階集 卷之一 |

시詩

그윽한 곳에 살면서
幽居雜興

[1]
청산이 깊고도 깊어	靑山深復深
세상 나그네 보이지 않네.	不見人間客
홀로 앉은 봄 낮이 길기만 하니	獨坐春晝永
무엇으로 산중의 고적함을 위로하리오.	何以慰岑寂
아름다운 새는 지지배배 소리 내면서	好鳥三兩聲
때때로 주렴 옆으로 날아드는데	時翻傍簾翮
붉은 절벽에는 흰 폭포 쏟아지고	晴瀑瀉丹崖
푸른 석벽에는 엷은 안개 어리었네.	霽嵐浮翠壁
목청 돋우어 한 곡조 노래를 마치니	高歌一曲終
수천 봉우리는 어느새 어둑어둑.	暝色千峯夕

[2]
봄비가 보슬보슬 가늘게 내리니	春雨細濛濛
한꺼번에 꽃들이 모두 피었네.	一時花盡開
이웃에 사는 많은 도반道伴들	卜隣多法侶
동쪽 누대에 올라가라 나에게 권하네.	勸我登東臺
저녁노을 눈길 가는 곳까지 멀리 바라보니	斜陽始極目

그 모습이 어찌 그리도 기이한가?　　　　　氣象何奇哉
조각조각 안개가 일어나고　　　　　　　　片片孤烟起
쌍쌍이 뭇 새들 돌아오는데　　　　　　　　雙雙衆鳥回
생각에 잠기다 보니 어느새 저물어　　　　沉吟不覺暝
지팡이 짚으며 돌아서 내려오네.　　　　　杖策還歸來

[3]
석양이 깊은 산속에 지는데　　　　　　　　夕陽下幽岑
황혼이라 스님이 절 문을 닫는다.　　　　　黃昏僧掩門
갑자기 산이 달을 토해내니　　　　　　　　俄然山吐月
자던 새가 놀라 날아간다.　　　　　　　　　宿鳥驚飛翻
산들바람이 때때로 소리를 보내어　　　　微風時送音
봄꿈 속의 내 혼을 위로하는데　　　　　　慰我春夢魂
대나무는 서걱서걱 소리를 내고　　　　　聒聒喧竹幹
샘물은 시원스레 흘러내린다.　　　　　　泠泠動泉源
내 노래에 내 스스로 기뻐하나니　　　　　自歌而自悅
구태여 알아주는 이 필요하리오.　　　　　知音何必論

[4]
이른 새벽에 맛있는 우물물 길어 와　　　清晨汲甘井
어스름한 저녁에 좋은 차를 달인다.　　　薄暮烹良茶
차를 마셔 목을 적시니　　　　　　　　　　飮之洒沃喉
맛은 어찌 그리 진한가.　　　　　　　　　　釅味何其多
수천 봉우리를 향하여 문득 머리 돌리니　千峰忽回首
높고도 험준한 모습으로 우뚝 서 있다.　　屹立高峩峩
하얀 돌에는 점점이 이끼가 있고　　　　　白石點苔蘚

검푸른 절벽에는 넝쿨이 드리워져 있다.　　　　蒼崖垂薜蘿
부질없는 인생도 종말이 있으니　　　　　　　　浮生有終極
이 아름다운 경치를 어이할거나.　　　　　　　　奈此風光何

진주 이 명부李明府[1]에게 등잔 기름을 부탁하면서 삼가 보냄
敬呈晉陽李明府索油

마음은 도道와 서로 딱 들어맞아야 하고	心以道相契
등불은 기름이 있어야 빛을 전하리.	燈以油自傳
등불이 전해지고 도 역시 딱 들어맞으면	燈傳道亦契
인연이 없는 것이 아니라네.	不是無因緣
홀로 지새는 밤 어찌 이리도 긴가?	獨坐夜何長
기름이 없어서 등도 걸지 못할 때야.	無油燈不懸
도가 서로 들어맞음을 아는 것은	知有道相契
진주 부사가 현명하기 때문이다.	晉陽明府賢
풍류에는 예스러운 뜻이 많아	風流多古意
나로 하여금 앉아 잠 못 이루게 만드니	令我坐無眠
한 근의 기름을 얻어	願得一斤油
등불 앞에서 그 마음 지니기를 원하네.	持心燈影前
위로는 부처님께 바치어서	上以獻金仙
영공令公의 장수를 기도하고	禱令公壽延
아래로는 서로의 생각을 비추어	下以照相思
나의 애태우는 것 면하게 하소.	免使吾腸煎

동회[2] 선생의 시에 삼가 차운함
敬次東淮先生韵

가을바람이 높은 나무를 흔드는데	秋風撼高樹
벼는 익어 들판이 누렇다.	稻熟原野黃
나그네 되어 돌아가지 못하니	作客未言歸
이곳 광릉은 내 고향 아니로다.	廣陵非故鄕
기러기 울며 다시 남쪽으로 날아가니	鳴鴈復南飛
아득히 돌아가고 싶은 생각만 길어진다.	悠然歸思長
조만간에 두류산에 들어가리니	早晚入頭流
어느 때나 대방帶方을 지나치리오.	何時過帶方
대장부는 이별을 하찮게 여기고	丈夫輕別離
고결한 지사는 세상 진퇴를 조심한다오.	高士謹行藏
선생이 힘주어 만류하였기 때문에	强被先生挽
한 달 내내 도성에 머물렀다오.	三旬淹洛陽
자주 일어나 남쪽을 바라보나니	頻起望南極
먼 산만 아득히 푸르고 푸르구나.	遠岳空蒼蒼

해바라기를 심다
種葵

내가 너라는 존재를 아낌은	我愛爾爲物
일편단심 태양을 바라보기 때문이지.	丹心傾太陽
지혜는 포장자鮑莊子[3]보다 뛰어나서	智過鮑莊子
은거 생활을 하기에 충분하다.	衛足能其藏
만약 세상 사람들에 비유한다면	若比於世人
너는 바로 군자의 행실이로다.	迺是君子行
너를 아끼는 옛사람이 있었으니	古人有愛惜
두보도 너를 위해 시를 지었다.[4]	杜甫詠篇章
나 또한 고인을 사모하므로	我亦慕古者
섬돌 가에 가득히 너를 심었다.	種之盈砌傍
지금 한여름에 비가 쏟아지니	時當炎雨足
파란 꼭지는 어찌 그리 길던고.	碧蒂何其長
시를 읊으며 아무리 보아도 질리지 않아	吟哦看不厭
기나긴 여름날 대나무 평상에 기대 있다.	永日憑竹床
초여름의 동남풍이 때때로 불어올 때는	薰風時一吹
네 잎사귀 아래 서늘한 바람이 인다.	葉底生微凉
아름다움은 잠시일 뿐.	芬芳只蹔時
모진 서리 만날까 걱정되나니	更恐遭嚴霜
시 한 수 짓고서	仍之遂成詩
읊으면서 서성거린다.	詠而行彷徨

오이를 심다
種瓜

내 본래 무얼 심기 좋아하여	我本好植物
토란 아욱 심는 일 일과로 하였다.	日課種芋葵
비 내리면 즉시 낫을 들고	得雨即荷銍
저 동쪽 언덕배기로 올라가	陟彼東皋畸
아득히 소평邵平[5]의 절개 생각하면서	緬懷邵平節
여기에 또 오이를 심었다.	亦種瓜於玆
거름 가져와 뿌리를 북돋아 주었더니	輦糞培其根
싹이 자라 울타리를 타고 올라간다.	苗芽攀笆籬
노란 꽃술은 속이 꽉 찼고	黃蘂自盈盈
파란 덩굴은 무성하게 뻗어 나간다.	碧蔓何離離
익은 것을 따 가지고 돌아와	結熟摘之歸
요리를 하니 배고픔 견딜 만하다.	煮炙堪療飢
감초의 맛을 말하지 마시오.	休言國老味
어찌 살진 고사리 같으랴?	豈若朝童肥
때는 마침 보리밥 거칠 때라	時當麥飯篦
다른 나물에 섞어서 함께 먹는다.	間蔬兼哺之
인생이란 분수를 아는 것이 귀한 것	人生貴知分
분수 넘치면 몸은 반드시 위태하리니	過此身必危
안타깝다. 저 미친 사람들	嗟哉彼狂夫
산처럼 쌓인 고기 무엇 하려나?	肉山將焉爲

감흥
感興

뜬구름이 하루 내내 흘러가고	浮雲終日行
가고 또 가서 북쪽으로 돌아간다.	行行向北歸
만고의 영웅들	萬古英俊人
득실과 시비가 많기도 하다.	得失多是非
시비가 끝내 어디에 있겠는가?	是非竟何有
모두 다 뜬구름처럼 날아가 버린 것을.	盡逐浮雲飛
뜬구름은 본래 흔적이 없으니	浮雲本無跡
나는 구름과 더불어 의지하리라.	我與雲相依
손에 있는 것은 대나무 지팡이(桃竹)[6]	手中桃竹枝
몸에는 칡넝쿨 옷을 걸치고 있다.	身上薜蘿衣
젊은 날엔 자부심이 대단하였지만	夙心多自負
시대와 어긋남이 공연히 슬프기만 하다.	空嗟與時違

감회가 있어
有感

허유許由는 황제의 지위를 요堯에게 사양하였고[7]	許由辭帝堯
이윤伊尹은 은나라 탕왕湯王의 재상이 되었다.[8]	伊尹相殷湯
주나라 문왕文王은 여상呂尚을 얻었지만[9]	周雖得呂望
후한 광무제는 엄광嚴光을 신하로 부릴 수 있었겠는가?[10]	漢豈臣嚴光
벼슬하거나 은거함이 제각각 같지가 않고	出處各不同
등용되거나 물러남에도 모두 방법이 있다.	行藏皆有方
자신을 고결하게 함이 비록 귀하지마는	潔身雖足貴
세상 구제함은 참으로 현명하고 어진 사람들이다.	濟世眞賢良
이런 까닭에 옛날의 성현은	是以古聖賢
작록爵祿을 구하기 위해 얼마나 바빴던가?	干祿何遑遑
공자는 진陳나라 채蔡나라로 갔고	孔丘適陳蔡
맹자는 제齊나라 양梁나라로 가 유세하였다.	孟軻遊齊梁
그러나 항상 시대를 만나지 못하여	然而每不遇
그 나라를 떠나 방황 길에 올랐다.	去國行彷徨
장차 봉封하려 하여 자서子西를 만났고[11]	將封遇子西
왕을 만나지도 못한 채 장창藏倉을 만났다.[12]	未進遭藏倉
예로부터 군자는	自古君子人
우환을 당해도 평상심을 유지하였다.	離騷洒其常
때를 얻지 못할 줄 일찍이 알았기에	早知不得時
차라리 수양산에서 굶어 죽었다.	寧爲餓首陽
나는 저들처럼 군자도 아닌데	吾非君子人
비방과 원망이 어찌 이리도 많은가.	謗讟何其長

세상을 구제할 인물 또한 아니거니	亦非濟世人
작록을 어찌 감당할 수 있을까.	爵祿何敢當
하찮은 관직을 우연히 얻기는 하였으나[13]	微官偶爾得
버리고 떠나기를 부스럼 긁어내듯 하였노라.	棄去如決瘡

칠언고시
七言古詩

'군불견君不見'이란 글을 즉시 지어 양열 스님에게 주다
君不見走筆¹⁾贈良悅師

그대는 보지 못했는가? 섬진강의 큰 물결이 아래로는 만 리 길 푸른 바다에 닿았음을.	君不見 蟾江水洪波 下接萬里之滄溟
또 그대는 보지 못했는가? 두류산의 봉우리들이 위로는 수천 길이나 되는 하늘(太淸)로 솟았음을.	又不見 頭流山群峰 上出千仞之太淸
아름다운 경치와 신령한 구역이 그 사이에 펼쳐져 있다.	勝地靈區 羅列於其間
내가 지금 설명을 할 터이니, 그대는 들으시오.	我今爲說君其聆
쌍계사는 학봉 앞에 있는데	雙溪寺在鶴峯前
바위가 절 문이 되었으며 구름이 병풍이 되었다.	石作禪門雲作屛
그 속의 오래된 비석은 반 정도는 글자가 없지만	中有古碑半無字
신라 시대의 고운 최치원의 글이다.	迺是羅代孤雲銘
또 높은 누각 이름이 팔영루八影樓인데	又有高樓名八影
육시六時에 울리는 풍경 소리는 창문 흔든다.	六時鍾磬掀窓欞
산은 수묵水墨을 펼친 듯 모습이 담담하고	山開水墨畫淡淡
시냇물은 음악 소리를 실어 보내는 듯 소리가 맑기도 하다.	溪送管絃聲泠泠

---

1) 원 '筆'은 '筆'과 통한다. 이하도 동일하다.

옛적의 모습을 찾아보고자	伊吾宿昔恣冥搜
덩굴을 잡고 올라가 이리저리 찾아본다.	攀壁捫蘿覘伶俜
구불구불한 한 길 깊은 마을로 들어가니	崎嶇一逕入深洞
마을은 삼신동三神洞이라 신령함 간직했다.	洞號三神秘神靈
백 척 무지개처럼 나는 듯한 능파각凌波閣	飛虹百尺凌波閣
백 일 동안 시끄러운 소리 천둥인지 놀란다.	百日喧轟耳驚霆
가파른 두 봉우리가 깎아지른 듯 우뚝 서 있고	巑岏兩峯削立
동서 사방에서 가장 높아라.	最高兮東西
반야봉의 형세는 천왕봉과 이어져 있어	般若勢接天王形
구불구불한 길을 따라 꼭대기까지 올라간다.	邐迤迢遞 獨上兮絶頂
몸을 기웃이 하여 손을 펼치면 하늘의 별에 닿고	展手側身摩天星
사계절 항상 얼음이 녹는 것을 본다.	四時仍看氷浙瀝
오월에도 흩날리는 눈을 보고	五月忽見雪飄零
푸른 절벽과 붉은 낭떠러지가 아름답게 빛난다.	翠壁丹崖紛照耀
붉은 꽃과 푸른 대나무가 영롱한데	紅葩碧籜相瓏玲
지는 노을 속에 지팡이 옮겨서 첩첩 산등성이 내려온다.	斜陽移錫下重巒
굽이굽이 기묘한 바위에 누대와 정자가 들어서 있는데	曲曲奇嵒臺又亭
봄바람이 부는 오늘 그대를 떠나보낸다.	春風今日送君去
골짜기는 옛 모습 그대로이고 꽃은 조용히 피어 있는데	洞壑依舊花冥冥
그대는 칠불암七佛庵¹⁴의 칠영전七影殿을 보았는가.	君看七佛七影殿
나 역시 그곳에서 머물며 경전을 토론하였으며	我亦曾棲談古經
글도 한 구절 남겼는데 별 탈은 없는지?	留題一句無恙否

안개비 흩날릴 때 바람은 뜨락에 가득하고	烟雨飛時風滿庭
예전에 놀던 곳은 어느덧 묵은 자취 되었으며	居然舊遊已陳迹
훨훨 돌아가고픈 꿈이 삼십 년이나 되었다.	歸夢聯翩三十蓂
아아!	噫吁嘻哉
청려장靑藜杖 짚고 그대와 같이 가서	安得靑藜與君去
달 아래서 난새 소리 다시 함께 들어 볼거나.	月下鸞嘯更同聽

조 수재에게 주다
贈趙秀才

조 수재는 기남자奇男子	趙秀才奇男子
나이 15세 되기도 전에 시부詩賦에 능통했다.	年未十五能賦詩
외모와 풍류는 모두 으뜸이라	文彩風流俱第一
서릉徐陵[15]은 스스로 기린아라 했었지.	徐陵自是麒麟兒
자건子建[16]의 웅장한 문장을 모두 찬미하였고	子建雄詞世共美
우번虞翻[17]의 작은 글이라도 모두 기이하게 여겼다.	虞翻小札人皆奇
명성이 도성에 떨치니	聲名動洛下
친구들이 서로 추종하며 따랐다.	友朋相追隨
문장은 사성四聖[18]이 남긴 『주역』과 같고	文如四聖八卦之周易
부賦는 삼려三閭의 〈구가九歌〉[19] 초사 같다.	賦如三閭九歌之楚辭
이씨 집 아들과 장씨 집 아이는	李氏蟠張童子
헛된 명예를 한퇴지韓退之에게 얻었다.	虛譽得於韓退之
만약 동시에 겨루게 하였다면	若使同時與角逐
두 사람이 어찌 감히 스승을 능가하겠는가.	二子焉能敢出師
아득한 지난 시대를 생각하여도	緬思千古更萬古
세상의 모든 아이들은 그대만 한 능력이 없다.	世上兒子無能爲
승황乘黃[20]은 곧 용의 새끼로서	吾聞乘黃迺龍種
천 리를 달리며 바람 따라가면서 포효한다고 한다.	蹴踏千里追風嘶
또 들으니 봉황은 단혈丹穴[21]에서 태어난다는데	又聞鳳雛生丹穴
그대의 골격을 보니 참으로 그러하구나.	見君骨格眞如斯
하물며 그대는 재상의 가문으로	況是卿相族
고상한 명망은 본래부터 그대에게 딱 들어맞았다.	雅望本相宜
상서尙書의 손자요, 연수連帥[22]의 후예로서	尙書之孫連帥胤

사마司馬 가문의 명성이 있음을 사람들이 안다.	司馬家聲人所知
명왕明王이 조만간에 매생枚生을 부를 때[23]	明王早晚召枚生
금문金門[24]에서 조서 기다리다 계수 가지 붙잡았으니	待詔金門攀桂枝
높은 재주는 어찌 글 짓는 일에만 독보적이리오?	高材豈但擅詞翰
오묘한 계략은 진정 나라 정치에 도움이 되었도다.	妙略眞堪資國治
가의賈誼[25]는 상소 올려 간신 멀리하길(忌器)[26] 청하였고	賈誼上疏請忌器
사안謝安[27]은 계책을 올리면서도 바둑을 두었다.	謝安獻策仍圍棊
옛 왕도王都에서 상봉하니	相逢古王都
마치 난초와 혜초를 마주 보고 있는 듯하다.	宛對蘭蕙姿
고상한 담론은 톱밥처럼 쉴 새 없이 쏟아져 나오는데	高談如鉅屑
말의 구비는 도리어 완만하다.	曲折還遲遲
봄바람이 휘장에 불어 눈이 녹은 후인데	春風動幔雪消後
지는 달이 처마를 엿보고 매화가 피는 때이다.	落月窺簷梅放時
그대는 보지 못했는가.	君不見
서른여섯 봉우리 산이 우뚝 솟아 있는 것을.	三十六峯山突起
그대의 호탕한 기상이 그 산꼭대기 넘어섬을 알겠다.	知君豪氣凌其危
또 보지 못했는가.	又不見
열세 갈래 물줄기가 거꾸로 흐르는 것을.	一十三派河倒流
그대의 웅변이 그 물을 모두 담았음을 알겠다	知君雄辯涵其湄
나는 본래 불가의 사람	我本浮屠人
떠돌아다니는 행적이라 몸은 얽매이지 않는다.	跡浮身不羈
오늘 아침에 홀연히 내가 가 버리면	今朝忽歸去
어느 날에 다시 눈썹을 마주할꼬.	幾日重聚眉
지는 노을 속으로 석장 날려 다시 고개 돌리나니	斜陽飛錫更回首
검푸른 산의 갈림길에서 아득해지네.	黭黭靑山迷路歧

관음재에서 머물다 즉시 시를 짓다
宿觀音齋走筆

계곡 따라 난 한 길이 구름 속으로 들어가고	緣溪一道入雲裡
양쪽 언덕의 향그러운 숲은 복숭아와 오얏이다.	兩岸芳林桃與李
싱그러운 동쪽 바람이 이따금씩 불어올 때	淡淡東風時一吹
지는 꽃이 점점이 물길 따라 흐른다.	落花亂點隨流水
신선이 반드시 현포주玄圃洲에 사는 것은 아니며	登仙未必玄圃洲
부처께 참배하니 도리어 백족자白足子[28]라 부른다.	叅佛還稱白足子
초연히 우리 나옹대懶翁臺[29]에 앉으니	超然坐我懶翁臺
내려다보이는 속세가 몇 만 리인가.	下視塵寰幾萬里
도홍경陶弘景[30]은 봉우리 위 구름을 즐겨 보았고	弘景耽看嶺上雲
장자방張子房[31]은 세상일 버리기를 원했다.	子房願棄人間事
이틀 밤 자고 정사精舍로 돌아와 누우니	信宿還歸精舍臥
일천 봉우리 어둑해지는데 외로운 연기 솟아나네.	千峯暝色孤烟起

시골집에서 숙박하다
宿田家

지는 해가 산자락으로 내리자 새는 급히 날아가는데	落日下山鳥飛急
고향 그리는 나그네는 돌아가지 못하였다.	望鄕客子歸不及
앞 숲 점점 어둑해지고 풀벌레 소리 시끄러운데	前林漸黑草虫喧
길을 물을 사람이 없어 때때로 혼자 서 있다.	問路無人時獨立
언덕을 따라가다가 두어 가구 마을에 도착하니	隨岸忽到兩家村
콩꽃 핀 깊은 곳에서 이제 막 문을 닫는다.	豆花深處初掩門
주인 영감은 깊이 잠들어 불러도 대답 없고	主翁堅臥呼不譍
큰 소리로 소리치다가 도리어 미움을 받았다.	怒聲呦呦還見憎
늙은 할머니 나와서 꾸짖고, 개는 옷자락을 물지만	老嫗出叱犬噬衣
다 떨치고 가고 싶어도 끝내 어디로 가리오.	雖欲奮去終何歸
머리 숙여서 근근이 얻은 것은 허물어진 처마 밑	低顔僅得弊簷下
드센 바람 찬 서리에 밤새 추위로 떨었다.	風勁霜嚴徹寒夜
깊은 밤에 어린아이의 울음소리 그치지 않아	夜深嬰兒啼不絶
사나운 범은 울음소리 듣고 울타리 구멍을 엿본다.	猛虎聞之覘籬穴
평생에 겪은 곤경도 이보다 심하지는 않아	平生見困莫甚此
날이 밝기를 기다렸다가	直待天明
지팡이에 의지하여 인사도 하지 않고 길을 재촉한다.	扶錫促行不告別

단가행
短歌行

단가短歌 한 곡조 누가 아는가. 　　　　　　　短歌一曲誰能知
인간의 환희와 슬픔을 상관하지 않는다. 　　　　不管人間歡與悲
동이를 두드리며 아내 장사 지낸 장자莊子의 편안함[32] 皷盆送死莊子休
축筑을 두드리며 생사를 잊어버린 고점리高漸離.[33] 　擊筑忘生高漸離
하늘과 땅 사이에 얽매인 몸이기는 하지만 　　　　縛束形骸天地中
종국에는 늠름한 생장의 기풍이 있어야 하는 법. 　終須凛凛生長風
원래 슬픔과 기쁨은 궁극적으로 진실이 아니고 　由來哀樂竟非眞
대체로 부운유수浮雲流水와 같다네. 　　　　　　大抵浮雲流水同
단가의 흥취가 어찌 이리 무궁한가? 　　　　　　短歌之興何無窮

말 그림
畫馬圖

생초生綃[34] 두어 폭에다 누가 그렸나. 生綃數幅誰模寫
필적이 비범하여 말을 잘도 그렸다. 筆[1]跡非凡能畫馬
한 필 두 필 서너 필 一匹二匹三四匹
넓은 집에서 씩씩하게 뛰어다닌다. 騰驤磊落高堂下
처음에는 옥화玉花[35]가 마구간에서 뛰는가 하였는데 初疑玉花躍內廄
권모拳毛[36]가 너른 벌판에 있는 줄 다시 의문이 들었다. 更訝拳毛當大野
요뇨驍褭[37]와 숙상驌驦[38]은 뛰어난 말이요 驍褭驌驦出類哉
결제駃騠[39]과 기기騏騹[40]는 같은 부류의 말이다. 駃騠騏騹同羣者
하騢[41]와 율騥[42] 같은 말은 세상에 많지 않고 騢兮騥兮不世多
탄驒[43]과 비駓[44] 같은 말은 짝이 더욱 적다. 驒耶駓耶儔益寡
현駽[45]과 담騿[46]은 자태가 뛰어나고 駽乎騿乎態殊絶
인駰[47]과 성騂[48]은 기상이 우아하다. 駰歟騂歟氣閑雅
청규青虬와 자연紫燕[49]이 함께 달리고 青虬紫燕共驟焉
적토赤兔[50]와 강리絳螭[51]가 서로 힘차게 달린다. 赤兔絳螭相馳也
긴 다리로 힘차게 달리는 호기豪氣가 있으며 蹄高腕促行俀豪
눈은 반듯하고 꼬리는 길어 기운 쏟는 의지가 있다. 目方尾長意傾瀉
옥과 금으로 아로새긴 장식품은 볼만하고 夜玉秋金鏤可觀
파란 실과 푸른 깃으로 겉모습을 꾸몄다. 青絲翠羽粧堪把
힘차게 울어 대니 백락伯樂[52]의 마구간에 키우기에 적합하고 騷嘶合畜伯樂廐
잘 길러졌으니 지둔支遁[53]의 사찰로 돌아가야 한다. 惠養宜歸支遁社

---

1) ㉮ '筆'은 '筆'과 통한다. 이하도 동일하다.

재능에 따라 말 가격의 높고 낮음이 논의되니 能才若論價高下
죽은 뼈도 천금千金 이상으로 팔린다. 死骨不翅千金賣
옥을 뿜으며 악와渥洼[54]에서 헤어진 게 어느 해였나? 噴玉何年別渥洼
오늘은 말방울 울리면서 난야사蘭若寺[55]에 의지하네. 鳴珂此日依蘭若
힘찬 모습에 진짜로 마구간에 있는 줄 잘못 알았다가 昂昂錯認櫪上眞
담담하게 붓으로 그린 줄 비로소 알았다. 淡淡方知筆*下假
그림 그릴 당시에 화공들이 재주를 드러내었으며 當年畫工逞技能
조물주도 또한 훌륭한 대장장이를 도왔다. 造物亦助爲大冶
대숭戴崇[56]과 한간韓幹[57]의 솜씨는 신묘하고 戴崇韓幹手神妙
위언韋偃[58]과 필굉畢宏[59]의 마음은 소탈하였다. 韋偃畢宏心瀟洒
정건鄭虔[60]과 왕유王維[61]는 앞서거니 뒤서거니 하니 鄭虔王維或後先
승요僧繇[62]와 연수延壽[63]는 어찌 취사선택하겠는가? 僧繇延壽寧取捨
이 그림이 처음에는 계주薊州 북쪽에서 올 때 此圖初從薊北來
산과 강을 넘고 국경 지대를 건넜다. 超越山川過夷夏
거리를 메우고 구경하는 사람들이 많이 모여 塡衢塞巷聚觀多
감상하는 사람들은 입이 마르도록 칭찬한다. 觀者嗟矜開口哆
진재眞宰[64]가 호소해도 하늘은 울지 않으니 眞宰應訴天不泣
하늘이 귀가 먹고 땅이 벙어리가 된 것이 아닐까. 無迺天聾復地啞
나는 본래 청빈하고 여유로워 그림 좋아하는 사람이니 我本淸閑愛畫者
소중하게 여김이 어찌 옥 술잔만 못하겠는가? 重之豈獨如玉斝
아름답게 가행歌行을 짓고자 하나 斐然聊欲作歌行
시 짓는 힘이 조하趙嘏[65]만 못함 부끄러워라. 詩力自慙非趙嘏
차마 깊숙이 숨기지 못하고 빈 벽에 걸어 두지만 深藏不忍掛空壁
바람에 마멸되고 비를 맞을까 걱정된다. 只恐風磨兼雨打

악전고투의 노래
苦戰行

그대는 보지 못했는가.	君不見
관서 절도사 유 장군柳將軍[66]의	關西節度柳將軍
웅장한 병사 4만 명이 구름처럼 모여 있는 것을.	雄兵四萬屯如雲
그대는 보지 못했는가.	君不見
호서 안렴사 정 상공鄭相公의	湖西按廉鄭相公
오영五營[67]의 정예 병사는 빠르기가 바람 같음을.	銳卒五營疾如風
장군은 관동關東으로 군사를 몰고 가서	將軍引兵關東道
한 번 싸움에 공을 이루어 오랑캐를 대파하였다.	一戰成功大破虜
상공은 광릉廣陵[68]에 군사를 주둔시켰을 때	相公屯軍廣陵地
오랑캐 기마병이 돌진하여 군사들이 모두 죽었다.	胡騎長驅軍盡死
전쟁터에서 승패가 다르기는 하지만	兵家勝敗事雖異
절개를 지키고 임금에 충성함은 모두 한가지이다.	盡節忠君同一致
그날 고성孤城을 적들이 포위했으니	孤城當日賊益圍
황새와 조개처럼 대치하여 형세가 더욱 좋지 않았다.	鷸蚌相持勢轉非
온 나라의 병마가 사방으로 흩어져 달아날 때	八方兵馬四犇北
임금께선 상심하여 옷 입은 채 밤을 지새웠다.	聖主傷心坐宵衣
강화도가 먼저 무너져 적들이 나는 듯이 건너오는데	江都先敗賊飛渡
문무백관들은 손을 놓고 있을 뿐이었다.	文武衣冠徒斂手
이때에 두 장군은 뜨거운 충성심을 떨치어	此時兩將奮忠烈
나라를 위해서 자신을 희생하고 절개를 지켰다.	國耳亡身皆抗節
오호! 두 장군께서 치른 힘든 전투	嗚呼兩將耐苦戰
천년만년토록 명예가 사라지지 않으리라.	萬歲千秋名不滅

목동의 노래
牧童詞

아침에는 시냇가 언덕에서 풀을 먹이고	朝牧澗邊塢
저녁에는 강가 방둑에서 풀을 먹인다.	暮牧江上坡
지는 꽃이 적은 것을 애석히 여기지 않고	不惜落花少
다만 향기 많은 풀을 찾누나.	但尋芳草多
앞 시내 뒤 냇물에는 안개비가 흐르는데	前溪後溪烟雨橫
대삿갓에 도롱이 걸치니 피리 소리 청량하다.	箬笠簑衣風笛淸
소를 타니 6, 7리도 멀기만 하니	騎牛遠遠六七里
송아지 부르는 소리가 때때로 두 번 세 번.	呼犢時時三兩聲

옛 친구를 송별하면서 진간재陳簡齋[69]의 체를 본받고 또 그의 운을 따름
古別離效陳簡齋體仍次其韻

다리 가의 가지마다 축 늘어진 버드나무	橋頭柳絲絲
길 가는 나그네 손에서 한들거린다.	裊裊征人手
오는 사람 가는 사람 여기서 이별하니	來人去人此爲別
이 버드나무 몇 사람이나 꺾었는가.	柳又堪經幾人折
바라노니 그대는 약속에 맞추어서 어서 돌아와	願君早還須赴期
이 버드나무가 마를 때를 기다리지 마시오.	莫待此柳枯朽時

황산곡黃山谷[70]의 체를 모방하여 송별함
效黃山谷體送別

그대 부소산扶蘇山의 금강으로 가니　　　　　君去扶蘇錦水湄
친한 벗들이 만약 능 선사[71]의 안부를 물으면　親朋若問能禪師
근래에는 병이 많아 시를 짓지 못한다고 하소.　多病年來不賦詩

삼가 편양 대사[72]에게 올림
謹呈鞭羊大士

근래 다시 인사드리지 못하고	近不重叅問
부질없이 보고 싶은 꿈만(虎溪[73]) 꾼다.	徒然夢虎溪
눈 덮인 산봉우리는 오르락내리락	雪中峯上下
구름 밖의 길은 오르막 내리막.	雲外路高低
법이란 본래 특별한 것 없으니	法本無多字
선禪인들 어찌 여러 단계 있으랴.	禪何有幾階
오래전 들으니, 남악南岳[74]과 마조馬祖[75]	久聞南岳馬
날뛰어 강서를 밟았다지?	騰躍踏江西

사라촌[76]에서 숙박하면서 즉시 시를 지음
宿沙羅村口占

나그네 숙박엔 매양 시름이 있어	旅泊常愁抱
운산雲山이 몇 번이나 꿈속에 들었는가.	雲山幾夢思
세밑이 지난 뒤	那堪歲暮後
홀로 앉아 있는 이 한밤을 어이 견디랴.	孤坐夜分時
싸락눈 사각사각 내리고	小雪翛翛下
세찬 바람 쉬지 않고 분다.	嚴風陣陣吹
돌아감이 좋다고 오랫동안 생각하였지만	永懷歸去好
앞길에는 다시 갈림길이 많다네.	前路更多歧

봉두타에서 지음
題峯頭陀

우연히 바위 모퉁이에 앉아	偶從巖角坐
화두話頭를 잡고 참구를 한다.	提箇話頭叅
만법萬法은 하나로 돌아가는데	萬法元歸一
모든 교법 부질없이 셋으로 나누었다.[77]	諸乘謾設三
나무 그늘은 저녁 새를 맞이하고	樹陰迎暮鳥
산 빛은 아지랑이를 실어 보내는데	山色送晴嵐
인간 세상의 일을 털어 버리고	撥却人間事
나는 이 암자에서 늙어 가리라.	吾當老此菴

법려가 보내온 편지를 받다
得法侶書

악사岳寺의 재종齋鍾[78]은 이미 그치고	岳寺齋鍾後
산성의 뿔피리 소리 처음 들릴 때	山城畫角初
갑자기 천 리 길 길손을 만나	忽逢千里客
그편에 한 통의 서찰을 받았다.	憑得一封書
지는 해의 붉은 기운이 수그러들 때	落日紅將斂
뜬구름에서 파란빛이 잠시 퍼지는데	浮雲翠蹔舒
영남 땅 옛 법려法侶는	南中舊法侶
탈은 없는지, 어떻게 지내는지.	無恙各何居

차운次韻【택당澤堂[79]이 공李公, 이름은 식植이다. 澤堂李公。諱植。】

그대 스스로 인연 따라 이르렀음을	爾自隨緣至
내 지금 비로소 알게 되었네.	吾今着眼初
일찍이 방외方外의 학문에 종사하였지만	早從方外學
세간의 글도 겸해서 이해하였네.	兼解世間書
물속 달은 둥글고 이지러짐을 함께하고	水月同圓缺
산속 구름은 모였다 흩어졌다 한다.	山雲有卷舒
물병과 지팡이 하나로 마음껏 다니니	飄然一瓶錫
어느 곳엔들 안거安居하지 못하랴.	何地不安居

쌍암에서 지음 【암자는 안령鞍嶺 아래에 있다.】
題雙菴【菴在鞍嶺下】

창건한 지 겨우 삼 년	草剏纔三歲
초가로 엮은 암자가 단지 두세 칸.	茅菴只數間
텅 빈 창 앞에는 맑은 물이 있고	窓虛臨白水
짧은 처마로 푸른 산이 다가선다.	簷短逼靑山
날 저물어 새는 연기 속으로 멀리 가는데	暮鳥衝烟遠
봄날의 돛단배는 비를 맞으며 한가롭다.	春帆帶雨閑
숲 밖의 그림자를 언뜻 보니	忽看林外影
꽃길로 노승이 돌아온다.	花逕老僧還

차운하여 조 수재를 보내다
次韻別趙秀才

아름다운 시로 승려 게송에 화답하고	麗句酬僧偈
맛있는 술로 길손의 시름을 보낸다.	淸尊遣客愁
백 년 인생 참으로 좋은 일은	百年眞好事
이 높은 누각에서 삼 일을 지낸 일.	三日此高樓
기러기는 저녁 구름을 헤치며 울고 가고	叫鴈衝雲夕
귀뚜라미는 가을 풀 속에서 찌르르 소리 낸다.	吟蛩傍草秋
밤새워 취함을 사양하지 말게나.	莫辭連夜醉
이별하면 괴롭게 머리를 돌릴 것이니.	分手苦回頭

정 목백에게 시를 삼가 보내다
敬呈聯珠鄭牧伯

바닷가 산에는 더위 구름 흩어지고	海嶠炎雲散
강 끝 하늘에는 오랜 비가 멎었다.	江天積雨收
한때는 모두 북쪽의 나그네가 되었고	一時俱北客
삼 년 동안은 남쪽 고을에 함께 있었지.	三載共南州
귀밑머리 점차 희어지는데	鬢髮仍將老
천지는 또 가을이 되려 한다.	乾坤又欲秋
홀로 와서 잊은 지 오래인데	獨來忘却遠
어느 날에 다시 두류산으로 들어갈까.	何日入頭流

마운사
摩雲寺

맑고 깨끗한 마운사　　　　　　　　　瀟洒摩雲寺
야양爺孃[80]은 가장 높이 있는 곳.　　　爺孃最上頭
강물은 먼 들판을 둘러쌌고　　　　　江流圍遠野
봉우리 형세는 먼 하늘에 솟구쳤다.　　峯勢揷遙天
길지를 택하여서 새로 지었지만　　　卜地仍新搆
근원을 찾자면 곧 묵은 인연이다.　　　尋源即舊緣
머물다 보니 가야 할 길을 잊고서　　　淹留忘去路
삼 일 동안 신선이 되었다.　　　　　　三日作神仙

비에 막혀 백헌[81] 상공에게 삼가 드림
滯雨敬呈白軒相國

나그네 시름을 어떻게 풀 것인가.	客興何曾遣
돌아가고 싶은 마음만 아득해지네.	歸心只自賖
창밖의 빗소리를 언뜻 듣고서	忽聞窓外雨
근심스레 뜰 앞의 꽃을 마주 보고 있다.	愁對檻前花
애기풀은 봄 강가에서 살랑거리는데	細草迷春渚
외로운 연기 해 저문 백사장에서 일어난다.	孤烟起晚沙
언제나 도반들과 함께	幾時携道伴
햇차 달여 마시기 권할까.	相勸煮新茶

두 번째
其二

도성에 청명淸明이 지나니	京洛淸明過
들녘 벌판에는 푸른 풀이 신선하다.	郊原碧草新
종일 내리는 비를 어이 견디랴.	那堪終日雨
돌아가지 못하는 사람을 시름 젖게 하네.	愁殺未歸人
이리저리 돌아다니기 어느덧 천 리 길	展轉仍千里
어물거리다가 또 한 봄을 지냈다.	淹留又一春
고향 산에는 꽃이 다 피었겠지	故山花盡發
서러웁게 남쪽만 자주 바라본다.	惆悵望南頻

왕 상사[82]를 이별하면서 시를 지어 줌
【그는 고려 문종 대왕 13세 후손이다.】

贈別王上舍【即高麗文宗大王十三世孫也】

상사의 성은 왕씨王氏	上舍王其姓
옛 고려의 후손이다.	高麗舊國孫
지난 왕조의 일을 내가 묻고자 하면	前朝吾欲問
후손인 당신에게 물으면 되리.	後裔子猶存
10대에 3대를 보태어서	十代加三世
천년 동안 한 가문을 계승하였네.	千年繼一門
서로 만나 과거의 일을 토론하는데	相逢論徃事
창밖엔 달이 뜨는 황혼녘이다.	窓外月黃昏

백주[83] 상공의 시에 삼가 차운함
敬次白洲相公韻

나그네 길은 구름과 더불어 모두 아득한데	客路雲俱遠
돌아가고 싶은 마음이 달에 걸렸다.	歸心月共懸
선을 쉬면 구자狗子 화두[84] 잊어버리고	放禪忘狗子
도를 논함에 기약 없음[85] 부끄럽다.	論道愧驢年
삼세의 숙명을 알지 못하니	宿命迷三際
어느 생에 이변二邊[86]을 꿰뚫어서	何生透二邊
큰 서원誓願의 바다에서	從當大願海
중생을 구제하는 배를 함께 띄울거나.	共泛濟人舩

원시를 첨부함附元韻【백주 이 공, 이름은 명한이다. 白洲李公。諱明漢】

부처님의 공문空門에 꼭 들어맞기를	覺老空門契
평생 동안 꿈속에서도 갈망하였다.	平生夢想懸
참선하는 나는 머리 흰 노인인데	叅禪吾白首
의발衣鉢 전하는 그대는 청년이라네.	傳鉢爾靑年
뜬구름 밖에서 지팡이를 세우고	卓錫浮雲外
기러기 내리는 해변에서 행장 꾸려 돌아간다.	歸裝落鴈邊
분명 알리라. 고개 넘어 이별하면	明知度嶺別
달 뜬 밤 구강九江[87]에서 배를 띄우리.	夜月九江舩

천주사에서 백주 상공에게 삼가 드림
天柱寺敬呈白洲相公

예전에 놀러 와서 이틀 묵었던 절인데	信宿曾遊寺
경치는 옛적 그대로구나.	風光記往年
새벽 구름은 계곡에 짙게 깔리고	曉雲濃滿峽
봄비는 샘물을 가늘게 울린다.	春雨細鳴泉
우거진 나무에는 꾀꼬리 소리 잦아드는데	深樹鶯聲老
조용한 뜨락에는 풀빛이 곱기도 하다.	幽庭草色鮮
아쉽게도 이별을 해야 하니	悠悠生別意
붓을 잡고 새로운 시를 쓴다.	把筆寫新篇

두 번째
其二

하룻밤 자기로 한 약속도 없었는데　　一宿曾無約
거듭 찾아오니 참으로 인연이 있다.　　重尋信有緣
몸을 솟구쳐 골짜기에 걸터앉고　　　　騰身跨萬壑
머리 돌리니 하늘이 가깝다.　　　　　　回首近三天
성곽은 가을 산 저 아래에 있고　　　　縣郭秋山下
도성은 지는 해 끝에 있구나.　　　　　秦京落日邊
어느덧 시는 쉽게 이루어졌으나　　　　居然詩易就
맑은 흥취는 그려서 전하기가 어렵다.　淸興畫難傳

등봉사
登峯寺

절은 추봉秋峯 위에 있어	寺在秋峯上
올라서 바라보니 앞이 탁 트였다.	登臨眺望通
땅은 삼도三渡의 북쪽으로 낮게 깔렸고	地卑三渡北
하늘은 오대五臺 동쪽으로 활짝 열렸다.	天豁五臺東
산 빛이 짙더니만 비가 내려	岳色濃仍雨
계곡물 소리 어지럽고 다시 바람이 인다.	溪聲亂更風
호남 땅 수천 리를	湖南數千里
아득한 속에서 가리켜 보네.	指點杳茫中

봄날에 취미 장로[88]에게 보내다
春日寄翠微長老

계곡 육 리 밖	六里溪山外
외로운 마을이 자리 잡고 길은 갈림길.	孤村峽路歧
제비 돌아오고 매화는 떨어지는데	鷰回梅落後
소는 누워 있고 풀은 푸르도다.	牛臥草靑時
해 저무는 풍경에 온통 흥이 일고	暮景渾幽興
봄날의 정취에 또 시를 짓는다.	春情且小詩
한 해의 좋은 계절 다 지나가나니	一年佳節盡
경치는 또 앞날을 기약하누나.	風物貢前期

주계 이 상사의 시에 차운하다
次朱溪李上舍韻

백곡白谷은 새 구절 탐닉하지만	白谷耽新句
주계朱溪는 옛글을 좋아한다.	朱溪好古文
우아한 풍채 지금 비로소 마주하지만	高標今始對
고상한 절조는 일찍부터 들어 왔다.	雅操昔曾聞
세상에서 누가 나를 알아줄거나?	海內誰知我
하늘 끝에서 또 그대와 이별하누나.	天涯又別君
어느 곳에서 그댈 다시 만나랴?	重逢之何地
강 건너 외로운 구름만 바라본다.	隔水望孤雲

권 상사의 시에 차운하다
次權上舍韻

늘 풍류를 좋아하는 선비가　　　　　　慣愛風流士
절에 있는 스님을 부지런히 찾았다.　　　勤尋竹院僧
시를 지으면 사조謝朓[89] 만난 것 같은데　賦詩逢謝眺[1)]
도를 논하면 도징圖澄[90]에 부끄럽다.[91]　論道愧圖澄
절을 빙 두르는 구름은 천 겹이요　　　　繞屋雲千疊
주렴을 엿보는 달은 반 조각이다.　　　　窺簾月半楞
상을 마주하고 앉아 잠들지 않으니　　　連床坐不寐
텅 빈 절, 깊은 밤에 등불이 가물가물.　　虛閣夜深燈

---

1) ㉮ '眺'는 '朓'의 오자이다.

덕인 대사를 이별하며
別德仁大師

그대, 남쪽 향해서 가누나.	爾向南州去
지리산의 제기암第幾菴으로.	頭流第幾菴
숲 밖에 난 길로 지팡이 짚고 갈 때는	錫飛林外路
골짜기 안개로 옷이 젖으리.	衣濕洞中嵐
본래 마음이 둘이 아님을 깨달으니	覺本心無二
참선에 어찌 세 구절 있으리오.	禪何句有三
돌아가면 잣나무[92] 마주하고	歸應對庭栢
면벽하며 참구해야 하리라.	面壁試須叅

남쪽으로 돌아가는 헌 상인을 전송하며
送憲上人南歸

이렇게 갑자기 떠나고 나면	忽忽茫茫別
산마다 절마다 돌아다니리.	山山寺寺遊
이별하는 정자에는 새벽달 사위는데	離亭殘月曉
돌아가는 길 가을 산 빛 어지럽네.	歸路亂峯秋
나무 빛은 짙고도 눅눅한데	樹色濃仍濕
호수 빛은 말갛게 흐르지 않네.	湖光湛不流
봄이 와 꽃이 다시 피거든	春來花再發
남쪽에 머물러 있지 말게나.	莫作滯南州

배꽃
梨花

나무에 가득 처음으로 눈이 내린 듯 　　　滿樹初成雪
가지에서 떨어져 바람 따라 날려 가네.　　辭枝便逐風
시냇가 위아래로 어지러이 떨어지고　　　亂鋪溪上下
집 이쪽저쪽으로 점점이 흩날린다.　　　　殘點屋西東
벌집이 못쓰게 됨이 애석하지만　　　　　自惜蜂房廢
나비 길의 곤궁함을 누가 가엽게 여길까.　誰憐蝶路窮
봄 한철의 꽃이 다 졌으니　　　　　　　一春花事盡
산속의 달만 속절없이 흐릿하다.　　　　　山月謾朦朧

호정[93] 정 상공의 계곡 정자에서 지음
題壺亭鄭相公溪堂

산골짜기 길이 봄이 지나도록 막히어	峽路經春阻
계곡 정자는 하루 종일 텅 비었다.	溪堂盡日空
방둑 위에 비 내리니 풀이 취하고	草酣堤上雨
난간 앞에 바람이 부니 꽃이 시달린다.	花惱檻前風
낮잠을 푹 자고 나니 몸이 가뿐하고	睡熟身仍穩
시 완성하니 간혹 멋들어진 구절도 있다.	詩成句或工
한 동이 술 있어도 아무 일 없으니	一樽無事酒
누구와 함께 잔을 주고받으리오.	斟酌與誰同

늑 대사와 이별하면서 시를 지어 주다
贈別勒師

고향을 그 얼마나 꿈꾸었던가?	鄕國幾多夢
고향 산을 오늘에야 비로소 돌아간다.	故山今始歸
영고성쇠 세월에 과거 일은 바뀌었으며	浮沉前事改
가고 머무름에 옛 맹세 어겼다.	去住舊盟違
옷은 강 구름에 젖었고	衲帶江雲濕
지팡이는 들새 따라다니며 움직인다.	節隨野鳥飛
이별 후에 어이 견딜꼬?	那堪分袂後
홀로 사립문을 닫아거는 일.	獨自掩荊扉

화 대사와 이별하면서 시를 지어 주다
贈別和大師

외로운 구름은 머물 곳 없고	孤雲無之住
짝이 없는 학은 마음대로 높이 난다.	獨鶴任高飛
천 리 길 육환장六環杖[94]으로 다니고	千里六環杖
한평생 옷 세 벌[95]로 지낸다.	百年三事衣
바다와 산 어디로든 가겠지만	海山多處去
강 달이 만월일 때는 돌아와야지요.	江月滿時歸
간절히 그대에게 말을 하나니	丁寧執君道
그윽한 그 약속 어기지 마시오.	幽約莫相違

청주에서 눈을 만나 목사에게 보냄
逢雪西原邑呈牧伯

나그네 되었다가 그대로 머물러	作客身仍滯
돌아가고픈 꿈만 자주 날아다닌다.	思歸夢屢飛
고향 산천은 어느 곳인가.	故山何處是
앞날을 위한 계책이 마음과 어긋난다.	前計與心違
지난해에는 절을 지었는데	徃歲曾開社
오늘 아침에 떨치고 나와야 할 듯하다.	今朝擬拂衣
현명하신 태수께서는	願言賢太守
흥이 나거든 바위 사립문을 두드리시라.	乘興叩巖扉

호남 관찰사 조 방백에게 삼가 드리다
敬呈湖南趙方伯

유량庾亮[96]이 누각에 오르는 날과 같고	庾亮登樓日
문옹文翁[97]이 한 지역을 다스릴 때와 같다.	文翁按節時
행정은 새 부윤府尹과 같고	政兼新府尹
위엄은 옛 감사와 나란히 하였다.	威並舊監司
햇빛은 창처럼 삼엄하고	日色森戈戟
바람 소리는 깃발처럼 엄숙하다.	風聲肅鼓旗
강성江城에 봄비가 지나가니	江城春雨過
아마도 매화를 감상하며 시를 지으리라.	應賦賞梅詩

강성사 벽에 시를 짓다
題江城寺壁上

돌고 돌아 들어온 강성사江城寺	轉入江城寺
처음에 석곡촌石谷村에서 출발하였다.	初從石谷村
봄길 막혀서 나그네 드문데	客稀春阻路
밤중에 와서 문을 두드렸다.	僧至夜敲門
비가 개어 새들이 기뻐하고	雨霽鳥聲悅
구름이 짙어 꽃 그림자 어둡다.	雲濃花影昏
열흘 동안에 이틀을 잤을까?	一旬聊信宿
번뇌를 씻어 오히려 즐겁기만 하다.	還喜滌塵煩

두 번째
其二

언덕 버드나무에 봄이 드니 가지가 푸르고	岸柳春條綠
산복숭아는 이른 꽃술이 붉다.	山桃早蘂紅
한식날 비 내리니 제비가 돌아오고	鷰回寒食雨
지전紙錢[98]이 바람에 흩날리니 까마귀 지저귄다.	雅噪紙錢風
멀리 떠난 길손은 근심이 끝이 없는데	遠客愁無盡
친한 친구에게는 소식이 통하지 않는다.	親朋信不通
강성사에는 언제까지 머물려나?	幾淹江寺裡
바다 구름 속을 자주 바라본다.	頻望海雲中

처사의 초당에서 짓다
題處士草堂

시옹詩翁의 집에서 하룻밤 묵었는데	一宿詩翁舍
띠로 얽은 서재는 참으로 조용하다.	茅齋正寂寥
외로운 마을 우곡牛谷은 외진 곳이고	孤村牛谷僻
끊어진 산골짜기 마산馬山은 멀기만 하다.	絶峽馬山遙
기웃한 바위 사이로 희미한 길이 나 있고	側石通幽逕
무너진 모래 언덕에 끊긴 다리 누워 있다.	崩沙臥斷橋
비가 재촉하니 꽃 소식이 멀지 않으리.	雨催花信近
오늘 아침에는 흥이 절로 일어난다.	乘興即今朝

보림사에서 비를 만나 무료하던 중 희 대사의 시를 즐겁게 보다
寶林寺逢雨無聊中喜見熙師詩句

천년 고찰 보림사로	浩刼千年寺
만 리 먼 길을 나는 왔다.	長途萬里身
그대와 함께 하루를 머물려고	與君留一日
나그네로 삼 년을 지냈다.	爲客過三春
흐드러지게 핀 꽃이 언덕에 날아오고	撲撲花飛岸
부슬부슬 내리는 비는 먼지를 적신다.	霏霏雨浥塵
힘찬 시구를 언뜻 보면서	忽看詩句健
새록새록 돋는 길손의 시름 위로한다.	聊慰旅愁新

박 충의의 시에 차운하여 즉시 짓다
走次朴忠義韻

대낮에 마을 문 앞에 당도하니	白日臨門巷
푸른 산이 자리를 빙 둘러쌌다.	靑山繞几筵
주렴을 걷어 날아가는 새를 보고	卷簾看去鳥
베개에 기대어 샘물 소리 듣는다.	欹枕聽奔泉
고상한 절개는 도연명陶淵明[99]이요	雅節陶元亮
높은 재주는 사혜련謝惠連[100]이다.	高才謝惠連
서로 만나 영겁의 세월 토론할 때는	相逢論浩劫
갈홍천葛洪川[101]이 아닌가 의심이 든다.	疑是葛洪川

화봉사에서 학 상인을 만나다
花峯寺遇學上人

오늘 밤엔 화봉사	此夜花峯寺
지난해에는 초포교草浦橋.	前年草浦橋
산천은 어제와 같은데	山川如昨日
내일 아침엔 또 이별이다.	離別又明朝
형강荊江 언덕길을 돌아서	路繞荊江岸
금수錦水 물결 따라 배를 돌린다.	舟回錦水潮
느릿느릿 유람하는 나그네 되어	倦遊爲客地
이렇게 소요하니 얼마나 다행인가.	何幸此逍遙

대원사에서 인 대사를 만나 밤에 이야기하다가 즉석에서 시를 짓다【절은 천봉산102에 있다.】
大元寺遇印大師夜話口號【寺在天鳳山】

십오 년 전에 헤어져	十五年前別
삼천리를 돌아다니다	三千里外程
다시 만나 손을 잡고	重逢共握手
웃으니 각각 정이 가득하다.	相笑各含情
푸른 바다는 진도珍島와 이어져 있고	碧海連珍島
푸른 산은 보성寶城과 연접해 있다.	靑山接寶城
다시 어느 곳에서 글로 화제 나누리오?	論文更何處
내일은 금강으로 향해 가는데.	明向錦江行

행각 떠나는 해심 사미를 보내며
送海心沙彌行脚

물 긷고 나무 나르기 벌써 오래	運水般柴久
자주도 그 몸을 괴롭혔다.	勞筋苦骨頻
다듬이질 품삯일로 한 해 보내고	砧傭經一臘
천한 일로 삼 년을 보냈다.	厮役過三春
오늘 밤 나에게 작별 인사 왔는데	此夕還辭我
어느 산 누구를 찾아가는가?	何山欲訪人
길에서 탈 없이 잘 가기를.	途中善爲去
이별을 맞으니 마음 갑절 아프다.	臨別倍傷神

남쪽으로 돌아가는 웅철 사미를 전송하며
送雄哲沙彌南歸

멀고도 먼 호남 길에서	遠遠湖南路
그대 자주 왕래하였음을 어여삐 여겼다.	憐君數逞來
지난해에 얼굴을 익혔는데	前年曾識面
오늘 비로소 그대의 재주를 알았다.	今日始知才
압협鴨峽에서 높이 지팡이를 날리고	鴨峽高飛錫
순강鶉江에서 홀로 잔을 띄우리.	鶉江獨泛盃
조계曹溪[103]는 쉬지 않고 흘러가나니	曹溪流不歇
돌아가거든 황매黃梅[104]를 알현해야지.	歸去謁黃梅

장수사에서 시를 지어 인 대사에게 주다
長水寺吟贈忍大師

어찌 생각했으랴. 황매黃梅 스님 가신 후에	豈意黃梅後
다시 벽안碧眼[105] 스님 만날 줄을.	重逢碧眼師
한 물건도 없다는 구절 몇 번이나 지었으니	幾題無物句
의발 다툰 소식[106]을 체득했으리라.	應得有爭衣
선심禪心은 맑아 물에 비친 달 같고	水月禪心淨
도기道氣 뛰어나 노을처럼 아름답다.	烟霞道氣奇
천년 고찰 여악사廬岳寺에서	千年廬岳寺
오늘 흩날리는 꽃비 보고 있네.	今見雨花飛

즉시 시를 지어 의천 상인에게 주고 작별하다
走筆贈別義天上人

오랜 이별에 그대 얼굴 그리워하다가	昔別思君面
지금 만나니 내 마음 위로된다.	今逢慰我心
바다 문에는 여름비가 쏟아지고	海門炎雨積
강가 성곽은 짙은 안개에 잠겨 있다.	江郭暝烟沈
헤어진 지 여러 해 되어	分手經年久
머리 긁적이다 보니 깊은 밤 되었다.[107]	搔頭到夜深
지금 또다시 홀로 돌아가니	此時還獨去
어느 날에 우리 다시 만나리.	何日更相尋

즉시 시를 지어 인 도인에게 주고 작별하다
走筆贈別璘道人

유월 찌는 더위에 괴로운데	六月炎蒸苦
숲에는 풀과 나무가 무성하다.	千林草樹昏
반가워라 그대, 구름 밖에서 돌아다니다	喜君雲外杖
빗속에서 나의 문을 두드리다니.	敲我雨中門
헤어질 때의 모습을 다시 만났는데	別面重相對
이별의 회포를 다시 나누네.	離懷更共論
삼 일 동안 서로 함께 머무르면서	淹留三日地
반생에 할 말을 다해 버렸다.	說盡半生言

간 대사가 붓을 구하기에 백필白筆[108] 한 자루를 보내다
侃大士索筆[1]寄白筆*一枝

묘한 지혜로 사람의 뜻을 따르고	巧慧隨人意
훌륭한 계책으로 임금을 모셨다.	嘉猷侍帝居
성姓은 토끼를 포위해 얻었고	姓仍圍兔得
은혜는 기린을 잡은 후로 소원해졌다.[109]	恩自獲麟踈
몇 번이나 산음현山陰縣을 지나쳤었고[110]	幾過山陰縣
얼마나 자주 금리錦里 집에 놀러 갔던가?[111]	頻遊錦里廬
흰머리가 아직 다 벗겨지지 않았으니	白頭猶未禿
지금 오래된 중서中書[112]를 보낸다.	今遣老中書

---

1) ㉮ '䇺'은 '筆'과 통한다. 이하도 동일하다.

눈
雪

나무에 엉겨 있다가 바람에 날려 떨어지고	惹樹飄仍落
허공에 빽빽이 있더니만 다시 비껴 내린다.	連空密復斜
계곡의 비와 잠시 섞여 있더니만	乍和溪上雨
산골짜기의 눈꽃으로 바뀌어 버렸다.	翻作峽中花
시골 나그네 다시 길을 헤매는데	野客還迷路
숲의 새도 마침내 둥지를 잃었다.	林禽竟失家
바람 따라 제 스스로 부딪치면서	隨風且自撲
온 땅에 백설이 어지럽게 날린다.	滿地白紛拏

동회 선생의 옛집을 지나다 감회가 있어 동명
정두경의 시운에 따라 시를 짓다
過東淮先生舊宅有感次東溟鄭學士韻

선생의 옛집에서 통곡하노니	痛哭先生宅
누가 백대百代의 스승이런가.	誰爲百世師
옛적에는 지음知音으로 즐거웠으나	往時知己樂
오늘은 온 마음을 쏟아 슬퍼하노라.	今日盡情悲
책상 가득 놓여 있는 시서詩書를 보니	滿案詩書在
눈물 흘러 옷깃을 적시네.	沾襟涕淚垂
저승은 참으로 아득히 멀리 있는데,	幽冥眞迥隔
쓸쓸히 〈팔애시八哀詩〉[113] 읽을 뿐이네.	空讀八哀詩

원운原韻【동명 정 공, 이름은 두경이다. 東溟鄭公。諱斗卿。】

지난번엔 동양위를 곡哭하였더니	往哭東陽尉
오늘은 백곡 대사를 만났네.	今逢白谷師
봉황鳳凰은 끝내 돌아오지 않고	鳳凰終不返
용상龍象은 또한 슬픔을 머금었구나.	龍象亦含悲
뜰 앞의 잣나무는 봄 그늘을 움직이고	庭栢春陰轉
산에 핀 꽃은 빗기운을 드리운다.	山花雨色垂
이곳저곳 다니는 몸 머물게 할 수 없어	無由駐飛錫
벽운시碧雲詩를 주면서 이별하노라.	贈別碧雲詩

동명 정 학사에게 보냄
寄呈東溟鄭學士

학사는 문장의 우두머리로	學士文章伯
관직을 포기하고 술을 사랑하였지.	拋官愛叵羅
풍진세상에는 청안靑眼[114]이 적고	風塵靑眼少
강과 바다에는 갈매기가 많나니,	江海白鷗多
양梁나라의 도홍경陶弘景이요,	梁世陶弘景
형산荊山의 육법화陸法和[115]로다.	荊山陸法和
슬픔과 기쁨, 영광과 오욕 가득한 세상에서	悲歡榮辱境
크게 취해 노래나 한번 높이 부르세.	大醉一高歌

개원사[116]에서 시 두 수를 지어 부백 유 영공에게 삼가 보내다
開元寺吟得短律二首敬呈府伯兪令公

고찰古刹에는 차가운 삼나무 그림자	古寺寒杉影
황량한 성에는 해질녘 뿔피리 소리.	荒城暮角聲
부윤이 새로 부임했다고 들으니	忽聞新尹政
노승 마음 그런대로 위로가 된다.	聊慰老僧情
눈 덮인 계곡에는 돌아가는 나무꾼 소리	雪壑歸樵語
가지에 바람 부니 자던 까치가 놀란다.	風枝睡鵲驚
등불 아래서 함께 하룻밤을 묵으며	懸燈共一宿
못가 정자에서 맑은 꿈을 꾼다.	池閣夢魂淸

두 번째
其二

부윤으로 참으로 이름난 재상이요	府尹眞名宰
참군參軍으로 아름다운 대장부로다.	叅軍美丈夫
임금께서 내리신 은혜 듬뿍 입었지만	恩雖霑雨露
뜻은 본래 강호에 있었지.	志本在江湖
재주로 치자면 이 땅에는 대적할 자 없고	大陸才無敵
여몽呂蒙[117]처럼 학문이 외롭지 않다.	阿蒙學不孤
지란芝蘭에 옥수玉樹가 섞여 있나니	芝蘭間玉樹
형제들이 모두 다 뛰어나도다.	卓犖弟兄俱

삼가 용안[118] 수령의 시에 차운함
謹次龍安守韻

눈이 그치니 호산(湖山)이 드러나고	雪霽湖山出
구름 걷히니 나루터가 열렸다.	雲收水驛開
군수 서재에서 일찍이 자리 함께하였고	縣齋曾共榻
관각(館閣)에선 몇 번이나 술잔을 나누었지.	官閣幾分盃
한 해가 저물어 어느덧 섣달인데	歲律當殘臘
이른 매화엔 어느새 봄빛이 맺혀 있네.	春光着早梅
헤어진 후 그리움에 괴롭기만 하나니	別來相憶苦
머리 돌리며 또 한 번 슬퍼하노라.	回首一悲哉

남한산성 국청사의 봄을 회상함
南漢國淸寺春懷

들녘 계곡에는 봄 새가 재잘거리고	野壑春禽語
산성에는 저녁 뿔피리 소리 구슬프구나.	山城暮角悲
길손으로 처음 외롭게 머무는 날	客初孤住日
꽃은 어지럽게 흩날리려 한다.	花欲亂飛時
달을 그리워하나 흥은 막지 못하여	戀月非關興
구름 바라보며 느긋하게 시를 짓는다.	看雲漫賦詩
거문고 타며 시름겨워 홀로 앉아 있는데	彈琴愁獨坐
종자기鍾子期[119]는 어느 곳에 있는지?	何處有鍾期

별장 양 영공의 시에 삼가 차운함
奉次楊別將令公韻

예전에 구학丘壑으로 돌아가고자 하였으나	丘壑前期在
풍진세상은 고상한 뜻과 어긋났다.	風塵雅志違
공융孔融[120]은 이제 막 북쪽으로 가고	孔融纔北去
장한張翰[121]은 또 고향으로 돌아간다.	張翰又東歸
저물녘 귀뚜라미 소리 퍼지는데	日暮蛩吟動
높은 가을 하늘 기러기 날아간다.	秋高鴈陣飛
이제야 알겠네, 옛적 거백옥蘧伯玉[122]이	從知蘧伯玉
사십구 년 동안 헛살았다고 한 말을.	四十九年非

보령 수령에게 보냄
寄呈保寧倅

북쪽을 바라보니 고향이 아득하여	北望鄕關杳
남쪽 온 나그네는 시름이 간절하다.	南來客思催
세밑에 몸은 하마 쇠약한데	歲除身已老
봄 되자 꿈이 처음으로 돌아간다.	春到夢初回
먼 언덕에는 매화가 무더기로 피었고	遠岸叢梅發
너른 들판에는 눈이 쌓여 있다.	平郊積雪堆
언제나 한번 석장錫杖을 날리어	何當一飛錫
관청에서 함께 술잔 나눌 것인가.	官閣共分盃

일 때문에 감회가 있어 삼가 김 상공에게 보내다
因事有感敬呈金相公

악의樂毅[123]는 조趙나라로 달아났지만	樂毅雖奔趙
인상여藺相如[124]는 어찌 진秦나라 두려워했으랴.	相如豈畏秦
차라리 동쪽으로 가는 나그네 되어야지	寧爲東走客
북쪽으로 돌아가는 사람 되면 부끄럽도다.	恥作北歸人
맑은 물에는 문숙文叔[125]이 없지만	白水無文叔
청산에는 부춘富春[126]이 있다.	靑山有富春
예전의 약속을 실행하기 어려워	前期難必售
늙어 갈수록 스스로 마음만 상하네.	老大自傷神

신 상사에게 보내다
寄呈申上舍

항상 바다로 떠다니고 싶어 하더니만	每欲浮于海
어찌하여 떠나 관문으로 갔는가.	何如去至關
지둔支遁처럼 은거할 것도 아니었는데	自非支遁隱
누가 옥주산沃州山을 팔았던가?	誰賣沃州山
복희伏羲와 황제黃帝를 사모하더니만	慕彼羲黃上
슬프다, 지금은 계손季孫과 맹손孟孫 사이[127]로다.	嗟今季孟間
날씨는 추운데 한 해가 저물고	大寒仍歲暮
쇠약한 얼굴 펼 길이 없다.	無計展衰顔

부산사에서 시를 짓다
題浮山寺

아래로는 창룡굴蒼龍窟을 내려다보고	俯壓蒼龍窟
넓게 백마탄白馬灘을 마주 보고 있다.	平臨白馬灘
산과 강은 옛 백제 땅과 이어져 있고	山河連百濟
절집은 삼한三韓 때 세운 것이다.	棟宇自三韓
가파른 절벽으로 솔 그늘이 움직이고	絶壁松陰轉
맑은 강에는 달그림자 차다.	澄江月影寒
밤 깊어 가도 잠들지 못해	夜深無夢寐
휘파람 길게 불며 난간에 기댄다.	長嘯倚闌干

신성 수령에게 보내다
寄呈新城地主

눈 헤치고 처음으로 방문하던 일,	冒雪初相訪
봄을 맞아 몇 번이나 생각하였던가?	逢春更幾思
언제나 팽택彭澤[128]의 술 그리워하고	永懷彭澤酒
두보杜甫의 시를 큰 소리로 읽겠지요?	高詠杜陵詩
바닷가 절에서 조용히 지내는 날	海寺端居日
강가 매화가 활짝 피려 할 때,	江梅欲放時
어느 때나 한번 손을 잡고	何當一携手
다시 백련사 가자고 약속할까?	重赴白蓮期

어떤 사람이 베 한 필을 보내왔기에 고마움을 표시하며 그 시운에 따라 짓다
謝人送布一匹因次其韻

심부름꾼이 와서 서신을 전하기에	使至憑傳信
회답 편지 보내려고 봉함을 뜯었다.	書回敢啓緘
멀리서 보낸 한 필의 베로	遙將一匹布
일곱 근의 장삼을 지을 수 있겠네.	俾作七斤衫
관심굴觀心窟에서 입고 앉았다가	着坐觀心窟
설법암說法巖으로 가지고 돌아가리.	持歸說法巖
남쪽에서 유람하며 불자拂子[129]를 나부낄 때	南遊飄拂處
구름 휘도는 산은 푸른 하늘에 높이 솟으리.	雲岫碧巉巉

원 처사에게 보내다
寄元處士

가고 머물면서 헤어진 지 삼 년	去住三年別
풍진세상에 모든 일이 어긋났다.	風塵萬事非
이리저리 떠다니는 몸은 북쪽으로 가는데	飄零人北去
훨훨 나는 기러기 남쪽으로 향해 간다.	搖曳鴈南飛
그윽한 흥취는 장한張翰을 그리워하고	逸興懷張翰
높은 재주는 육기陸機[130]를 떠올린다.	高才憶陸機
푸른 담쟁이처럼 변치 말자던 옛 약속	靑蘿舊時約
가을 달 꿈길에 아른거린다.	秋月夢依俙

고요한 은거지에서 흥취를 보내다
幽居遣興

병든 길손이라 봄날에 일이 없어	病客春無事
텅 빈 산, 낮에도 사립문을 닫았다.	空山晝掩扉
실바람에 꽃은 조각조각 떨어지고	細風花片片
부슬비에 제비는 쌍쌍이 날아온다.	微雨鷰飛飛
세상 밖 이곳은 영욕榮辱이 적지만	物外少榮辱
인간 세상에는 시비가 많도다.	人間多是非
흰머리라 적막함을 달게 여기니	白頭甘寂寞
숲으로 늦게 돌아온 것을 애석히 여긴다.	林下恨遲歸

신정사[131] 망남루에서 짓다
題神之寺望南樓

절벽을 세운 듯, 산은 북쪽에 웅크려 있고	壁立山蟠北
냇물은 휘돌아 남쪽으로 흐른다.	溪回水走南
처마는 삼우동三友洞으로 냈고	簷排三友洞
용마루는 칠성암七星菴 쪽으로 솟았다.	甍出七星菴
물색物色은 인간 세상 떠나 있는데	物色辭人境
풍광風光은 나그네 갈 길을 멈추게 한다.	風光駐客驂
홀로 누에 오르니 봄이 참으로 좋을시고.	獨登春正好
꽃이 피니 새가 지저귄다.	花發鳥喃喃

백운산에서 응암 대사와 이별하면서
白雲山留別應巖大師

머나먼 남과 북 오가느라	北去南來遠
부평초 인생 잠시도 한가롭지 않구나.	浮生不蹔閑
지난해에는 청학동靑鶴洞	昔年靑鶴洞
오늘은 백계산白鷄山.	今日白鷄山
계곡과 구름 밖의 흥이 다하니	興盡水雲外
이별하는 동안에 근심이 많다.	愁多離別間
봄바람 속에 헤어지니 괴롭기만 한데	春風分手苦
지팡이 짚고서 언제 돌아오려나.	杖錫幾時還

풍악에 유람 가는 기 대사를 전송하며
送奇大師遊楓岳

금강의 절경을 알고 싶은가?	欲識金剛勝
나는 예전에 원 없이 놀았다네.	吾曾汗漫遊
온갖 봉우리가 뼈처럼(皆骨) 서 있으며	千峯皆骨立
수만 계곡에는 온갖 향기(衆香) 떠돌아다닌다네.	萬壑衆香浮
학이 살았던 둥지는 아직도 있고	鶴窟巢猶在
용이 살았던 못 유적도 여전히 남아 있겠지?	龍淵跡尙留
내 늙어 다시 가기는 어려우니	暮年難再到
오늘 그대를 전송하며 시름에 젖네.	今日送君愁

격포진 봉화대에 올라
登格浦鎭烟臺

봉화대 아래 바다는 너르고	海濶烟臺下
죽도竹島 사이의 물결은 아득하다.	潮平竹島間
요새의 봉화는 오래된 성가퀴에서 전달되고	塞烽傳古堞
변방의 호각 소리 가을 산을 흔든다.	邊角動秋山
특별한 땅, 관문의 방위가 막중한데	特地關防重
수자리 서는 병졸은 한가롭기만 하다.	維時戍卒閑
백 년의 뛰어난 경치가 이곳에 있으니	百年形勝在
유람 다니는 길손들 몇 번이나 올라왔을까.	遊客幾躋攀

즉시 시를 지어 호남 관찰사 신 모에게 주다
走筆¹⁾寄呈湖南申方伯

옥절玉節¹³²은 절도사의 신표요	玉節眞方伯
유학의 학문은 재상의 후손답도다.	斯文相國孫
임금의 은혜 입어 중요한 지역을 맡았고	主恩分重地
가업은 높은 문벌을 계승하였다.	家業繼高門
역로驛路는 깃발로 덮였고	驛路旋旗蔽
관청은 북소리 피리 소리로 떠들썩하다.	官城鼓角喧
게다가 지금은 고을 순시하는 날.	況玆巡郡日
가을빛이 관가에 가득하구나.	秋色滿行轅

---

1) 원 '筆'은 '筆'과 통한다.

법성포에서 우연히 짓다
法聖浦偶題

위도蝟島는 파란 연기 바깥에,	蝟島蒼烟外
응암鷹菴은 흰 물결 가에 있다.	鷹菴白水邊
이대로 법성포 나그네 되어	仍爲法聖客
문득 시랑侍郎 신선 떠올린다.	忽憶侍郎仙
바다 안개는 어부의 집에 푹 잠겨 들고	海霧沉鮫室
강 꽃은 낚싯배에 떨어진다.	江花落釣船
고향 동산엔 봄이 한창일 터	故園春已晚
돌아가고픈 생각에 하루가 일 년 같다.	歸思日如年

원 동자에게 주다
贈元童子

저 미소년 원 동자	彼美元童子
나이 겨우 열셋.	春秋僅十三
계방季方¹³³은 형 못지않고	季方非小弟
왕적王適¹³⁴은 기남자였지.	王適是奇男
멀리 청라동靑羅洞을 떠나와	遠別靑羅洞
백월암白月庵에 머무르며	幽棲白月庵
시서詩書를 부지런히 나에게 물으니	詩書勤問我
내가 해 주는 말이 지남이 되리라.	吾道竟爲南

청계사 벽에 시를 짓다
題靑溪寺壁

청계사에서 이틀 잤다네.
파릉현巴陵縣 성곽 동쪽에 있는 절.
나그네 시름 등잔 그림자에 어리고
중의 꿈은 빗소리에 떠도네.
수월암水月菴 앞길은
송림굴松林窟 아래와 통해 있지.
옛적에 지나간 적이 있던 곳
오늘은 봄바람을 몰고 간다.

信宿靑溪寺
巴陵縣郭東
客愁燈影裡
僧夢雨聲中
水月菴前路
松林窟下通
昔年曾過地
今日領春風

호서 아사[135]와 작별하다
奉別湖西亞使

포숙아鮑叔牙[136]가 참모로 있던 날이요	鮑子叅軍日
치초郗超[137]가 부관으로 있을 때로다.	郗生佐幕時
어찌해 국화 피는 계절에	如何當菊節
갑자기 임기가 만료되었는가.	倏忽近瓜期
물 가득한 지방에서 가을에 이별하니	水國三秋別
강 하늘에서 만 리 길 생각난다.	江天萬里思
이별의 슬픔을 견딜 수 없어	離愁抛不得
낭랑하게 비단 주머니에 있는 시를 읽는다.	朗詠錦囊詩

섣달그믐
除夜

섣달 마지막 날 밤	臘盡分殘夜
한 해가 가니 늙어 가는 나이가 아쉽기만,	年窮惜暮齡
남아가 부질없이 늙어 가고	男兒空老大
세월 역시 쉼 없이 흘러간다.	歲月亦崢嶸
양쪽 귀밑에 흰머리 더해지고	兩鬢添新白
두 눈동자에는 옛날의 총기가 줄어든다.	雙眸減舊靑
나이 쉰일곱에	生年五十七
이루어 놓은 일이 없어 부끄럽기만 하다.	事業愧無成

부여의 박 명부가 임기 육 년이 차다
【관리와 백성들이 상소문을 올려 유임하기를 요청하였으나 이루어지지 않아 시를 지어 이별한다.】

扶餘朴明府瓜滿六年【吏民呈文乞留。不得詩以別之。】

도읍은 삼국으로 나뉠 때부터 있었으니	邑是三分國
마을에는 아직도 백제의 유풍이 있다.	鄕猶百濟風
강은 흘러 백마강과 이어지고	江流連白馬
배를 저어 가면 황룡黃龍에 닿는다.	舟楫接黃龍
패업을 이룬 천년 후에	覇業千年後
재임 육 년이지만 치정의 명성이 있다.	治聲六載中
유임을 청해도 끝내 되지를 않아	借留終不得
백성과 관리들 모두 수심 가득한 모습이다.	民吏摠愁容

충주 원 목백에게 삼가 보내다
敬呈忠原元牧伯

곳곳이 계곡과 산길	處處溪山路
집집마다 꽃과 버들이 있는 마을.	家家花柳村
모두 목사의 선정을 자랑하니	共誇明府政
임금님의 은혜를 유독 입었다.	偏荷聖君恩
이름난 고을의 수령이 되지 않았으면	不作名區宰
어떻게 덕업이 존귀함을 알리오.	焉知德業尊
숲 속의 중이 홀로 와 인사하니	林僧獨來謁
봄날이 저물려고 한다.	春日欲黃昏

호거산에 오르다 【밀양에 있다.】
登虎踞山【在密陽地】

어제는 용흥사龍興寺를 지났는데	昨過龍興寺
오늘은 호거산虎踞山에 오른다.	今登虎踞山
느릿느릿 천 리 길을 돌아다니니	倦遊千里外
백 년간 한평생이 적이 위로된다.	聊慰百年間
세상일은 어제와 같지 않아도	世事非前日
구름 가득한 숲은 옛 모습 그대로다.	雲林是舊顔
풍진이 끊임없이 이어지는 이때에	風塵澒洞際
누가 이 몸의 한가로움을 알리오.	誰識此身閑

옥천사와 학서사 두 절을 구경하다
遊玉泉鶴棲兩寺

스스로 봉래산에 있는 몸이 되었으니	自作遊蓬島
무엇 하러 구태여 옥주沃州[138]를 사리오.	何須買沃州
하늘은 은빛 바다에 이어져 넓고	天連銀海濶
땅은 옥천玉泉과 떨어져 깊숙하다.	地隔玉泉幽
학 굴은 검푸른 절벽 아래에 있고	鶴窟蒼崖底
선방은 흰 바위 위에 있다.	禪房白石頭
홀로 천 길 아득한 꼭대기에 올라	獨登千仞遠
백 년의 근심을 그럭저럭 실어 보낸다.	聊遣百年愁

마천대
摩天臺

마천대 뛰어난 경치를 찾아가려다	爲訪摩天勝
어느덧 바닷가로 들어왔다.	翻成入海來
원효사元曉寺를 못내 그리워하다가	偏憐元曉寺
의상대義湘臺 근처에 자리 잡았다.	卜近義湘臺
푸른 바다에는 뭇 산이 솟고	碧海羣山出
파란 하늘에는 일곱 섬이 열린다.	靑天七島開
이때 마침 가을비도 걷혀	是時秋雨霽
느긋하게 감상하며 오랫동안 배회한다.	延賞久徘徊

전주의 보좌관 심 명부에게 보내다
寄呈全州半刺沈明府

형제들이 모두 이름난 선비지만	伯仲皆名士
명부 공께서 유독 뛰어났다.	明公獨出羣
지금은 한 고을을 맡은 반자半刺[139]이고,	專城今半刺
군막에 들어가면 옛날의 참군參軍[140]이다.	入幕舊叅軍
바닷가 절에는 봄기운이 막 움직이고	海寺春初動
선방에는 밤이 깊어지려 한다.	禪房夜欲分
맑은 시는 어찌 그리 뛰어났는가?	淸詩何俊逸
이로써 심휴문沈休文[141]임을 알겠다.	知是沈休文

박 수재의 초당에서 짓다
題朴秀才草堂

계곡 초당에 봄 새들 지저귀고	峽店春禽語
강가 다리에 지는 햇살 퍼진다.	溪橋落日舒
땅이 깊숙하니 동수銅水[142]가 궁벽하고	地幽銅水僻
하늘이 넓으니 고산鼓山[143]이 비어 있다.	天豁鼓山虛
혼자 낚시할 땐 바람이 따뜻해서 좋고	獨釣宜風暖
여럿이 밭을 갈 땐 비도 넉넉하게 내려 준다.	羣畊可雨餘
도연명이 일찍이 은거하였다고 들었더니	曾聞彭澤隱
아마도 이런 지역에서 살았으리라.	盖乃此中居

백마강에서 회고함
白馬江懷古

백마강 파도 소리는 만고의 시름이라.	白馬波聲萬古愁
남아 대장부 이곳에 오니 눈물이 흐른다.	男兒到此涕堪流
처음에 위국산하魏國山河[144]가 보배라고 자랑하였는데	始誇魏國山河寶
마침내 오강烏江[145] 자제들의 부끄러움이 되었다.	終作烏江子弟羞
허물어진 성곽 위의 까마귀는 저물녘에 우짖는데	廢堞有鴉啼落日
황량한 누대에는 늦가을 춤추는 기녀가 없다.	荒臺無妓舞殘秋
삼분하여 할거했던 영웅들 다 사라지고	三分割據英雄盡
단지 가을바람이 나그네 배 전송할 뿐.	但看西風送客舟

태조산 작은 암자에 자면서
宿太祖山小庵

고개 너머 산수 좋은 곳에서 유람하는데	嶺外遊踪泉石間
한 해의 경치 중에 마침 봄이 무르익었다.	一年風物正春闌
구름 가에서 마야사摩耶寺를 아득히 이별하고	雲邊遠別摩耶寺
강가에 높이 솟은 태조산太祖山에 오를 적에	江畔高登太祖山
지는 노을 속 끊어진 다리로 외로운 길손이 건너가고	斜日斷橋孤客渡
꽃이 지는 오솔길에 노승이 돌아온다.	落花幽逕老僧還
머무르다 잠시 부들방석 빌려 자나니	淹留蹔借蒲團宿
달빛 가득한 빈 뜨락에서 사립문을 닫는다.	月滿空庭夜掩關

동회 선생과 헤어지면서
辭東淮先生

언덕 위 어느 집이 대(竹) 사립문 닫았나?	倚岸誰家掩竹門
관직을 버리고 병든 문원文園[146]이 있음을 알겠다.	休官知有病文園
금년에 비로소 여산廬山의 결사[147]를 맺으니	今年始結廬山社
이곳이 마침내 율리촌栗里村[148]이 되었구나.	是處終爲栗里村
강가의 저문 언덕에 쓸쓸히 풀만 푸른데	江上暮堤空碧草
계곡의 가을 해는 어느새 황혼이 되었다.	峽中秋日自黃昏
외로운 배로 계곡을 벗어나 먼 곳 바라보며	孤舟出峽遙相望
노에 기대니 가을바람에 홀로 애절해진다.	倚棹西風獨斷魂

동회 선생에게 삼가 드리다
敬呈東淮先生

계곡 속의 맑은 강, 강가의 마을　　　　　　　峽裏淸江江上村
아름다운 경치는 절로 중장통仲長統[149]의 동산이다.　　風烟自是仲長園
봄이 되어 일과로 천 수의 시를 짓고　　　　　春來有課詩千首
늙어 감에 마음 비우며 술 한 동이 즐길 뿐.　　老去無心酒一樽
손님 접대에 잠시 꽃으로 둘러싸인 난간에 기대고　對客蹔憑花外檻
중을 보내고 돌아와 빗속에 문을 닫는다.　　　送僧還閉雨中門
서쪽 봉우리에서 결사하며 약속 지키자 하였는데　西峯結社相從約
두 해가 훌쩍 지나고 혼은 꿈속을 떠돌 뿐.　　兩歲迢迢只夢魂

또
又

기러기 돌아와 선생 서찰을 비로소 받으니	鴈回始得先生札
불자암佛子菴이 완공되어 도道를 전할 만하다 하네.	佛子菴成道可傳
좋은 땅 찾을 처음에는 강가에 절이 없을 듯하나	卜地初無江上寺
근원을 찾아간다면 반드시 동중천洞中天[150] 있으리라.	尋源應有洞中天
봄 깊어 풀은 푸르고 붉은 꽃비 내리겠고	春深草碧花紅雨
해 저물녘 작고 외로운 돛배 떠 있으리.	日暮孤帆短棹舡
훗날에 법려法侶를 맞이한다 하였으니	見說他年迎法侶
잔을 띄워 다시 우천牛川을 건너고 싶네.[151]	浮盃還欲渡牛川

운장암에서 우연히 읊조리다
雲藏菴偶吟

봄바람이 얼굴을 스치는데 남창에 기대어   春風拂面倚南窓
하루 종일 무심하니 방온龐蘊[152] 거사와 다름없다.   盡日忘機似老龐
침상에 기대어 있으니 조각조각 꽃이 떨어지고   欹枕落花來片片
주렴을 걷으니 새들은 쌍쌍이 날아간다.   卷簾飛鳥去雙雙
동쪽 모퉁이에서 굽어보면 창룡굴蒼龍窟   東隅俯瞰蒼龍窟
서쪽 집에서 돌아보면 백마강이다.   西广回看白馬江
오솔길에 풀이 무성해 오는 이 없으니   幽逕草深無客到
쓸쓸함을 누구와 함께 도란도란 얘기할까?   寂寥誰與話摐摐

봄날 친우에게 보내다
春日寄友

대나무 난간에 바람이 산들 부니 제비는 높이 날고	竹欄風細鷰高飛
절이 깊숙한 곳에 자리 잡아 한낮에도 사립문 닫는다.	院落深深晝掩扉
수천 망상은 삼매三昧에 의지해서 버리고	千慮只憑三昧遣
수만 봉우리를 단지 지팡이 하나로 돌아온다.	萬峯都把一笻歸
헛된 명성은 물과 같으니 어찌 머물러 주리오.	浮名似水那堪駐
방랑 흔적도 구름 같아 잠시 의지할 뿐.	浪跡如雲是蹔依
산비가 밤에 내려 꽃이 다 지니	山雨夜來花事盡
봄을 보내는 아름다운 시구절 한껏 지어 보게나.	餞春佳句莫令稀

또
又

산새는 다투듯 지저귀고 또 다투어 나는데	山禽爭舌復爭飛
외로이 세월 보내면서 대 사립문을 닫는다.	孤負年華掩竹扉
꽃은 흐드러지게 피어 가끔은 절로 떨어지는데	花已紛然時自落
그대 지금 늙었거니 어디로 돌아가려 하는가.	君今老矣欲何歸
시비가 모두 뜬구름 좇다가 흩어지고	是非共逐浮雲散
마음과 자취는 모두 흐르는 물 따라 떠가네.	心跡雙隨流水依
한바탕 비바람은 생각만 괴롭히는데	風雨一場勞夢想
친구의 소식은 요즘 들어 드물기만 하구나.	友朋消息近全稀

동회 선생이 지은 백운루 시에 삼가 차운하다
敬次東淮先生白雲樓韵

선생은 항상 초당으로 돌아오기를 좋아했고   先生每愛草堂回
좋은 계절에 절로 피는 국화를 유독 아꼈다.   佳節偏憐菊自開
밝은 달빛이 가득 찰 때는 항상 주렴을 걷고   明月滿時常卷箔
흰 구름이 많이 모인 곳에서 홀로 누대에 올랐다.   白雲多處獨登臺
승려 만나서 삼 년 전의 이별을 이야기하고   逢僧却說三年別
길손 보냄에 다시 아흐레 동안 술잔 기울였다.   送客還傾九日盃
베개를 높이고 때마침 가을밤이 길거늘   高枕正當秋夜永
옛날 놀던 묵은 자취가 꿈속으로 온다.   舊遊陳跡夢中來

백헌 상국에게 보내다
寄呈白軒相國

아름다운 고장 두루 돌아다니다 옛집으로 돌아와	踏遍靈區返舊棲
심심계곡 보이는 곳에 조그만 초당 새로 지었다.	小堂新構壓深溪
한가로울 때는 흰 불자拂子 들고 무심히 앉아 있고	閑將白拂尋常坐
고요할 때는 맑은 글 점검하며 차례로 품평한다.	靜檢淸篇次第題
키 큰 나무 서리 맞아 차운 잎이 떨어지고	高樹着霜寒葉落
시든 연잎 비를 맞아 늙은 줄기 늘어졌다.	敗荷擎雨老莖低
귀종歸宗[153]이 감히 파 옹坡翁[154]의 시구를 청하나니	歸宗敢乞坡翁句
한번 읊으면 금산金山[155]의 기상과 나란히 하리.	一詠金山氣象齊

백주 재상의 시에 차운하다
敬次白洲相公韻

중을 태운 한 필 말이 원융元戎[156]에 당도할 때
조각배에 술을 싣고 상국相國이 돌아왔다.
포구의 지는 노을 속으로 까마귀 떠나가고
해문海門의 가을빛 속으로 기러기 돌아올 때,
새로운 시 짓기도 전에 도리어 이별하고
다시 만날 기약 없이 다시 술잔을 들었었네.
사미승을 보내어 지금 문안을 드리나니
나그네 시름은 다만 망향대에 있네.

携僧匹馬元戎到
載酒扁舟相國回
浦口夕陽鴉帶去
海門秋色鴈將來
新篇未就還分袂
後會難期更把盃
却遣沙彌今問訊
羈愁只在望鄉臺

해숭위[157] 윤 공의 시에 차운하다
敬次海嵩尉尹公韻

은 갈고리와 쇠의 새끼(索)는 왕희지의 글씨요	銀鉤鐵索羲之筆[1]
옥의 울림과 쇳소리는 이백의 시이다.	玉振金聲白也詩
선생의 운수雲水 같은 정취를 늘 좋아하였으며	慣愛先生雲水趣
선자禪子의 물가 소나무 같은 자세를 유독 아꼈으니,	偏憐禪子澗松姿
혜원慧遠이 도연명을 맞이하기를 기약할지언정	將期惠遠邀彭澤
장자가 공자를 업신여김을 어찌 본받으리.	豈學莊周侮仲尼
만 리 길 고향 산으로 돌아갈 꿈 게을러	萬里鄉山歸夢懶
떠날 옷자락을 떨치지 못하고 서울에 머무른다.	行裾未拂滯京師

원운原韻

내 젊은 시절 취할 것 없다가	如我盛時無可取
이제 늙어서야 감히 시를 논한다.	及今衰[2]後敢論詩
천 길 옥계玉界[158]의 산을 만남도 놀랍고	驚逢玉界山千仞
장륙丈六[159]의 불상을 보니 기쁘기도 하다.	喜見金身丈六姿
신령한 빛이 부처님 정수리에 떠 있음 깨달았으니	已覺神光浮佛頂
흐린 물을 마니주摩尼珠[160]로 비추어야지.	須將濁水照摩尼
우리 조선의 한묵翰墨[161]이 쓸쓸하였는데	青丘翰墨還蕭索
백곡 대사白谷大師에게 문장을 쏟아 주었네.	輸與文章白谷師

---

1) 웹 '筆'은 '筆'과 통한다. 2) 영 '哀'는 '衰'의 오자이다.

봉명암에서 짓다
題鳳鳴菴

귀로에 쓸쓸히 바라보며 홀로 누각에 기대노라니	悵望歸程獨倚樓
오서산烏棲山¹⁶² 동북쪽이 바로 홍주洪州라네.	烏棲東北是洪州
누가 알리오. 백월산白月山¹⁶³ 앞의 길이	誰知白月山前路
곧장 청라동靑蘿洞 심심유곡으로 들어가는 것을.	便入靑蘿洞裏幽
바다에 이은 빗소리는 외로운 새벽 역驛에 퍼지고	連海雨聲孤驛曉
숲에 떨어지는 안개는 들쑥날쑥한 가을 봉우리에 퍼지네.	滴林嵐氣亂峯秋
봉명사鳳鳴寺는 외져 있고 스님은 일이 없어	鳳鳴寺僻僧無事
사흘을 머물면서 길손의 시름을 달래네.	三日淹留遣客愁

장 수재와 작별하다
別張秀才

온성溫城으로 돌아가는 길이 또 갈리나니 　　　　溫城歸路又分歧
언제나 인간 세상에 이별이 많음이 애석하다. 　　每惜人間足別離
나그네 되어 떠나는 그대를 위해 지은 시는 있지만 　詩有倦吟爲客處
그대와 송별할 때에 한껏 취할 술이 없다네. 　　　酒無深酌送君時
궁벽한 곳의 외로운 산골이라 귀뚜라미 소리 가깝고 　孤村地僻蛩聲近
변방의 긴 하늘에는 기러기 그림자 더디기만. 　　　絶塞天長鴈影遲
쓸쓸하게 빗장을 거니 가을 하늘은 길기만 하고 　　悄悵掩關秋夜永
누각에 가득 찬 밝은 달빛은 그리움만 더한다. 　　滿樓明月倍相思

철옹에서 동주 이 공[164]을 방문하고 그의 시에 차운하다
鐵瓮[1)]訪東州李公仍次其韻

초객楚客[165]의 비애는 세상 사람들 모두 슬퍼하나니 　　楚客悲凉衆所悲
십 년의 유배 생활에 은일隱逸의 기약을 저버렸다. 　　十年遷謫負幽期
풍진風塵에 길을 잃어 도리어 비감이 많은데 　　風塵失路還多感
세상에서 나를 알아줄 이 누가 있는가. 　　浮世知音却有誰
못가에서 어부의 질문[166]을 싫어하지 않고 　　澤畔莫嫌漁父問
책상에서는 오직 시골 스님의 시에 화답한다. 　　床頭唯和野僧詩
연하煙霞 속에서 이미 여산廬山의 결사를 맺었으니 　　烟霞已結廬山社
꿈속 그리움 위로하는 편지를 아끼지 마시오. 　　休惜傳書慰夢思

원운原韻

대사가 서쪽에서 오시어 큰 자비로 　　大士西來了大悲
제자를 좇아 따른 것은 전날의 기약과 같네.[167] 　　追隨弟子若前期
연화蓮華의 법장法藏[168]에서는 항상 성품을 논하는데 　　蓮花法藏長論性
백수栢樹의 선지禪枝[169]는 참으로 누구와 상대할까. 　　栢樹禪枝定對誰
혜원 스님이 모임을 결성하도록 이미 허락하였으니 　　已許遠公堪結社
영철靈徹[170] 스님이 시를 잘 지었음을 또한 알겠다. 　　也知靈徹善吟詩
묘향산의 달이 밝고 물도 또한 깊은데, 　　香山白月深源水
다만 이 생각을 여쭈어 볼 사람 없다. 　　秖是無人問所思

---

1) ㉠ '瓫'은 '瓮'의 오자이다.

묘향산 비로봉에 올라갔다가 날이 저물어 비로암에서 자다

登香山毗盧峯日晩宿毗盧菴

높고 험한 봉우리를 아슬아슬 올라가	向陟崔嵬展側行
산 아래 굽어보니 산비가 막 개었다.	登臨山雨屬新晴
봉우리에는 구십 개의 여러 암자들	峯頭九十諸菴子
높고 낮은 풍경 소리가 구름 밖에서 어지럽다.	雲外高低亂磬聲
바위 굴에 달이 잠기자 중의 꿈은 끊어지고	喦窟月沉僧夢斷
동천洞天에 가을이 늦으니 길손의 넋은 맑다.	洞天秋晚客魂淸
향풍香風이 평상에 가득하여 잠들지 못하는데	香風一榻仍無寐
처마 끝의 샛별은 오경五更이 되려 한다.	簷角明星欲五更

복천사에서 비에 막혀 고을 원에게 시를 올리고 함께 놀러 온 여러 사람에게도 보여 주다
福泉寺滯雨呈主倅兼示同遊諸公

삼사三使가 한 분의 독우督郵[171]를 따라가고	三使君隨一督郵
다시 재자才子들 거느리니 풍류가 다채롭네.	復携才子兩風流
산 아래를 바라보매 구름 갠 날이 아니어도 좋으나	登臨不必雲開日
멀리 바라볼 때는 서리 내리는 가을이 딱 좋다네.	眺望還宜霜滴秋
끝없이 펼쳐지는 붉은 단풍은 절벽을 장식하고	無限赤楓粧壁面
때로는 파란 안개가 봉우리에서 일어나네.	有時靑靄起峯頭
진경眞景을 찾다가 중을 만나 얘기하는 것도 좋은 일	尋眞且喜逢僧話
술도 떨어졌으니 무엇으로 유유자적 노닐까?	酒盡何須汗漫遊

익산군 재실에서 즉시 시를 지어 고을 원에게 바치고 아울러서 처사 송민고[172]에게 편지를 보내다
益山郡齋走筆[1]奉呈邑倅兼簡宋處士民古

청려靑藜를 짚고 몇 차례 호남을 방문하였음은	靑藜幾度訪湖南
해마다 청아한 노닒이 즐거웠기 때문이다.	每歲淸遊性所甘
금마군金馬郡에서 우연히 게송을 지으니	新偈偶成金馬郡
옥룡암玉龍菴 옛 거처가 다시 생각난다.	舊棲還憶玉龍菴
작은 못에 비 내리니 마른 연잎 적셔 주고	小池引雨枯荷浥
높은 나무 가을 오니 병든 낙엽 물기 도네.	高樹迎秋病葉酣
태수는 중을 아끼고 또 길손을 사랑하니	太守愛僧兼愛客
좌중의 모든 사람들은 왕적王適 같은 기남자라.	坐中王適本奇男

---

1) ㉑ '筆'은 '筆'과 통한다.

신 정자를 곡하다
【의화[173]는 춘소 신최[174]의 아들인데, 26세에 요절하였다.】
哭申正字【儀華春沼之子也。二十六早歿。】

회옹淮翁[175]의 뛰어난 행적은 당대의 으뜸인 데다	淮翁逸躅冠當時
현헌玄軒[176]의 높은 덕행이 밑바탕이 깔려 있음에랴.	況洒玄軒峻德基
위대한 현자는 결국 후손을 남길 것이라 말하지 마오.	休說大賢終有後
하늘의 운명이 마침내 무심함이 슬프기만 하다.	却嗟天道竟無知
십 년 만에 아들과 손자가 연이어 세상을 떠났으니	十年子及孫連逝
천 리 밖에 있는 혼은 꿈 따라 함께 슬퍼한다.	千里魂隨夢共悲
반백도 못된 인생에 세 번이나 눈물을 뿌리니	未半浮生三洒淚
청산靑山도 나의 사정에 통곡을 한다.	靑山贏得哭吾私

인동[177]으로 가는 도중에 즉시 시를 지어 경상도 관찰사에게 삼가 올리다
仁同途中口號敬呈嶺伯

겨울 찬바람이 불어와 강가의 모래를 휘감는데　　朔風吹緊卷江沙
멀리 온 길손이 귀향길 생각하니 갈 길 더욱 멀다.　　遠客思歸路更餘
천 리 밖 영남에서 도총섭都摠攝[178]을 지내노라　　千里嶺南都摠攝
십 년 동안 숲에서 다 낡은 승복僧服을 입었다.　　十年林下弊袈裟
섣달 눈이 처음으로 나무에 쌓이는 것을 보다가　　仍看臘雪初封樹
불현듯 겨울 매화에 꽃 핀 것을 떠올린다.　　忽憶寒梅已着花
나는 방백方伯에게 사랑받았음을 알지만　　知己但蒙方伯愛
입은 은혜 망각한 채 하늘 끝 멀리 있다.　　荷恩忘却在天涯

봄날에 임 대사에게 보내다
春日寄林師

봄 되자 그윽한 흥취 충분히 더해지는데	春來幽興十分加
옛 곡조 〈백설가白雪歌〉[179]를 누가 알리오.	古調誰知白雪歌
동자는 땔나무를 지고 와 햇고사리를 삶고	童子荷薪烹早蕨
노승은 삽을 들어 햇차를 심는다.	老僧將鍤種新茶
책상머리에서 베개 높이니 물소리가 멀고	床頭高枕水聲遠
처마 끝 주렴을 걷으니 산 빛이 짙다.	簷角卷簾山色多
절 마당이 깊고 깊어 사람들 잠 못 이루고	庭院深深人不寐
계단 가득한 꽃 그림자 저절로 비스듬히 퍼진다.	滿階花影自橫斜

산에서 나와 청주 통판에게 보내다
出山呈西原通判

우연히 지팡이 끌고 산에서 내려와	偶然携杖下峯頭
몇 곳을 쉬어 가다가 잠시 또 머문다.	幾處閑行又蹔留
향기로운 풀이 있는 저물녘의 둑 따라 먼 길 가고	芳草暮堤隨遠路
꽃이 지는 봄날의 절에서 높은 누각에 오른다.	落花春寺上高樓
산을 볼 때는 내려다보는 흥취를 느긋이 보내고	看山剩遣登臨興
비에 막혀서는 잠시나마 끝없는 근심에 들었다.	滯雨俄成汗漫愁
다행히도 백년지기가 있어 때마침 만났나니	賴遇百年知己在
달이 밝으면 좋은 풍류가 아스라이 떠오른다.	月明遙憶好風流

차운하여 정 수재에게 보내다
次寄鄭秀才

청광淸狂[180]한 길손이 바위 문에 도착하니 清狂有客到嵒扃
예스러운 모습의 의관은 대정大庭[181]이 생각난다. 古貌衣冠想大庭
유령劉伶[182]이 자랑하는 〈주덕송酒德頌〉을 배웠고 肎[1)]學劉伶誇酒頌
육우陸羽[183]가 저술한 『다경茶經』을 탐구하였다. 唯探陸羽著茶經
평생의 성벽性癖으로는 시적인 감흥이 많았고 平生性癖多詩興
집안 대대로 내려오는 명성으로 덕의 향기 넉넉했다. 家世名聲飽德馨
깊은 산골에 터를 잡아 이웃 사람도 알지 못하지만 丘壑卜隣人不識
은거 생활 하여도 북산北山 신령에게 부끄럽지 않다.[184] 隱居無愧北山靈

---

1) ㉮ '肎'은 '肯'과 같은 글자이다.

남한산성의 동문 누각 위에서 즉시 시를 지어 대윤[185]에게 보내고 겸하여 두 분 사백[186]에게 편지를 보내다

南漢東門樓上口占敬呈大尹兼柬兩詞伯

홀로 높은 누각에 오르니 흥취가 더욱 솟아나서	獨上高樓興更長
푸른 하늘에 머리를 돌려 남쪽 고향을 바라본다.	碧天回首望南鄕
구름은 산굴에서 나와 도리어 변화가 많고	雲能出岫還多事
새는 숲에서 들락날락 너무나 바쁘구나.	鳥自投林却太忙
산살구 떨어지니 가을은 깊어 가고	山杏落來仍晩節
시골 스님 돌아갈 때 해는 뉘엿 지려 한다.	野僧歸去欲斜陽
봄이 든 성에서 태수가 즐겁게 노는 곳에	春城太守遨遊地
누가 두 성랑省郞[187]에게 풍류를 보내 주리오.	誰遣風流兩省郎

다시 앞의 운을 사용하다
再用前韻

남쪽 길손은 돌아갈 생각에 근심이 더욱 커지지만	南客思歸愁更長
광릉廣陵에 머무느라 고향으로 돌아가지 못한다.	廣陵羈滯未還鄉
조각구름은 무슨 일로 높이 다급하게 날며	片雲底事高飛急
외로운 새는 무슨 마음으로 홀로 바쁘게 가는가.	孤鳥何心獨去忙
사물의 본성은 자연적으로 동정動靜을 따르는데	物性自然隨動靜
인생은 어찌하여 음양陰陽에 얽매였는가.	人生胡奈繫陰陽
봄이 왔건만 광산匡山의 약속[188] 지키지 못해	春來未赴匡山約
너무 여윈 이 모습은 심랑沈郎[189]과 같다네.	太瘦形容似沈郎

또
又

객지의 여관 창문에서는 시름과 꿈이 함께 기니	旅窓愁與夢俱長
병주幷州[190]가 고향이라고 말하지 말라.	休道幷州是故鄉
한식과 청명이 놀랍게도 어느덧 지났으니	寒食淸明驚已過
지는 꽃과 흩날리는 버들가지는 제멋대로 바쁘다.	落花飛絮任他忙
온달성 북쪽은 바로 저 변방인데	溫城北面仍關塞
한강 서쪽 머린 바로 곧 한양이다.	漢水西頭卽洛陽
홀로 앉아 보내는 봄, 봄은 저절로 떠나는데	獨坐送春春自去
시 지어 잠랑潛郎[191]에게 물어보고 싶구나.	欲將詩句問潛郎

또
又

성곽 북쪽 맑은 강 물살은 길게 뻗어 가는데　　　城北淸江水勢長
망향대 아래가 바로 타향이로다.　　　　　　　　望鄕臺下卽他鄕
봄이 깊어 떨어지는 복숭아꽃이 어지럽게 흩날리고　春深零落桃花亂
해 저무니 둥지로 돌아가는 제비는 바쁘기만 하다.　日暮歸來燕子忙
나루터의 날씨가 찌는 듯 더워 몽택夢澤192인 듯하고　官渡氣蒸疑夢澤
수루戍樓에 구름이 모이니 바로 어양漁陽193이로다.　戍樓雲集是漁陽
때때로 성곽 밖의 늘어진 수양버들 바라보니　　　時看郭外垂楊裏
살랑살랑 그네에 미녀들 보내 준 듯.　　　　　　裊裊秋千送女郞

민 수재의 운에 따라 즉시 시를 짓다
走次閔秀才韻

재주 있는 그대의 명성은 위나라의 구슬[194]인데	才子芳名魏十珠
행장은 도리어 시골 중과 함께한다.	行裝還併野僧俱
영웅의 계략은 나라를 셋으로 나누었으며	英雄霸略三分國
전쟁을 치렀던 산하山河는 백제의 도읍이다.	戰伐山河百濟都
옛 약속은 백련사白蓮社 동료를 찾아가야 하거니	舊約可尋蓮社契
첫 마음을 어찌 술집에 맡기랴.	初心寧托酒家胡
그대의 기개가 어찌 그리 작은가.	唯君氣宇何牢落
북쪽 바다의 붕새를 배워 장한 포부 가져야 하리.	須學溟鵬抱壯圖

이 진주의 초당 운에 따라 삼가 시를 짓다
敬次李晉州草堂韻

거문고 줄이 마르고 습하면 소리 감상할 이 드무니	琴絃燥濕賞音稀
문장과 무예로 이름 날린다는 옛 계획 어긋났다.	書釼功名舊業違
모두 취해도 혼자 깨어 있는 굴원屈原이 될지언정	但作獨醒同屈子
외로운 분노를 가진 한비자韓非子는 되지 말아야지.	莫將孤憤等韓非
허리에 관인官印 차지 않으매 아내가 길을 비키지 않고	腰章未使妻除道
누가 거짓말 하여 어머니를 베틀에서 내려오게 하나?[195]	口譜誰教母下機
오직 한 줄기 강이 봄물에 푸르니	唯有一江春水綠
두건 벗고 하루 종일 이끼 낀 바위에 앉아 있네.	岸巾終日坐苔磯

유 수재와 이별하다
別柳秀才

앞으로는 보기 힘들 거라 말하지 않고	相逢休說少前期
소매를 잡고 조용히 품은 생각을 나눈다.	把袂從容話所思
깊숙한 정원에 봄 따스해지니 새소리 퍼지고	深院鳥聲春暖後
굽은 난간에 해 저물자 꽃 그림자 어른거린다.	曲欄花影日斜時
구름 낀 산에 이 몸은 아무런 일이 없었다만	雲山自是身無事
이별할 때 갈림길이 있으니 이를 어이 견디랴.	離別那堪路有歧
석문石門으로 머리 돌리니 어디선가 나는 피리 소리	回首石門何處笛
그 소리 맑게 퍼지는 저녁 하늘에 강을 건넌다.	暮天嘹喨度江湄

내가 조정의 명으로 팔도총섭이 되었다가 삼 개월 뒤에 파직되었다
余以朝命爲八方都摠攝經三朔被罷

나라는 인간을 평생 내 스스로 비웃음은	平生自笑我爲人
온갖 비방이 몰려와 자주 죄를 지었기 때문이다.	百謗交攻負釁頻
외로운 학은 재주 없어도 위衛나라에서 벼슬하고[196]	孤鶴不才能仕衛
다섯 소나무[197]는 말 없어도 진秦나라 작위 받았지.	五松無語亦封秦
관인官印을 열어 본 지 겨우 석 달이고	坐開斗印纔三夏
깃발을 세운 지 백 일이 채 못 되었다.	行建牙旗未十旬
관직 생활은 저 본분사와 같지 않으니	宦業未曾同彼物
빨리 석장을 날려 깊은 산골로 들어가야 하리.	急須飛錫向嶙峋

동회 선생의 청백당 운에 따라 삼가 시를 짓다
敬次東淮先生靑白堂韻

잠자는 흰 갈매기 놀래키면서	憶曾驚起白鷗眠
함께 봄 호수로 가서 작은 배를 탔었지.	共向春湖上小船
듣고 보는 것은 저 성색聲色 속에 내버려 두고	聽覽任他聲色裡
육신 이 몸은 유무有無의 양극단에 치우침을 잊었다.	形骸忘我有無邊
비 맞은 산배나무는 가지마다 하얗고	山梨帶雨枝枝雪
바람에 살랑대는 언덕의 버들은 나무마다 연기로다.	岸柳斜風樹樹烟
구슬퍼라, 예 놀던 곳 지금은 적막한데	怊悵舊遊今寂寞
보이는 자연 풍경은 그 당시와 비슷하구나.	物華看取似當年

남 상사에게 보내다
寄南上舍

사흘 밤을 계속해서 꿈결에 생각하다	三夜聯翩費夢思
새벽 창가에서 안쓰러운 마음으로 시를 보낸다.	曉窓愁詠贈君詩
이 신세는 상심할 일이 많음을 알고 난 뒤로	從知身世多傷感
이 세월에 이별이 많음을 더욱 깨달았다.	轉覺年華足別離
안개 걷히고 맑게 갠 계곡에 바람이 불어오고	晴峽引風收靄後
섣달 매화가 눈을 맞아 향기를 내뿜는다.	臘梅迎雪放魂時
거문고 퉁겨 〈양춘곡陽春曲〉198을 고르고자 하나	彈琴欲和陽春曲
문 닫힌 텅 빈 집에서 연주하는 손가락이 더디기만.	門掩虛堂下指遲

축에 있는 운에 따라 즉시 시를 지어
범령 상인에게 주다
走次軸中韻贈法玲上人

부럽구나. 도골 선풍인 그대 참으로 뛰어나	憐渠道骨政崚嶒
두류산 구석구석 모두 밟았음을.	踏盡頭流第幾層
긴 허공의 자취는 구름처럼 아득하고	跡似長空雲縹緲
마음은 거대한 계곡에 물이 맑게 고인 것과 같다.	心如巨壑水澄凝
뛰어난 재주는 어린 나이에도 시 천 수를 지었고	高才早賦詩千首
큰 솜씨는 먼저 몇 되의 먹을 갈았다.	大手先磨墨數升
만 리의 웅주雄州에서 찾아와 시를 요구하며	萬里雄州來乞句
봄바람 불어도 돌아가지 못하는 스님이 되었다.	春風猶作未歸僧

오언절구
五言絶句

신 한림에게 보내다
寄呈申翰林

헤어진 후에 소식이 없어	別後無消息
하늘 끝에서 그립기만 하다.	天涯有所思
보내온 한 통의 편지로	憑將一封札
백 년 기약을 다시 맺는다.	重結百年期

강양의 김 명부[199]에게 보내다
寄呈江陽金明府

수만 계곡에 가을 구름 머흘거리는 새벽	萬壑秋雲曉
수천 봉우리에 달이 질 때	千峯落月時
그리워하며 함께 지내고 싶다는 꿈이	相思一枕夢
기러기 따라 강가에 도착했다.	隨鴈到江湄

산을 나오다
出山

걷고 또 걸어서 산문을 나오니	步步出山門
새는 지저귀고 꽃이 진 뒤라.	鳥啼花落後
안개 낀 모래밭에 길을 찾느라 헤매면서	烟沙去路迷
비 내리는 수천 봉우리에 홀로 서 있네.	獨立千峯雨

또
又

언덕의 버드나무 가지마다 푸르고　　　　岸柳條條綠
계곡의 복숭아꽃 나무마다 붉다.　　　　　溪桃樹樹紅
지팡이 울리면서 홀로 돌아가는 길에　　　鳴節獨歸路
산새들은 봄바람과 속삭인다.　　　　　　山鳥語春風

동회 선생 집을 지나치다
【선생은 당시 심양으로 가는 길이었다.】
過東淮先生宅【先生時有瀋陽之行】

선생의 댁을 방문하노라니 爲訪先生宅
불제자佛弟子 슬픔을 금하기 어렵다. 難禁釋子悲
바닷가에서 양을 지키던 날[200] 看羊海上日
돌아오는 기러기 더디 오게 하지 마시기를.[201] 歸鴈莫教遲

강촌에서 우연히 짓다
江村偶吟

어둑한 새벽녘 포구엔 구름이 일고	冥冥起浦雲
아득한 명사십리鳴沙十里에 비가 내린다.	漠漠鳴沙雨
너른 들판에 저녁 까마귀 날아가	平楚暮鴉翻
광릉廣陵의 숲 둥지로 돌아간다네.	歸棲廣陵樹

너럭바위에서 짓다
題盤石

돌은 세 사람이 앉기에 적합하고	石恰三人坐
개울은 겨우 두세 척 깊이다.	溪纔數尺深
바라만 보고 서로 말이 없는데	相看兩無語
저무는 햇살에 새가 숲으로 돌아간다.	斜日鳥歸林

이별하면서 주다
贈別

누더기 옷이 눈과 같이 희나니	白衲白如雪
옷을 입은 지 많은 세월 지났구려.	着來多歲月
봄바람에 갑자기 정처 없이 떠나	春風忽飄然
수천수만의 강산과 이별하는구려.	萬水千山別

일 상인과 헤어지다
別一上人

눈 다 녹은 삼전도三田渡[202]	雪盡三田渡
하늘만큼 높은 백제성.	天高百濟城
봄바람에 갑자기 이별하면서	春風忽相別
강가 나무에 이별의 마음 걸어 볼거나?	江樹掛離情

특 대사에게 보내다
寄特師

우리 대사님 못 뵌 지 오래인데	不見吾師久
불법 수행은 요즈음 어떠하십니까?	工夫近若何
명주明珠와 어목魚目[203]을	明珠與魚目
잘못 알고 있는 이 얼마나 많은지요?	錯認幾人多

해 두타에게 보내다
贈海頭陁

몸에는 하얀 납의를 걸치고	身着白雲衲
손에는 오죽烏竹 지팡이 들었다.	手携烏竹節
밝은 달을 어디에서 감상하는가?	明月弄何處
금강산 수천수만 봉우리에서.	金剛千萬峯

이 상사의 운에 따라 즉시 시를 짓다
走次李上舍韻

바닷가로 외로이 나는 새	海上孤飛鳥
하늘가로 홀로 가는 구름.	天涯獨去雲
행장을 가볍게 함도 참으로 그와 같으니	輕裝眞若此
이별할 때는 간절한 정 표현하지 마시기를.	臨別莫慇懃

구름과 강물에 대한 시
雲水吟

흐르는 물은 급히 흘러가는데	流水有底急
돌아가는 구름은 어찌 그리 바쁜가?	歸雲何太忙
가고 머무름을 나와 비교한다면	行藏若比我
구름과 강물이 도리어 분주한 듯.	雲水却奔遑

혜 대사와 이별하면서
別惠師

길손이 가야 할 길은 외로운 구름 밖에 있고   客路孤雲外
이별하는 정자는 무성한 숲에 있다.   離亭亂樹中
푸른 산속에 납의 입은 한 스님이   靑山一白衲
불자拂子를 흔드니 또 봄바람이 이네.   飄拂又春風

원 대사와 이별하면서
別遠大師

어느 산천으로 가고 또 가는가?　　　　　去去何山水
이곳에서 이별하니 안타까운 마음.　　　　悠悠此別離
돌아가는 행장에는 한 개 발우 이외에　　歸裝一鉢外
몇 편의 시가 있을 뿐.　　　　　　　　　更有幾篇詩

대흥사에서 인 대사를 만나 밤에 대화를 나누다
大興寺逢仁大師夜話

율령栗嶺은 용성龍城 바깥에 있고   栗嶺龍城外
동산桐山은 압수鴨水 가에 있다.   桐山鴨水邊
서로 만나 밤새 이야기 나누는   相逢一夜話
쓸쓸한 절 대흥사는 해문海門 앞에 있다.   蕭寺海門前

부석사를 구경하면서
遊浮石寺

바닷가 뾰족한 봉우리는 새 나는 공간이라.	海畔尖峯鳥去間[1]
옆 사람이 말하기를 조비산鳥飛山이라 하네.	傍人云是鳥飛山
산꼭대기 절에 길손 막 당도하니	山頭有寺客初至
한 그루 배꽃 아래 스님이 문을 닫네.	一樹梨花僧掩關

---

1) ㉮ '間'은 '間'의 오자인 듯하다.

동회 선생에게 삼가 올리다
敬呈東淮先生

십 리 호수 모래밭 양쪽의 언덕 마을	十里湖沙兩岸村
우연히 황권黃卷204을 들고 사립문에 도착했네.	偶携黃卷到柴門
서로 만나 무생화無生話205에 대해 끝없이 얘기하니	相逢說盡無生話
제비는 봄바람 속으로 날아가고 저녁놀 지려 하네.	燕子東風日欲昏

가을날에 인 존숙[206]에게 보내다
秋日寄呈忍尊宿

서리가 단풍 숲에 내리니 잎이 붉게 물들고　　　霜着楓林葉盡紅
주렴 밖에는 산들 안개요 작은 냇가엔 바람 인다.　隔簾輕靄小溪風
다정하여라, 가장 아끼는 황혼녘 달이　　　　　多情最愛黃昏月
적막한 속에 숨어 사는 이를 찾아와 비추네.　　來照幽人寂莫中

박 병사의 행차 길에 보내다
寄呈朴兵使行次

장군은 술 취한 채 담비 갖옷 입고서　　　　將軍醉着黑貂裘
직접 말고삐 잡아 말 머리를 다잡는다.　　　　自把靑絲絡馬頭
무장 병사 삼십 대隊를 뽑아서　　　　　　　　選出甲兵三十隊
눈 속에서 성곽 서쪽 언덕을 둘러싸 사냥하리라.　雪中圍獵郭西丘

동명 사백에게 보내다
寄呈東溟詞伯

여러 사람이 글을 지으나 좋은 문장 없으니	衆作紛紜無好音
어찌 매미 울음이 용의 읊조림과 같으랴.	豈將蟬噪等龍吟
만일 지금 저 잔잔한 물을 다 건너간다면	如今涉盡潺湲水
선생의 만장萬丈이나 되는 깊이를 비로소 알리라.	始覺東溟萬丈深

고산 수령에게 보내다
寄呈高山宰

봄날 고을 서재에서 구름 서쪽을 아득히 바라보니	縣齋遙望春雲西
돌아오는 길은 계곡이 천이요 만이어라.	歸路千溪更萬溪
태수는 오지 않고 꽃은 다 피었나니	太守不來花盡發
대숲에 해 지고 새만 헛되이 지저귄다.	竹林斜日鳥空啼

동백정
冬栢亭

정자 뒤의 봄 구름은 옛 수자리에서 머흘거리고　　臺後春雲古戍迷
흰 물결 끝도 없이 푸른 하늘에 나직이 깔렸다.　　白波無際碧天低
손가락으로 전횡도田橫島[207]를 콕 집어 가리키니　　分明指顧田橫島
저곳이 바로 서애西涯[208]의 개내재盖乃齋 아니던가?　　莫是西涯盖乃齊

칠불암의 칠영전에서 짓다[209]
題七佛菴七影殿

푸른 연꽃(靑荷)은 원래 옥으로 만든 연꽃(芙蓉)인데	靑荷元是玉芙蓉
찬 그림자 계단에 올라(登階) 벽송碧松에 의지하네.	寒影登階倚碧松
청허淸虛한 품성과 부휴浮休의 행적	淸虛性僻浮休跡
가을 달(秋月) 환히 비출 때 기미氣味가 무르익는다.	秋月明時氣味濃

【청하靑荷는 법융法融[210]의 호, 부용芙蓉은 영관靈觀[211]의 호, 등계登階는 정심淨心[212]의 호, 벽송碧松은 지엄智嚴[213]의 호, 청허淸虛는 휴정休靜[214]의 호, 부휴浮休는 선수善修[215]의 호, 추월秋月은 조능祖能[216]의 호이다. 일곱 대사의 영정이 칠불암 관음전에 모셔져 있다. 靑荷卽法融號。芙蓉卽靈寬[1)]號。登階卽淨心號。碧松卽智嚴號。淸虛卽休靜號。浮休卽善修號。秋月卽祖能號。七大師之眞影。奉安于七佛庵觀音殿。】

---

1) 옙 '寬'은 '觀'의 오자이다.

김 수재의 거처에서 짓다
題金秀才幽居

그윽한 곳에 터 잡음은 옛 임천林泉을 유독 사랑함이니　　地幽偏愛舊林泉
오솔길이 조그만 동천洞天으로 겨우 통했다.　　　　　　　微逕纔通小洞天
끊어진 둔덕에 노을 질 때 초동樵童의 피리 소리　　　　　斷壟夕陽樵竪笛
일시에 불면서 초당 앞을 지난다.　　　　　　　　　　　一時吹過草堂前

공주 목사의 서찰이 와 기뻐하다
喜公州牧伯書至

금강 서쪽 영재鈴齋[217]에서 이별한 뒤	鈴齋遙別錦江西
구름과 함께 와서 학과 더불어 살아갑니다.	雲共歸來鶴共棲
고마워라, 고요한 속에 도리어 위로 삼는 것은	多謝靜中還自慰
사군使君[218]께서 보내신 한 통의 편지 때문.	一封珍重使君書

설법하는 자리에서 김 수재의 운에 따라 시를 짓다
法席次金秀才韻

상서로운 안개가 자욱이 몰려와 단을 깨끗이 적시는데 　瑞霧濛濛濕淨壇
옥통소 소리 속으로 푸른 난새 내려온다. 　玉簫聲裡下靑鸞
옥황상제가 어젯밤에 직접 명령을 내리시어 　上皇昨夜親分付
뭇 신선들을 재촉하여 축하 행렬 데려왔네. 　催使羣仙引賀班

묘향산에 유람 가는 성일 대사를 전송하며
送性一大師遊妙¹⁾香

관심觀心²¹⁹하러 예전에는 두타원頭陁院을 방문했고　　　觀心昔訪頭陁院
견성見性²²⁰ 위해 일찍이 돈오암頓悟菴에 머물렀지.　　　見性曾居頓悟菴
오늘 그대를 전송하니, 마음껏 구경하시고　　　　　　　今日送君須盡賞
늦은 봄에 낙화암으로 돌아오시오.　　　　　　　　　　暮春歸及落花嵓

---

1) ㉹ '玅'는 '妙'와 같은 글자이다.

이 만호[221]를 보내면서
別李萬戶

해 질 녘 종소리에 별리別離의 한恨 새롭나니	別恨新生薄暮鐘
백 년 인생 어느 곳에서 다시 만나랴.	百年何地更重逢
가을 하늘 달 밝을 때 만약 생각나거든	秋空月色如相憶
두류산 제일봉을 바라보시게.	須望頭流第一峯

이 진주의 초당시 운에 따라 삼가 시를 짓다
敬次李晉州草堂韻

소나무로 계곡에 정자 짓고 대나무로 사립 만들고 松作溪堂竹作扉
아침에는 녹색 도롱이로 갈아입는다. 朝衣換着綠簑衣
한가할 때는 해오라기를 따라 모래사장에 앉고 閑隨白鳥沙邊坐
취하면 청려靑驢[222] 타고 달빛 아래 돌아간다. 醉跨靑驢月下歸

간의 이 선생에게 보내다
寄呈李諫議先生

문 앞 다섯 그루 버들은 도연명이요,　　　　門前五柳陶彭澤
강가의 삼려대부三閭大夫는 굴원이로다.　　　江上三閭屈大夫
낚싯대 하나면 별 탈이 없이 지낼 수 있으니　想得一竿無恙在
봄이 오면 여전히 서호西湖²²³에서 낚시질하리라.　春來依舊釣西湖

비인 신 명부[224]가 달력을 요구하기에 보내 주다
寄呈庇仁愼明府索曆

남쪽으로 와 바다로 통하는 하늘 가까이에 머물면서   南來住近海門天
언제나 봄바람이 길손 곁에 불어오는 것을 본다.   每見春風到客邊
묵은 달력은 이미 드물고 새 달력은 끊어졌으니   舊曆已稀新曆斷
오늘 저녁은 무슨 해인지 모르겠다.   不知今夕是何年

낙수암
樂壽菴

맑은 날 해 저문 모래사장에 해오라기 아홉 마리 晚沙晴日鷺三三
누가 청산을 베어 내어 작은 암자를 지었는가? 誰割靑山結小菴
외로운 길손 도착할 때 재경(齋磬) 소리 퍼지는데 孤客到時齋磬動
화답하는 피리 소리 앞 시내를 건너오네. 數聲和笛過溪南

은선암
隱仙菴

붉고 하얀 꽃잎이 날려 봄 산에 가득한데	飛花紅白滿春山
인근 절로 떠난 스님은 주무시고 오지 않네.	僧去隣菴宿未還
산비도 외로운 길손의 흥취를 아는지	峯雨亦知孤客興
운무에 가늘게 섞이어 빈 단을 적신다.	細和雲霧濕空壇

이 한림에게 보내다
呈李翰林

나에게는 평생 삼 척尺 거문고 있으나　　　　我有平生三尺琴
백 년 인생에 좋은 지음知音 만나기 어려워라.　百年難遇好知音
가을바람 불어 대는 외로운 성안에서　　　　秋風一片孤城裡
거문고를 타면서 그대에게 풍류를 보낸다.　　彈報風流李翰林

익 대사에게 보이다
示益師

첩첩 봉우리에 달 지고 잔나비 울고 난 뒤 層峯落月猿吟後
머언 절에는 종소리 잦아지고 학이 막 꿈꿀 때 遠寺踈鍾鶴夢初
오직 금강지金剛池 위의 물만 唯有金剛池上水
맑게 얼어 천고의 참된 진리를 터득했네. 湛凝千古證眞如

순천 가는 길에
順天途中

산꽃은 비단 같고 물은 쪽빛처럼 푸르러 山花如錦水如藍
날씨는 따뜻하고 화창한 삼월삼짇날 日暖春晴三月三
맘 놓고 구경하느라 돌아갈 길이 먼 것을 잊고 恣翫却忘歸路遠
저무는 석양에 끊어진 다리 남쪽에 홀로 서 있다. 斜陽獨立斷橋南

고려산[225]에 오르다
登高麗山

고려산 위에 고색창연한 가람	高麗山上古精籃
강화도에서 으뜸가는 암자라네.	自是江都第一菴
멀고 가까운 촌락에는 점점이 연기 피어오르고	數點蒼烟村遠近
바다 서남쪽에는 푸른 물결이 겹겹이 포개진다.	千層碧浪海西南

강화도 유수 조 상공의 운에 따라 삼가 시를 짓다
敬次江都留守趙相公韵

서울에서 봄을 만나 돌아가고픈 길손의 꿈	京洛逢春旅夢回
길손의 회포를 누구에게 다 말할까?	客懷無處向人開
강화도 유수로 있는 친구가 있기에	知音賴有江都相
이러한 풍파 속에서 또 홀로 왔다네.	如此風波又獨來

고란사 벽에다 짓다
題皋蘭寺壁

가을꽃도 시름이 많은가, 강을 향해 피었는데 　　　　秋花多意向江開
천년의 흥망興亡 속에 길손이 제냥 온다. 　　　　千載興亡客自來
낙화암落花巖 주변에 절이 있으니 　　　　唯有落花巖畔寺
석양에 나 홀로 조룡대釣龍臺를 지나간다. 　　　　夕陽僧過釣龍臺

아미암에서 짓다
題峩眉菴

먼 유람에 돌아가지 못하고 가을이 한창인 때　　　遠遊未去秋强半
긴긴 밤도 끝나려는데 달은 홀로 환하구나.　　　　永夜將闌月自盈
아미봉 절에서 하룻밤을 묵는데　　　　　　　　　一宿峩眉峯上寺
끝없이 들리는 물소리에 길손의 정신 맑아라.　　　水聲無限客魂淸

이날 저녁에 또 김 파여 장로에게 보내다
是夕又寄金波如長老

칠산七山 바다는 군산群山 바다와 이어졌고　　　　七山海接羣山海
사포沙浦의 물결은 유포柳浦의 물결과 통했다.　　沙浦潮通柳浦潮
원 공遠公[226] 같은 그대가 사는 곳 멀리 바라보니　遙望遠公棲息處
흰 구름 푸른 안개 속 길은 멀기만 하다.　　　　　白雲靑靄路迢迢

삼청동에서 나오다
出三淸洞

서른세 겹 굽이굽이 흐르는 시냇물　　　　　　三十三重曲曲溪
옥봉玉峯은 천 겹인데 길은 오르락내리락.　　　玉峯千疊路高低
이상향 찾으려고 우연히 봉래섬에 왔더니　　　尋眞偶入蓬萊島
난새 수레[227] 학 수레[228]가 때때로 함께 온다.　時見鸞驂鶴騎齊

즉시 시를 지어 적 대사에게 주고 이별하다
走筆[1]贈別迪師

모악母岳에 사는 도림道林이라는 고승은	母岳高僧有道林
바다처럼 산처럼 백 년을 꿈쩍 않고 지냈다지만	百年高臥海山深
훗날 행각을 꺼리지 않는다면	他時若不嫌行脚
꽃비 내리는 지리산을 다시 찾아가시구려.	花雨頭流許更尋

---

1) ㉠ '䇲'은 '筆'과 통한다.

임수대
臨水臺

임수대臨水臺 앞 물가에 앉아 보니	臨水臺前臨水坐
서운산棲雲山 위로 구름이 흘러간다.	棲雲山上望雲歸
물은 원래 맑고 구름도 원래 희니	水自澄淸雲自白
나와 더불어 시비是非 가림 없도다.	與吾無是亦無非

금강산으로 들어가는 혜 대사를 전송하며
送惠師入金剛山

도파원跳波院²²⁹ 안으로 지팡이 좇아 날리고　　　杖逐跳波院裡飛
단발령斷髮嶺 꼭대기에서 옷깃 휘날리며 돌아간다.　衣飄斷髮嶺頭歸
구름을 뚫고 장안사長安寺로 들어가면　　　　　　穿雲始入長安寺
일만 이천 봉우리가 지는 햇살을 띠고 있으리라.　萬二千峯帶落暉

혜 대사에게 보내다
贈惠師

보개산寶蓋山에서 처음 만날 때　　　　　憶昔初逢寶盖山
현계암玄溪菴은 흰 구름 속에 있었지.　　玄溪庵在白雲間
헤어진 지 어느덧 이십 년 되었으니　　　居然二十年前別
온조성溫祚城[230] 옆에서 한번 크게 웃어 보세.　溫祚城邊一破顔

인 상인이 그린 관동 풍경에 시를 짓다
題仁上人所畫關東

총석정 叢石亭

어느 누가 도끼로 겹겹이 깎았는가?	何人持斧削重重
바다 위에 우뚝 선 백옥白玉 같은 봉우리를.	海上嵯峨白玉峯
만고萬古의 푸른 물결이 용솟음치는 속에서	萬古碧波澒浸裡
지금 눈에 보이는 것은 우뚝 솟은 돌뿐이네.	至今唯見石巃嵷

또
又

사선정四仙亭[231]

엷게 낀 안개 속에 여러 봉우리 푸르고	淡煙堆裡數峯靑
그 속에 나는 듯한 정자가 학정鶴汀[232]을 굽어본다.	中有飛欄俯鶴汀
언제나 천일주千日酒[233]를 가져와서	安得每携千日酒
사선정에서 영원토록 취할 방법 없을까?	兀然長醉四仙亭

회선 사미를 전송하며
送懷善沙彌

꽃다운 나이에 재주는 뛰어나고[234]
옥설玉雪 같은 얼굴이라 아직 수염은 없구나.
아난阿難이 여색을 좋아하여
실라성室羅城 밖 배회한 것 본받지 말기를.[235]

妙年才格唾成珠
玉雪容顏未有鬚
莫學阿難猶愛色
室羅城畔謾踟躕

연기사에서 자면서 즉시 시를 짓다
【연기사는 소요산에 있다.】
宿煙起寺口號【寺在逍遙山】

소요산 절에서 잠시 소요하며	逍遙山寺蹔逍遙
한가로이 긴 호숫가의 저녁 물소리를 듣는다.	閑聽長湖落暮潮
사람들의 자취 없고 단청 누각의 풍경 소리 드문드문	人靜畫樓踈磬動
가물거리는 등불 속에 밤은 적막하여라.	佛燈明滅夜寥寥

온천 행궁[236]에서 이 학사의 운에 따라 삼가 시를 짓다
溫泉行宮敬次李學士韻

버드나무의 꾀꼬리 소리가 길손의 잠을 깨우는데　　選柳鶯聲喚客眠
어느 날에 고향에 돌아가 차분히 참선에 들까.　　故山何日着幽禪
동풍에 실려 온 비 한 번에 궁궁이가 자라는데　　東風一雨蘼蕪長
봄 경치를 팽개치고 시 몇 편을 쓴다.　　孤負春光賦幾篇

안흥진에서 즉시 시를 지어 첨사인 김 영공에게 보내다
安興鎭走筆[1]呈僉使金令公

외로운 성은 섬 가까이 있고 해문海門은 깊숙한데	孤城壓島海門幽
바람이 큰 파도를 몰고 와 수루戍樓를 뒤흔든다.	風卷洪濤撼戍樓
보기 좋아라, 장군이 칼 하나를 휘둘러	好見將軍誇一劍
위태로운 상황에 공을 세워 높은 벼슬 받았으니.	臨危持此取封侯

---

1) 옙 '䇳'은 '筆'과 통한다.

다시 첨사 영공에게 보내다
復呈僉使令公

장군이 손님들을 이끌고 봄바람을 맞으며	將軍携客領春風
취해서 춤추고 흥겹게 노래하는 푸른 바다	醉舞酣歌碧海中
하물며 높은 누대의 경치 뛰어난 곳,	況是高臺形勝地
음악 소리 어우러지고 영웅들이 모인 자리임에랴.	管絃聲裡會英雄

용봉사에서 시를 지어 옛 친구에게 보내다
龍鳳寺吟贈舊識老宿

새 지저귀고 꽃이 지는 삼월도 저무는데	啼鳥落花三月暮
흰 구름 파란 절벽 팔봉산八峰山이라.	白雲靑壁八峯山
누가 알리오. 멀리서 온 친구가 다시 이곳에 와서	誰知遠客重來地
눈썹이 희끗희끗한 친구 얼굴을 다시 보게 될 줄이야.	復對麗眉舊識顔

잡체시
雜體詩

수시[237]
數詩

한번 고향을 떠난 뒤로는	一自別故國
동서남북을 떠도는 사람이 되었다.	東西南北人
이십에는 멀리 유람 다니길 좋아하여	二十喜遠遊
금강산의 봄을 희롱하였다.	擺弄楓岳春
삼십에는 글공부가 완성되어	三十成文章
우뚝하니 세상에 나가게 되었다.	嶷然將立身
사십에는 이미 늙어	四十已雲老
고생을 많이 했다고 안타까워하였다.	感慨多酸辛
오십에서 이 년이 모자란 해에는	五十未滿二
노쇠함과 질병이 서로 찾아왔다.	衰病兩相因
육착六鑿[238]은 공허하니 자신이 물리쳐야 하고	六鑿空自攘
친소親疎를 구분할 필요가 없다.	不須分踈親
일곱 구멍[239]이 원하는 것을 어찌 꼭 구하랴.	七竅何必求
순박하고 또 우둔하게 살아야 한다.	混沌且愚諄
여덟 가지 진수성찬은 맛이 있기는 하지만	八珍雖美味
단지 입에 적합할 뿐이다.	不過適口脣
아홉 고을과 네 바다 사이에서	九州四海間
사치스러움은 어찌 그리 많은지.	奢侈何繽繽

사방 한 척의 자그마한 선실禪室에서 　　　　　十笏小禪室
여생을 그럭저럭 보내려고 한다. 　　　　　餘生聊屈伸

건제체[240]
建除體

우뚝한 누각이 큰 골짜기에 임하여	建樓臨巨壑
맑은 물 흘러감을 굽어보니 좋아라.	俯愛淸澗流
세상사를 모두 쓸어 없애어	除却世間事
초연한 마음으로 살다가 가끔 머리를 드니	嘯傲時擧頭
주렴 가득히 바람이 살랑살랑 불어와	滿簾風淡淡
나의 마음속 근심을 씻어 준다.	洗我心中憂
너른 숲에는 저녁 안개가 나부끼고	平林夕靄翻
어둑어둑 짙은 그늘이 떠오른다.	翳翳繁陰浮
이곳은 참로 세속의 모습이 아니므로	定非俗境界
때때로 봉황과 학이 노는 것도 보나니,	時看鸞鶴遊
책을 들고 한차례 큰 소리로 읊어 보면	執卷一高吟
낭랑한 그 소리 상구商謳[241]와 같다.	朗然同商謳
산죽이 쪼개져 부수어질 때	破碎山竹裂
원숭이도 돕는 듯이 소리 지른다.	淸猿助啁啾
높은 난간에 홀로 오래도록 기대어 있으니	危欄獨憑久
그윽한 흥취는 어찌 그리 유유한가?	幽興何悠悠
셋을 이루어[242] 또 달을 마주 보니	成三且對月
비 갠 후라 달그림자는 높은 가을에 보기 좋다.	霽影宜高秋
이러한 정경을 모두 모아서	收拾箇中景
좋은 벗들 초청할까 생각하네.	擬邀良朋儔
가슴을 열고 벗들과 함께	開懷與之共
은근한 정을 마음껏 말하리라.	說盡情綢繆
문을 닫고 또 홀로 정좌하고 있지만	閉戶又孤坐

〈양춘곡〉에 화답할 길이 없구나.　　　　　　陽春和無由

옥련환체[243]를 본받다
效玉連環體

암석을 휘감아 도는 오솔길은 숲으로 나 있는데	回巖微逕向林開
스무 해 동안 숨어 살면서 발걸음을 옮기지 않았다.	廿載幽居步不擡
누대는 높고 강물은 구름 기운을 머금은 저녁,	臺迥水含雲氣暮
해는 저물고 바람은 빗소리를 재촉해 보낸다.	日沉風送雨聲催
원대한 꿈 가진 최인崔駰[244]이지만 어찌 성인을 알리오?	崔駰達志寧知聖
재주 많은 왕찬王粲[245]도 슬픈 시만 지었다네.	王粲多才只賦哀
거친 베옷을 입더라도 다만 도반道伴과 함께	衣褐但思携道伴
지는 반달 아래서 함께 배회할 생각뿐이네.	半輪殘月共徘徊

회문체[246]를 본받아 짓다
效回文體

깊은 절로 난 오솔길은 벼랑에 가느다랗고　　　深菴草逕細盤崖
먼 길 다녀온 스님은 까마귀 울음을 짝으로 삼네.　遠遠歸僧伴噪鴉
대숲에 어린 구름은 계곡에 머흘거리고　　　　　林竹暎雲迷間石
언덕의 꽃에 살포시 앉은 해는 모래밭으로 떨어진다.　岸花低日落汀沙
마음이 갓 고요해진 후엔 석 잔의 술이요,　　　　心初芝後三杯酒
그윽한 흥이 일어날 때는 한 잔의 차라.　　　　　興逸飛時一椀茶
고금의 변화는 세상일에 따라 옮겨 가는데　　　　今古變移推住事
거문고 줄의 일곱 곡조는 운치가 기웃이 흐른다.　琴絃七曲韻橫斜

봄날에 임 대사에게 보내는 회문시
春日寄林師回文

가는 풀은 맑은 모래사장에서 시들고	細草晴沙晚
외로운 연기는 지는 노을 속으로 비스듬히 흐른다.	孤烟夕照斜
문을 걸어 잠그니 솔숲에 대나무 있고	閒關松裡竹
걸상에 기대어 앉으니 돌 틈에 핀 꽃이다.	憑榻石間花

달밤에 바다를 바라보며 지은 회문시
月夜望海回文

외로운 달빛이 바닷속 하늘 한가운데를 비추니　　孤輪月色海天中
원근의 잔잔한 물결이 어지러이 바람을 일으킨다.　遠近平波亂起風
일없는 한 암자의 조용한 봄밤에　　　　　　　　　無事一菴春靜夜
아아, 부질없는 흥취를 누구에게 보낼꼬.　　　　　吁嗟謾興遣誰同

일언에서 십언까지
自一言至十言

이리저리	徘
돌아다니니,	佪
달빛 비치는 계곡이요	月壑
바람 부는 누대이다.	風臺
지팡이 끌고 갔다가	携杖去
구름을 떨치면서 돌아온다.	拂雲回
하얀 바위에 편안히 걸터앉고	閑蹲白石
파릇한 이끼를 게으르게 밟는다.	倦踏靑苔
사나운 호랑이 길들여서 데려오고	猛虎馴將至
지저귀는 새를 친구로 얻어 온다.	鳴禽伴得來
은거한 집의 삼경三逕[247]에 심은 대나무 어지러울 때	幽棲亂竹三逕
호방한 흥취에 좋은 차 두어 잔을 마신다.	逸興良茶數盃
걸상과 평상은 항상 손님 맞기 위해 펴 놓고	床榻每因迎客設
문빗장은 대개 스님 전송하기 위해 열어 놓는다.	門扃多爲送僧開
담박한 참 근원은 그 맛이 냉이 같고	淡薄眞源其味如薺
영고성쇠 환해幻海에서 이 마음은 식은 재 같다.	榮枯幻海此心似灰
시내 남쪽, 시내 북쪽의 열 이랑 밭이면 충분하니	溪南溪北十畝斯可足
저승이나 이승이나 만사에 슬퍼할 필요없다.	身後身前萬事不須哀
평생 소원은 단지 구차하게 소유하지 않음이니	平生志願只自可無苟得
장자莊子의 삶을 따르려면 위아래 살펴서 안배해야 하리.	欲逐莊生相上下用安排

아홉 글자로 한가한 흥취를 서술하다
九言賦閑興

인정은 굽이굽이 또 겹겹이 양羊 창자 같고   人情曲曲重重似羊腸
세상사 어지럽고 시끄러움이 드센 바람 같다.   世事紛紛擾擾如風狂
비방과 칭찬, 옳고 그름은 단지 세 치 혀를 놀림이요   毀譽是非只棹三寸舌
슬픔과 기쁨, 영화와 욕됨은 한바탕 꿈에 부친 거라.   悲歡榮辱聊付一夢場
산속 서재에 해가 비끼면 은사를 벗 삼아 한가롭게 대화를 나누고   山齋日斜閑伴逸人話
별천지에 봄 깊으면 그윽한 흥취 뻗어 나간다.   洞府春深看取幽興長
아득히 끝도 없는 세상일은 그대로 내버려 두고   任他悠悠無限世間事
얻고 얻어도 또 얻을 게 있는 방외方外의 세계248를 즐거워한다.   樂彼得得有餘方外鄉

주

1 이 명부李明府 : 수령 이 모李某라는 뜻이다. 명부는 고을 수령에 대한 존칭이다.
2 동회東淮 : 신익성申翊聖의 호이다. p. 29 주 2 참조.
3 포장자鮑莊子 : 춘추시대 제齊나라의 포견鮑牽을 이른다. 시호가 장자莊子이다. 공자가 포장자를 평하기를, "포장자의 지혜는 해바라기만 못하니, 해바라기는 자신의 분수를 지킨다.(鮑莊子之知不如葵。葵猶能衛其足。)"라고 하였다. 『춘추좌씨전春秋左氏傳』 「성공成公」 17년에 기사가 보인다.
4 두보도 너를~시를 지었다 : 두보의 시 〈자경부봉선현영회오백자自京赴奉先縣詠懷五百字〉에서 "해바라기는 태양을 향해 있어, 본성을 참으로 빼앗기 어렵다.(葵藿傾太陽。物性固難奪。)"라고 하였다.
5 소평邵平 : 명明나라 우국지사 왕도혼王道焜의 자이다. 소평昭平으로도 쓴다.
6 도죽桃竹 : 대의 한 종류로 도지죽桃枝竹·도사죽桃絲竹이라고도 한다.
7 허유許由는 황제의~요堯에게 사양하였고 : 요임금이 천자의 지위를 허유에게 사양하니 허유가 나쁜 소리를 들었다 하여 멀리 가서 영천潁川이라는 냇물에 귀를 씻었다는 고사가 있다.
8 이윤伊尹은 은나라~재상이 되었다 : 이윤은 은殷나라 탕왕의 재상으로 이름은 지摯이다. 유신有莘의 들에서 밭을 갈다가 탕왕의 부름을 받고 벼슬에 나가 하夏나라의 무도한 걸桀을 치고 은나라 창업을 도왔다.
9 주나라 문왕文王은 여상呂尙을 얻었지만 : 여상은 주周나라 동해東海 사람으로 본성은 강씨姜氏이다. 연로하여 낚시질하면서 은거 생활을 즐겼다. 문왕이 사냥하러 가다 만나서 이야기하여 보고 크게 기뻐하면서 "우리 태공太公이 바라던 분이다."라고 하고는 모시고 갔다. 후에 여상은 무왕武王을 도와 왕천하를 하였고, 제齊의 영구營丘에 봉함을 받았다.
10 후한 광무제는~수 있었겠는가 : 엄광嚴光은 후한後漢 사람으로 자는 자릉子陵이다. 어려서 광무제光武帝와 같이 공부하였는데, 광무제가 즉위하자 성명을 고치고 숨어 사는 것을 광무제가 찾아서 간의대부諫議大夫를 제수하였으나 사양하고 부춘산富春山에 은거하였다.
11 장차 봉封하려~자서子西를 만났고 : 자서는 초楚나라의 공자公子 신申으로, 초나라의 정치를 개혁하고 기강을 세운 사람이다. 그러나 소왕召王이 공자를 등용하려 하자 이를 저지하였다.
12 왕을 만나지도~장창藏倉을 만났다 : 장창은 전국시대 노魯나라 사람이다. 맹자가 노나라 평공平公을 만나 보려고 하였으나, 장창이 가로막아서 만나 보지 못하였다. 후

대에는 어진 이를 해치는 소인배를 지칭하게 되었다.
13 하찮은 관직을~얻기는 하였으나 : 처능은 1666년과 1670년 두 차례나 남한승통南漢僧統(남한산성 승병 대장)에 임명되었으나 사양하고 부임하지 않았던 사실이 있다.
14 칠불암七佛庵 : 지리산 반야봉般若峰 남쪽에 있는 쌍계사雙磎寺의 말사末寺로 칠불선원七佛禪院·칠불사七佛寺라고도 한다. 가락국 수로왕의 일곱 명의 왕자가 창건하였다는 전설이 있다. 칠영전七影殿도 일곱 왕자를 모신 전각으로 생각된다.
15 서릉徐陵 : 남조南朝 양梁·진陳 때의 사람으로, 어려서 매우 총명하여 석보지釋寶誌로부터 천상天上의 기린아麒麟兒라는 칭찬을 받기도 하였다. 그는 특히 당시에 시문詩文으로 유신庾信과 병칭並稱되었다.
16 자건子建 : 위魏나라 조식曹植의 자이다. 조조曹操의 둘째 아들로 문장이 뛰어났다. 진晉나라 사영운謝靈運이 말하기를, "천하의 재주가 한 섬(一石)인데 자건이 혼자서 여덟 말(八斗)을 차지하였다."라고 하였다.
17 우번虞飜 : 삼국시대 오吳나라 사람으로 손권孫權을 섬겼는데, 자주 직언하여 미움을 받던 중 술자리에서의 실수로 인해 교주交州로 쫓겨났다가 거기에서 늙어 죽었다. 후대에는 어진 선비가 원통하게 유배되어 울분 속에 지낸다는 전거로 쓰이게 되었다.
18 사성四聖 : 중국의 네 성인으로 복희伏羲·문왕文王·주공周公·공자孔子를 말한다.
19 〈구가九歌〉 : 초나라 삼려대부 굴원이 지은 초사의 제목이다.
20 승황乘黃 : 전설에 나오는 기이한 짐승의 이름으로, 겉모습은 여우 같으나 등에 뿔이 있으며, 이를 타면 2천 년을 산다고 한다.
21 단혈丹穴 : 단사丹砂를 내는 산의 구멍을 말한다. 단혈이 있는 산을 단산丹山이라 하며, 그곳에 봉황이 깃든다고 한다.
22 연수連帥 : 제후의 우두머리라는 말이다. 주周나라 때 서울에서 천 리 밖에 방백方伯을 두었는데, 5국國을 속屬이라 하여 속에는 장長을 두고, 10국을 연連이라 하여 거기에는 수帥를 두어 우두머리로 삼았다.
23 명왕明王이 조만간에~부를 때 : 매생枚生은 한漢나라 회음淮陰 사람으로 당시 유명한 문장가인 매승枚乘을, 명왕은 한 무제漢武帝를 가리키는 듯하다. 한 무제가 학사學士들로 하여금 금마문金馬門에서 조정의 명령을 기다리라고 하였다는 고사가 있다.
24 금문金門 : 금마문을 말한다. 한나라 때 지어진 미앙궁未央宮 문의 하나이다. 여기서 명령이나 조서를 기다렸다.
25 가의賈誼 : 전한前漢 문제文帝 때의 문인이다. 태중대부太中大夫로 있으면서 과격한 건의를 하였는데 문제가 중상하는 자들의 말을 듣고 그를 좌천하여, 장사왕長沙王 태부太傅로 보냈다가 다시 양왕梁王 태부太傅가 되었는데, 또 장문長文의 정치에 대한 의견을 글로 올렸으나 들어주지 않아 마침내 상심으로 33세에 죽었다.
26 간신 멀리하길(忌器) : 임금 가까이에 있는 간신을 제거하려 하나 임금을 다칠까 염

려함을 비유한다. "쥐에게 물건을 던져 쳐서 죽이려 하나 옆에 기물이 있어서 그것을 다칠까 염려한다.(投鼠忌器)"라는 말이 『한서漢書』 「가의전賈誼傳」에 보인다.
27 사안謝安 : 동진東晉 중기의 명신名臣으로 자는 안석安石이고 시호는 문정文靖이다. 동산東山에 은거하다 나이 마흔이 넘어서 비로소 벼슬길에 나가 외적을 물리치고 내정內政을 닦는 데 탁월한 공을 세워 벼슬이 태보太保에 이르렀다.
28 백족자白足子 : 동진의 스님인 담시曇始를 이른다. 발바닥이 얼굴보다 희었으며, 진흙을 밟아도 얼룩이 묻지 않아서 백족 화상白足和尙이라고 하였다.
29 나옹대懶翁臺 : 고려 말의 고승 나옹 화상懶翁和尙 혜근惠勤(1320~1376)이 머물렀던 암자이다.
30 도홍경陶弘景(456~536) : 남북조南北朝시대 양梁나라의 은사隱士이다. 남제 고제南齊高帝 때에 제왕諸王의 시독侍讀이 되었다가 뒤에 구곡산句曲山에 들어가 은거하였는데, 양 무제梁武帝가 즉위한 뒤에는 큰일이 있을 때마다 반드시 그에게 자문을 하였으므로, 당시에 산중재상山中宰相으로 일컬어지기도 했다. 그의 시에서 "산중에 무엇이 있는가? 산마루에 흰 구름이 많지요. 다만 나 홀로 기꺼워할 뿐, 가져다 임금께 바칠 수 없네.(山中何所有。嶺上多白雲。只自可怡悅。不堪持贈君。)"라고 하였다. 양 무제의 친구이자 조언자였던 그가 492년 남경 남동쪽에 있는 구곡산九曲山으로 들어가 칩거하자 그를 불러내기 위한 양 무제의 글에 화답한 시이다.
31 장자방張子房 : 한나라 사람 장량張良으로 자방子房은 그의 자이다. 장량이 공을 이룬 뒤에 "나는 이만하면 할 일을 다 하였으니 세상일을 버리고 신선을 따라가겠다."라고 하고 곧 화식火食을 끊었다고 한다.
32 동이를 두드리며~장자莊子의 편안함 : 장자는 아내가 죽자 동이를 두드리면서 노래를 불렀다고 한다. 이후 아내의 죽음을 고분지통鼓盆之痛이라고 하였다.
33 고점리高漸離 : 전국시대 연燕나라 사람으로 축筑을 잘 쳤다. 위衛나라 형가荊軻는 연나라에 가서 날마다 고점리와 술을 마시고 즐겁게 놀았는데, 매양 술이 거나해지면 고점리는 축을 치고 형가는 거기에 맞춰 노래를 부르면서 서로 즐기다가 이윽고 서로 울기도 하는 등 방약무인하여 아무런 기탄이 없었다고 한다.
34 생초生綃 : 옷감의 일종으로 그림을 그리는 데 사용한다.
35 옥화玉花 : 옥화총玉花驄을 말한다. 본래 당현종唐玄宗의 말이었는데, 그 후 좋은 말의 대명사가 되었다.
36 권모拳毛 : 준마駿馬의 일종으로 일명 권수와拳手騧라고도 한다. 와騧는 원래 주둥이가 검은 말이나 누르스름한 말이다.
37 요뇨騕褭 : 하루에 만 팔천 리를 달린다는 신마神馬이다.
38 숙상驌驦 : 준마의 일종이다.
39 결제駃騠 : 좋은 말의 일종이다.

40 기기驥騏 : 기驥는 천리마, 기騏는 검붉은 점이 있는 좋은 말이다.
41 하瑕 : 붉은빛과 흰빛이 섞인 말이다.
42 율騼 : 몸은 검은빛이며 정강이는 흰빛인 말이다.
43 탄驒 : 털이 비늘 모양이며 얼룩무늬가 있는 말이다.
44 비駓 : 황색과 백색이 섞인 말이다.
45 현駽 : 청흑색의 말로 세칭 철총마鐵驄馬라고도 한다.
46 담驔 : 무릎과 정강이에 긴 털이 달린 말이다.
47 인駰 : 흰 털과 검은 털이 섞인 말이다.
48 성騂 : 붉은색의 준마이다.
49 자연紫燕 : 준마를 뜻한다.
50 적토赤兔 : 삼국시대 촉한蜀漢의 관우關羽가 사용했던 말이다.
51 강리絳蜧 : 명마의 이름이다.
52 백락伯樂 : 춘추시대의 유명한 말 감정가이다.
53 지둔支遁(314~366) : 진晉의 고승으로 자는 도림道林이다. 지형산支硎山에 은둔하여 수도했으며, 세상에서는 지 공支公, 또는 임 공林公이라 하였다. 뒤에 여항산餘杭山에 거했는데, 혹자가 말을 보내 주자, 지둔은 "신준神駿한 것을 사랑한다." 하며 길렀고, 학鶴을 보내 주자 "하늘에 나는 물건이니 어찌 애완동물로 삼겠는가."라고 하며 놓아주었다. 『양고승전梁高僧傳』 권4.
54 악와渥洼 : 중국 서북방 감숙성甘肅省에 있는 강 이름으로 이곳에서 신마가 나왔다고 한다.
55 난야사蘭若寺 : 중국에 있는 절 이름이다. 중국에서 건너온 말 그림을 보고서 저자가 시를 지은 것으로 추측된다.
56 대숭戴嵩 : 당나라 화가로 십우도十牛圖를 잘 그렸다.
57 한간韓幹 : 당나라 화가로 말 그림에 뛰어났다.
58 위언韋偃 : 당나라 화가로 산수화와 말 그림에 뛰어났다.
59 필굉畢宏 : 당나라 화가로 산수화에 뛰어났다.
60 정건鄭虔(?~764) : 당나라 시인이자 화가로 자는 약제若齊이다. 산수화에 뛰어났으며, 두보·이백과도 교분이 있었다.
61 왕유王維(699~759) : 당의 시인이자 화가로 자는 마힐摩詰이다. 남종화의 시조라고 한다.
62 승요僧繇 : 남북조시대 양梁나라 화가 장승요張僧繇를 말한다.
63 연수延壽 : 북송 시대의 선승이다. 평생 염불을 외워 정토왕생을 기원하였다.
64 진재眞宰 : 하늘의 주재자를 말한다.
65 조하趙嘏 : 당나라의 시인이다. 그가 "긴 피리 한 소리에 사람이 누에 기대었네.(長笛

제1권 • 233

一聲人倚樓)"라는 시를 지었으므로, 사람들이 조의루趙倚樓라 불렀다고 한다.
66 유 장군柳將軍 : 유림柳琳(1581~1643)을 말한다. 본관은 진주晉州이고 자는 여온汝
溫이다. 병자호란 때 평안도 병마사로 있었으며, 강원도 김화金化에서 청군을 격퇴한
공로가 있다.
67 오영五營 : 영營은 군대의 편제 단위로 전영前營·좌영左營·우영右營·후영後營·별
영別營의 다섯 진영이 있다.
68 광릉廣陵 : 경기도 광주를 말한다.
69 진간재陳簡齋 : 송나라 문학가인 진여의陳與義(1090~1139)의 호가 간재이다. 저서
로『간재집簡齋集』이 있다.
70 황산곡黃山谷 : 북송北宋 시인 황정견黃庭堅(1045~1105)의 호가 산곡이다. 송을 대
표하는 시인이자 서예가이다. 스승인 소식蘇軾과 함께 소황蘇黃이라 불렸다. 저서로
『예장황선생문집豫章黃先生文集』이 있다.
71 능 선사能禪師 : 백곡 처능 자신을 지칭한다.
72 편양 대사鞭羊大士 : 언기彦機(1581~1644) 스님을 말한다. 속성은 장씨張氏이다. 서
산 대사의 제자이며, 저서로『편양당집鞭羊堂集』이 있다.
73 호계虎溪 : 호계삼소虎溪三笑를 뜻한다. 호계는 중국의 여산廬山에 있는 계곡이다.
여산의 고승 혜원慧遠이 손님을 배웅할 때 호계를 경계로 하여 그곳 이상 배웅을 하
지 않았다. 도사인 육수정陸修靜, 시인인 도연명陶淵明 두 사람을 배웅할 때는 이야
기에 도취한 나머지 이 호계를 지나쳐 버려 세 사람이 크게 웃었다 하여 생긴 말이
다. 친한 친구들의 정겨운 만남이라는 비유로 자주 쓰이는 고사이다.
74 남악南岳 : 당나라 고승 회양懷讓(677~744)을 말한다. 육조대사 혜능의 제자로 혜
능의 법맥을 이었으며, 남악의 법맥은 마조 도일馬祖道一로 이어진다.
75 마조馬祖 : 당나라 고승 도일道一(709~788)을 말한다. '즉심즉불卽心卽佛(마음이 곧
부처다.)'을 주장하였다.
76 사라촌沙羅村 : 경상북도 경산에 있는 지명이다.
77 셋으로 나누었다 : 셋은 삼승三乘, 즉 성문승聲聞乘·연각승緣覺乘·보살승菩薩乘을
말한다. 승乘이란 중생을 실어 깨달음으로 향하게 하는 길을 말한다. 일승一乘은 중
생이 모두 성불한다는 견지에서 중생을 구제하는 진리는 하나라고 한다.
78 재종齋鍾 : 절에서 사시四時로 시각과 일과를 알리는 종을 말한다.
79 택당澤堂 : 조선 시대 문장가인 이식李植(1584~1647)의 호이다. 본관은 덕수德水이
고 자는 여고汝固이다. 한문사대가漢文四大家의 한 사람이며, 저서로『택당집澤堂集』
이 있다.
80 야양爺孃 : 부모님에 대한 속칭, 혹은 마운사 봉우리의 이름일 가능성도 있다.
81 백헌白軒 : 이경석李景奭(1595~1671)의 호이다. 본관은 전주全州이고 영의정을 역

임하였으며, 저서로 『백헌집白軒集』이 있다.
82 왕 상사王上舍 : 성균관 진사인 왕 모王某라는 뜻이다. 보통 생원시나 진사시에 합격한 사람을 상사上舍라고 한다. 대과에 급제하기 위해서 성균관에 들어가 공부를 하는데, 성균관의 기숙사로 동재東齋와 서재西齋가 있고, 기숙사의 윗방에는 생원이나 진사에 합격한 사람이 기거하므로 상사 또는 상재생上齋生이라고 한다.
83 백주白洲 : 이명한李明漢(1595~1645)의 호이다. 본관은 연안延安이고 자는 천장天章이다. 대제학을 역임하였으며, 저서로 『백주집白洲集』이 있다.
84 구자狗子의 화두 : 개도 불성이 있는가 없는가를 따지는 화두를 말한다.
85 기약 없음 : 원문의 여년驪年은 기한이 없이 오래 사는 것을 말한다. 십이지 중에 나귀의 해는 없으므로 여기서는 기약이 없이 아득하다는 의미이다.
86 이변二邊 : 중도中道를 여읜 두 극단을 말한다.
87 구강九江 : 중국 여산廬山에 있는 강이다. 5조 홍인弘忍 대사가 육조대사 혜능을 황매산黃梅山에서 구강까지 데려다주었다고 한다. 선종禪宗에서 중요시하는 지역이다.
88 취미 장로翠微長老 : 수초守初(1590~1668) 대사를 말한다. 속성은 성씨成氏이다. 처능과 함께 벽암 대사에게 배웠다. 저서로 『취미대사시집翠微大師詩集』이 있다.
89 사조謝朓(464~499) : 제齊나라의 시인으로 자는 현휘玄暉이다. 저서로 『사선성시집謝宣城詩集』이 있다.
90 도징圖澄 : 불도징佛圖澄(232~348)을 말한다. 불교를 민중 속으로 펴 나가는 데 크게 공헌하여 중국 초기불교 발전의 중심이 되었다. 문하생 가운데서 도안道安·축법태竺法汰 등 동진東晋 시대를 대표하는 승려를 많이 배출하였다.
91 시를 지으면~도징圖澄에 부끄럽다 : 권 상사는 시를 잘 지어 옛 시인에 견줄 만하나, 백곡 자신은 도가 깊지 못하여 옛 스님의 명성에 부끄럽다는 의미로 해석된다.
92 잣나무 : 정전백수자庭前栢樹子라는 화두를 말한다. 어떤 승려가 당의 고승인 조주趙州(778~897)에게 "달마가 서쪽에서 오신 뜻이 무엇입니까?"라고 묻자, 조주가 "뜰 앞의 잣나무."라고 대답한 데서 유래한다.
93 호정壺亭 : 정두원鄭斗源(1581~?)의 호이다. 본관은 광주光州이고 자는 정숙丁叔이다. 강원도 관찰사를 역임하였다.
94 육환장六環杖 : 탁발할 때 가지고 다니는 고리가 여섯 개 달린 지팡이를 말한다.
95 옷 세 벌(三事衣) : 스님이 입는 세 가지 옷을 말한다. 삼의三衣와 같은 의미이다. 외출할 때 입는 대의大衣, 의식 때 입는 상의上衣, 작업할 때 입는 중의中衣이며, 수행하는 대승의 비구가 늘 휴대해야 할 열여덟 가지 물건(頭陀十八物)에 속한다.
96 유량庾亮(289~340) : 동진東晋의 정치가로 자는 원규元規이다. 원제元帝·명제明帝·성제成帝에 걸쳐 높은 벼슬을 하였다. 함화咸和 연간(326~334)에 형주 자사를 지낸 유량이 심양강潯陽江 가에서 유량루庾亮樓를 세웠다고 한다.

97 문옹文翁 : 한漢 경제景帝 시대 관리이다. 촉군蜀郡 태수를 지내면서 그 지역을 잘 다스렸다고 한다. 여기서는 조 방백이 전라도를 잘 다스림을 비유하고 있다.
98 지전紙錢 : 동전을 본떠서 만든 돈 모양의 종이를 말한다. 장례 때 지전을 태워 죽은 사람의 명복을 빌었다.
99 도연명陶淵明(365~427) : 동진東晋의 저명한 전원시인으로 이름은 잠潛, 자는 연명 또는 원량元亮이다.
100 사혜련謝惠連(?~433) : 남조南朝 송宋의 문장가이다. 저서로 『사혜련전집謝惠連全集』이 있다.
101 갈홍천葛洪川 : 중국 전당錢唐 천축사天竺寺 앞에 있는 냇가이다. 이원李源과 원관圓觀 스님은 친구였는데 원관 스님이 먼저 죽으면서 하는 말이 자신이 환생을 해서 12세 되는 해에 갈홍천 앞에서 만나자고 한 고사가 있다. 즉 신선들이 노니는 공간으로 해석된다.
102 천봉산天鳳山 : 전라남도 보성군 문덕면에 있는 산이다. 해발 608m로 산세가 깊고 대원사를 비롯한 사찰이 많다.
103 조계曹溪 : 육조대사 혜능이 이곳에서 선풍禪風을 크게 일으켰다. 여기서는 불법을 의미하다.
104 황매黃梅 : 중국 황매산의 고승인 홍인 대사를 말한다. 여기서는 훌륭한 스님을 비유한다.
105 벽안碧眼 : 견처가 뛰어난 선승을 지칭한다.
106 의발 다툰 소식 : 달마로부터 전법傳法의 상징으로 전해 온 것으로 5조 홍인 때 혜능과 신수가 사법嗣法을 다투었던 것에서 유래한다. 선종에서는 스승이 체득한 깨달음을 제자에게 전하는 것을 의발을 전한다고 한다.
107 머리 긁적이다~밤 되었다 : 머리를 긁적인다는 것은 임이 그리워 상념에 잠겨 머뭇거리는 모양을 나타낸 것이다. 『시경』「패풍邶風」〈정녀精女〉에서 "귀엽고 어여쁜 그 처녀가, 성 모퉁이에서 나를 기다리는데, 흐릿한 날씨라 눈에 안 띄어, 머리 긁고 머뭇거렸네.(精女其姝。俟我於城隅。愛而不見。搔首踟躕。)"라고 하였다.
108 백필白筆 : 양모필羊毛筆을 말한다. 양의 털로 만든 붓이다. 털이 희고 부드러워 주로 글씨와 그림을 그리는 데 사용한다.
109 성姓은 토끼를~후로 소원해졌다 : 이 대목은 백씨白氏 성에 대한 것으로 『사기史記』「열전列傳」에 나오는 백기白起와 관련이 있는 내용으로 보인다. 백기는 전국戰國시대 진秦나라 미郿 땅 사람이다. 진 소왕秦昭王 때에 무안군武安君에 봉해졌으며, 싸움에 이겨 빼앗은 성이 무릇 70여 개나 되었다. 그는 조趙나라 군사를 격파하고 항복한 조나라 군사 40만을 묻어 죽였다. 그 후에 응후應侯 범수范雎와 틈이 생겨 관직을 파면당하고 다시 사사賜死되었다. 이 시에서는 백기가 임금의 신임을 얻고 또 파면당하는

과정에 관련된 인물 고사를 비유적으로 표현한 것으로 보인다.
110 몇 번이나 산음현山陰縣를 지나쳤었고 : 왕희지가 회계會稽 산음현의 연회에 참석하여 「난정서蘭亭序」를 짓고 썼다. 여기서는 「난정서」와 같은 훌륭한 문장을 썼다는 것을 의미한다.
111 얼마나 자주~놀러 갔던가 : 금리錦里는 성 이름으로 일명 금관성錦官城이라 한다. 옛터가 사천 성도成都 남쪽에 있다. 성도에는 대성大城과 소성少城이 있었는데, 소성에는 비단의 직조를 담당하는 관리의 관청이 있어 이름을 금관성이라 하였다. 이에 따라 후에 성도의 별칭이 되었다. 이백과 두보의 시에 등장하는 공간이다. 여기에서는 붓이 좋은 시를 썼다는 것을 의미한다.
112 중서中書 : 중서군中書君을 말하는데 붓의 별칭이다.
113 〈팔애시八哀詩〉: 두보가 여덟 명의 친구를 그리워하며 지은 시이다. 여덟 명은 왕사례王思禮·이광필李光弼·엄무嚴武·왕진王璡·이옹李邕·소원명蘇元明·정건鄭虔·장구령張九齡이다.
114 청안靑眼 : 반가운 사람을 맞이함을 뜻한다. 진晉나라 죽림칠현竹林七賢의 한 사람이었던 완적阮籍은 마음에 드는 상대를 만나면 청안靑眼으로 맞이하였고, 마음에 들지 않는 사람을 보면 백안白眼으로 맞이하였다고 하는 고사가 있다. 이후로 남을 무시할 때 백안시白眼視라는 말이 생겨났다.
115 육법화陸法和 : 남북조시대 때 북제北齊 사람으로 도술에 뛰어났으며, 형산 거사荊山居士라고 불렸다.
116 개원사開元寺 : 남한산성에 있는 절 이름이다.
117 여몽呂蒙 : 원문의 아몽阿蒙은 삼국시대 오吳의 장수 여몽을 가리킨다. 후에는 학식과 글재주가 없는 사람의 의미로 쓰였다. 손권孫權이 여몽과 장흠張欽에게 학문을 권장했는데, 그에 따라 열심히 공부하였다. 뒤에 노숙魯肅이 여몽과의 대화에서 여몽의 진보에 놀라 "그대는 이제 어리석었던 오하吳下의 아몽阿蒙이 아닐세."라고 한 데서 연유한 말이다. 『삼국지三國志』 「오지吳志」 〈여몽전呂蒙傳〉.
118 용안龍安 : 현재의 익산이다.
119 종자기鍾子期 : 춘추시대 초나라 사람으로 거문고의 명수인 백아伯牙의 친구이다. 종자기가 죽자 백아는 더 이상 거문고를 연주하지 않았다는 백아절현伯牙絶絃이란 고사가 있다.
120 공융孔融(153~208) : 후한後漢의 학자로 자는 문거文擧이며 공자의 20대손이다. 문장에 뛰어났고, 건안칠자建安七子의 한 사람이다.
121 장한張翰 : 진晉나라 사람으로 자는 계응季鷹이다. 가을바람이 불자 고향인 강동江東에서 나는 농어와 순채의 맛을 생각하고는 일부러 벼슬을 버리고 고향으로 돌아갔다는 고사가 있다.

122 거백옥蘧伯玉 : 춘추시대 위衛의 대부로 공자의 제자이다. 자신의 나이 50에 49년의 삶이 잘못이었음을 알았다고 하였다.
123 악의樂毅 : 전국戰國 때 연燕나라 사람이다. 연 소왕燕昭王의 아경亞卿이 되어, 상장군上將軍으로서 조趙·초楚·한韓·위魏·연燕 다섯 나라 군사를 거느리고 제齊의 70여 성을 항복 받았는데, 거莒·즉묵卽墨 두 성만이 남았다. 마침 소왕이 죽고 평소에 악의를 언짢게 여기던 혜왕惠王이 즉위하자, 제齊의 장수 전단田單이 "악의가 제나라의 왕이 되려 한다."라고 이간질을 하자, 혜왕이 악의를 의심하여 기겁騎劫으로 하여금 악의를 대신하도록 하고 악의를 불러들였으나, 처벌받을 것을 염려하여 조趙나라로 달아났다. 후에 전단이 기겁을 쳐서 70여 성을 되찾았다.
124 인상여藺相如 : 전국시대에 진왕秦王과 조왕趙王이 민지澠池에서 모여 노는데 진왕이 조왕에게 비파(瑟) 타기를 청하니, 조왕이 거역하지 못하여 비파를 탔다. 조왕의 신하 인상여가 진왕에게 장구 치기를 청하니, 진왕이 치지 않았다. 인상여가 대들며, "만일 대왕께서 장구를 치지 않으면 신이 칼로 목을 찔러 대왕에게 뿌리겠습니다."라고 하니, 진왕이 할 수 없이 장구를 쳤다.
125 문숙文叔 : 후한 광무제光武帝(B.C. 6~A.D. 57)의 자이다.
126 부춘富春 : 부춘산, 즉 후한의 엄광嚴光이 은거한 곳이다. 엄광은 광무제와 동문수학이지만 벼슬을 사양하고 부춘산에서 낚시질하며 만년을 보냈다.
127 계손季孫과 맹손孟孫 사이 : 계손과 맹손은 춘추전국시대 노魯나라의 대부인 계손씨와 맹손씨를 말한다. 계손과 맹손 사이란 백중지간伯仲之間이나 상하를 분별할 수 없는 정도 혹은 중간 정도의 예우禮遇를 뜻한다. 『예기禮記』 「미자微子」에서 "제 경공齊景公이 공자孔子를 기다리며 말하기를, '계씨季氏와 같이는 대우하지 못하지만, 계씨와 맹씨의 중간 정도 대우는 하리라'라고 했다."라고 하였다.
128 팽택彭澤 : 도연명陶淵明을 말한다.
129 불자拂子 : 불진拂麈이라고도 한다. 마음의 티끌이나 번뇌를 털어내는 데 사용하는 불구佛具의 하나이다.
130 육기陸機 : 261~303. 서진西晉의 문학가로 자는 사형士衡이다. 저서로 『문부文賦』와 『육사형집陸士衡集』이 있다.
131 신정사神定寺 : 공주 계룡산에 있는 절로 신원사神元寺라고도 불렀으며, 조선 고종 때 신원사新元寺라 고쳤다. 마곡사의 말사이다.
132 옥절玉節 : 옥으로 만든 부절符節을 말한다.
133 계방季方 : 후한後漢의 진계방陳季方을 말한다. 형 진원방陳元方과 함께 품행이 뛰어나 '난형난제難兄難弟'라는 고사성어가 생겼다. 이후로 형제가 모두 뛰어남을 '이난二難'이라 한다.
135 왕적王適(711~814) : 당나라 문장가로 자는 달부達夫이다. 당 숙종肅宗 때 간의대부

諫議大夫가 되었다. 한유韓愈가 왕적을 평가하기를, '천하기남자왕적天下奇男子王適' 이라고 하였다.
135 아사亞使 : 부사副使 또는 도사都事를 말한다.
136 포숙아鮑叔牙 : 춘추시대 제齊나라 대부. 제 양공齊襄公의 아들 소백小白(환공)을 보좌하여 소백이 집권한 뒤에 관중을 재상으로 천거하였다.
137 치초郗超 : 동진東晉 사람으로 환온桓溫의 정치적 욕망을 달성시키기 위하여 많은 활동을 하였으며, 특히 환온이 왕을 폐립하기로 결정하는 데에 큰 영향을 미쳤다.
138 옥주沃州 : 중국 절강성浙江省 승현嵊縣에 있는 명산. 진晉나라 고승 축잠竺潛이 섬산剡山에 은거할 적에 지둔이 옥주의 작은 고개를 매입하기를 청하자, 축잠이 "오고 싶다면 주기는 하겠으나, 소부巢父와 허유許由가 산을 사서 은거했다는 말을 듣지 못했다."라고 하니, 지둔이 몹시 부끄러워했다.『회계지會稽志』권15.
139 반자半刺 : 각 고을의 수령에게 예속되어 있는 서리書吏를 말한다.
140 참군參軍 : 지금의 참모 장교에 해당한다.
141 심휴문沈休文 : 남북조시대 양梁의 문장가인 심약沈約(441~513)으로 휴문은 그의 호이다. 학문에 널리 통하고 시문에 특히 뛰어났다. 저서로『심휴문집沈休文集』이 있다.
142 동수銅水 : 박 수재가 있던 곳의 강으로 추측된다.
143 고산鼓山 : 박 수재가 있던 곳의 산으로 추측된다.
144 위국산하魏國山河 : 장대하고 아름다운 강산을 말한다. 유래는『사기』「손자오기열전孫子吳起列傳」에서, "무후가 서하를 타고 내려오며 물 한가운데서 좌우를 돌아보며 오기에게 말하였다. '아름답구나. 산하의 견고함이여! 이 곧 위나라의 보배로다!'"라고 한 데서 나왔다.
145 오강烏江 : 초楚의 항우項羽가 유방劉邦에게 패하여 자살한 곳이다. 여기서는 백제가 신라에 의해 멸망됨을 비유한다.
146 문원文園 : 한漢나라 문장가 사마 상여司馬相如(B.C. 179~B.C. 117)를 가리킨다. 효문원령孝文園令을 지냈는데, 그는 소갈병消渴病(요즘의 당뇨병)이 있었다. 여기서는 동회 신익성이 은퇴한 뒤에 병이 있음을 비유한 것이다.
147 여산廬山의 결사 : 여산사廬山社, 즉 백련사白蓮社를 가리킨다. 동진東晉의 혜원慧遠(335~417)이 여산의 동림사東林寺에서 백련사라는 결사를 만들어 염불을 수행하고 권장하였다.
148 율리촌栗里村 : 도잠陶潛이 은거한 곳으로 군자가 숨어 사는 곳 또는 고향을 의미한다. 이는 호계삼소虎溪三笑의 고사와 관련이 있다. 이 시에서는 승려인 자신과 유자인 신익성이 교류를 나눈 것에 빗댄 것이다.
149 중장통仲長統(179~220) : 후한의 학자로 자는 공리公理이다. 은거하여 자연을 벗

삼아 사는 것이 좋다고 하면서 지은「낙지론樂志論」이 있다.
150 동중천洞中天 : 동천洞天과 같은 말로 도가에서 말하는 신선이 산다는 별천지이다. 명산대천으로 둘러싸인 경치가 좋은 곳을 이른다.
151 잔을 띄워~건너고 싶네 : 옛날 어떤 고승이 조그만 잔을 타고 황하를 건넜다는 고사가 있다.
152 방온龐蘊(?~808) : 방 거사라고도 하며 자는 도현道玄이다. 중국의 유마 거사라고 일컬어진다.
153 귀종歸宗 : 당唐의 고승인 귀종 지상歸宗智常을 말한다. 겨자씨 속에 수미산을 넣으라고 한 말이 유명하다. 여기서는 자신을 비유한다.
154 파옹坡翁 : 소동파蘇東坡를 말한다.
155 금산金山 : 인격이 훌륭하고 품행이 뛰어난 사람을 비유하는 말로 쓰인다. 여기서는 백헌 이경석을 비유하는 말로 쓰인 듯하다.
156 원융元戎 : 고대의 군사용 큰 수레, 대군大軍, 장군을 뜻하는 말이다. 여기서는 대장군이 머무는 진지를 뜻한다.
157 해숭위海嵩尉 : 윤신지尹新之(1582~1657)를 말한다. 본관은 해평海平이고 자는 중우仲又, 호는 현주玄洲이다. 선조의 딸인 정혜 옹주貞惠翁主와 결혼하여 해숭위가 되었다. 글씨와 그림에 뛰어났으며 저서로『현주집玄洲集』이 있다.
158 옥계玉界 : 하늘, 맑고 푸른 물가, 선경仙境을 뜻하는 말이다.
159 장륙丈六 : 1장 6척의 불상을 말한다. 장륙존상丈六尊像이라고도 한다.
160 마니주摩尼珠 : 불행과 재난을 없애 주고 더러운 물을 깨끗하게 하는 덕이 있다.
161 한묵翰墨 : 서한書翰과 필묵筆墨이라는 뜻으로 문장을 말한다.
162 오서산烏棲山 : 충청남도 보령시 청소면과 청라면, 청양군 화성면, 홍성군 광천읍의 경계에 있는 산이다. 까마귀와 까치가 많이 살아 오서烏棲란 이름이 붙여졌으며, 해발 741m이다.
163 백월산白月山 : 충청남도 보령시 청라면 동쪽에 있는 산이다.
164 동주 이 공 : 이민구李敏求(1589~1670)를 말한다. 본관은 전주이고 자는 자시子時, 호는 동주東州이다. 문장에 뛰어났으며 저서로『동주집東州集』이 있다.
165 초객楚客 : 일반적으로 초나라의 우국 시인 굴원屈原을 뜻한다. 후대에 억울하게 귀양 중인 사람, 또는 고향을 떠나 이리저리 돌아다니는 사람을 의미하기도 한다.
166 어부의 질문 : 굴원이 지은「어부사漁父辭」에 "강가의 어부가 굴원에게 묻기를, '그대는 왜 여기에 있는가?'라고 하자, 굴원이 대답하기를, '온 세상이 흐려도 나 홀로 맑고 모두가 취해도 나 홀로 깨어 있다'라고 하였다."라고 한 대목이 있다.
167 대사가 서쪽에서~기약과 같네 : 서쪽에서 온 것은 달마 대사가 서쪽에서 온 것에, 제자의 뜻을 따른 것은 달마 대사가 2조 혜가慧可의 뜻을 좇아 법을 가르쳐 잇게 한

것에, 옛날의 약속은 석가모니가 제자에게 법을 전한 것에 비유한 것이다.
168 연화蓮華의 법장法藏 : 『묘법연화경妙法蓮華經』을 말한다.
169 백수栢樹의 선지禪枝 : 정전백수자庭前栢樹子의 화두를 말한다. p.233 주 92 참조.
170 영철靈澈 : 당唐의 유명한 시승詩僧으로 자는 원징源澄이다. 저서로『율종행원律宗行源』이 있다.
171 독우督郵 : 각 지방을 순찰하는 순찰관인데, 조선에서는 찰방察訪의 의미로 많이 사용되었다.
172 송민고宋民古(1592~?) : 조선 중기의 서화가이다. 본관은 여산礪山이고 자는 순지順之, 호는 난곡蘭谷이다. 저서로『난곡집蘭谷集』이 있다.
173 의화儀華 : 신의화申儀華(1637~1662). 본관은 평산平山이고 자는 서명瑞明, 호는 사아四雅이다. 동양위東陽尉 익성翊聖의 손자, 도사 최最의 아들이다. 글씨와 그림에 뛰어났으며, 26세에 요절하였다. 신의화가 죽은 연대를 근거로 이 시는 1662년에 지어졌음을 알 수 있다.
174 신최申最 : 신익성의 넷째 아들이다. p.29 주 4 참고.
175 회 옹淮翁 : 동회 거사東淮居士 신익성을 가리킨다.
176 현헌玄軒 : 신흠申欽(1566~1628)의 호이다. 본관은 평산平山이고 자는 경숙敬叔, 또 다른 호는 상촌象村이다. 조선 중기 4대 문장가 중의 한 사람이며 저서로『상촌집象村集』이 있다. 신흠-신익성-신최-신의화로 가계가 이어진다.
177 인동仁同 : 현재의 경상북도 구미 지역이다.
178 도총섭都摠攝 : 임진왜란 때 있었던 승군의 대장 직책이다.
179 〈백설가白雪歌〉 : 고상한 노래를 의미한다. 초楚나라의 서울인 영郢에서 어떤 사람이 유행가를 불렀더니, 같이 합창하는 자가 수백 명이었다. 그러나 수준이 높은 노래인 〈양춘陽春〉·〈백설白雪〉을 부를 적에는 따라 부르는 자가 거의 없었다고 한다.
180 청광淸狂 : 얽매임 없이 마음대로 행동하는 사람, 혹은 지나치게 청렴결백한 사람을 뜻한다.
181 대정大庭 : 대정씨大庭氏를 말한다. 전설상의 상고시대 제왕帝王의 호, 혹은 염제炎帝 신농씨神農氏의 별호라고도 한다. 태평세대를 비유한다.
182 유령劉伶 : 진晉나라 죽림칠현의 한 사람이다. 진나라 패국沛國 사람으로 자는 백륜伯倫이다. 술을 즐겨하여 늘 사람을 시켜 삽을 메고 자기 뒤를 따르게 하고 죽으면 바로 그 자리에 묻으라 하였다. 그의 〈주덕송酒德頌〉에 "하늘을 장막으로 삼고 땅을 돗자리로 삼는다."라는 말이 있다.『진서晉書』권49.
183 육우陸羽(733~804) : 당의 문장가이다. 최초의 차 전문 서적인『다경茶經』을 저술하였다.
184 북산北山 신령에게 부끄럽지 않다 : 남조시대 제齊의 주옹周顒이 북산에 은거하다가

벼슬에 나아간 뒤 다시 이 산을 거쳐서 가게 되자, 공치규孔稚珪가 북산의 산신령을 가탁하여 「북산이문北山移文」이라는 글을 지어서 그의 변절을 풍자하였다. 여기서는 정 수재의 절개가 변함이 없음을 비유한 것이다.
185 대윤大尹 : 당시 경기도 광주 부윤廣州府尹을 말한다.
186 사백詞伯 : 시문에 뛰어난 자기보다 연배가 높은 분을 지칭한다.
187 성랑省郞 : 사간원 관원이다.
188 광산匡山의 약속 : 함께 글을 읽자던 약속을 말한다. 광산은 이백李白이 글을 읽었던 곳이다. 두보杜甫의 〈불견不見〉에서 "광산의 글 읽던 곳으로, 머리 희었으니 돌아옴이 좋겠다.(匡山讀書處。頭白好歸來。)"라고 하였다.
189 심랑沈郞 : 양梁의 문장가인 심약沈約을 말한다. 몸이 약하여 늘 앓았다. 그의 친구인 서면徐勉에게 준 편지에서 "요즘 병이 더욱 심하여 백여 일 동안에 몸이 야위어 허리띠 구멍이 넓어졌다."라고 하였다
190 병주幷州 : 병주지정幷州之情을 말한다. 타향도 오래 살면 제2의 고향이 된다는 뜻이다. 당唐의 시인 가도賈島(777~841)가 병주에서 오래 살다가 떠나면서 병주를 그리워하는 시 〈도상건도상건〉을 지어 "병주에서 타향살이 어언 십 년. 고향으로 돌아가고 싶은 마음 밤낮으로 함양을 그리워하였다. 뜻하지 않게 다시 상건강을 건너는데, 병주를 돌아보니 바로 고향 같다.(客舍幷州已十霜。歸心日夜憶咸陽。無端更渡桑乾水。卻望幷州是故鄕。)"라고 하였다.
191 잠랑潛郞 : 은거한 시객詩客이라는 뜻이다. 원뜻은 재능이 있으면서도 불우하게 오랫동안 낮은 관직에 묻혀 있는 것을 말한다. 한漢나라 안사顔駟가 문제文帝 때 낭랑이 되어 경제景帝를 거쳐 무제武帝 때까지 승진하지 못하고 낭서랑서郞署에서 늙었던 고사에서 유래한다. 『문선文選』「사현부思玄賦」.
192 몽택夢澤 : 운몽택雲夢澤, 운몽의 늪을 말한다. 『주례周禮』에서 "형주荊州에 늪이 있는데, 이름하여 운몽雲夢이요 사방 둘레가 8백~9백 리에 이른다."라고 하였다. 『주례周禮』「주관周官」〈직방職方〉.
193 어양漁陽 : 당 현종玄宗이 안녹산安祿山을 총애하여 범양 하동 절도사范陽河東節度使를 삼았는데, 안녹산이 양귀비楊貴妃와 결탁하여 신임이 굳어지자, 천보天寶 말에 반역을 도모하여 어양의 군사를 일으켜 낙양洛陽을 함락하고 장안長安에 육박하니, 현종은 서촉西蜀으로 피란하였던 변란이 있었다. 여기서는 충신이 구름처럼 모여 수루戍樓에 서린 기상을 노래한 것이다.
194 위나라의 구슬(魏十珠) : 위나라에 열 개의 보배 구슬이 있어 명성을 드날렸다는 말이 전한다. 나라의 보배라는 말과 같다.
195 허리에 관인官印~내려오게 하나 : 이 대목은 전국시대 소진蘇秦의 고사에서 유래한 것이다. 소진은 집을 떠나 공부를 하던 도중에 마음이 조급하여 그만 집으로 돌아왔

다. 집에 온 그의 허리에 요장腰章이 없는 것을 보고, 아내는 베틀에서 내려오지도 않고 길을 비켜 주지도 않았으며, 그의 형수는 그를 위해 밥을 지어 주지도 않았다. 또한 부모는 그를 자식이 아니라 하였다. 이에 그는 발심하여 공부하여 후에 여섯 나라의 재상이 되어 재상의 인印을 허리에 두르기에 이르렀다. 여기서는 이 진주라는 선비가 백의의 한사寒士 처지임을 말한 것으로 보인다.

196 외로운 학은~위衛나라에서 벼슬하고 : 위학衛鶴를 말한다. 위나라의 의공懿公이 학을 너무나 좋아하여 수레에 학을 태우고 다녔다고 한다. 『좌전左傳』「민공閔公」 2년에 기사가 보인다.

197 다섯 소나무 : 오송五松을 말한다. 진시황제가 태산泰山에 올라가다가 비를 만나 소나무 아래에서 비를 피하게 되었다. 그 소나무를 오대부송五大夫松이라고 하였다. 후대 사람들이 잘못 알고 다섯 그루 소나무라고 하여 오송이라고 하였다.

198 〈양춘곡陽春曲〉 : 초楚나라의 가곡으로 〈백설곡白雪曲〉과 함께 고상한 곡조로 꼽힌다.

199 강양의 김 명부 : 강양江陽은 지금의 합천이고 김 명부明府는 합천 수령인 김 모라는 의미이다.

200 바닷가에서 양을 지키던 날 : 서한西漢 무제武帝 때 장군인 소무蘇武가 흉노에게 사신 갔다가 구금되었는데 흉노의 임금 선우單于가 항복하라고 위협했으나 끝까지 굽히지 않았다. 북해北海로 옮기어 양羊을 기르게 하였는데 결국 19년 동안이나 고생을 하다가 돌아왔다 한다. 여기서는 심양에 있지마는 언젠가는 돌아온다는 의미이다.

201 돌아오는 기러기~하지 마시기를 : 예로부터 기러기가 소식을 전한다고 하였다. 심양에서 소식이 빨리 오기를 바란다는 뜻이다.

202 삼전도三田渡 : 조선 시대 한강 상류에 있던 나루터이다. 서울과 광주의 남한산성을 이어 주는 길목이다. 그곳에 세워진 삼전도비는 병자호란 때 청나라 태종이 조선 인조의 항복을 받고 자기의 공덕을 자랑하기 위해 세운 전승비戰勝碑이다. 현재 서울 송파구 석촌동에 있다.

203 명주明珠와 어목魚目 : 진실과 거짓이라는 의미이다. 고기 눈깔이 겉모양은 구슬 같지만 사실은 구슬이 아니라는 데서 진위眞僞가 혼동된 것을 말한다.

204 황권黃卷 : 서적을 뜻한다. 옛날에는 좀이 슬지 않도록 황벽黃蘗나무의 즙을 짜서 서책에 발랐던 데에서 유래한 것이다. 여기서는 불경佛經을 의미한다.

205 무생화無生話 : 생성됨도 없고 소멸됨도 없는 열반에 대한 이야기다.

206 존숙尊宿 : 학문學文과 덕행德行이 뛰어나 남의 모범이 될 만한 스님을 말한다.

207 전횡도田橫島 : 산동성山東省 즉묵현卽墨縣 동북쪽 바닷속에 있는 섬이다. 한 고조漢高祖 때 제왕齊王 전횡田橫이 부하 5백 명을 거느리고 섬으로 들어가 섬 이름을 전횡도라 했다고 한다. 여기서는 우리나라 어떤 섬을 가리키는지 상세하지 않다.

208 서애西涯 : 유성룡柳成龍(1542~1607)의 호이다. 자는 이현而見이고 본관은 풍산豊
山이다. 명종明宗 병인년에 문과에 오르고 벼슬은 영의정에 이르렀으며, 시호는 문충
文忠이다. 저술은 『문집文集』·『신종록愼終錄』·『영모록永慕錄』·『징비록懲毖錄』·『관화
록觀化錄』등이 있다.
209 이 시는 일곱 대사들의 호를 가지고 지은 것이다.
210 법융法融 : 호는 청하靑荷이다. 휴정의 『청허당집淸虛堂集』 권4 「부용당행적芙蓉堂行
蹟」에 의하면 부용 영관의 제자로 되어 있으니, 휴정과 동시대 스님임을 알 수 있다.
211 영관靈觀(1485~1571) : 조선 전기 스님으로 호는 부용芙蓉 또는 은암隱庵이며, 지
리산에서 지엄智儼에게 공부를 배웠다. 제자로 휴정休靜과 부휴浮休가 있다.
212 정심淨心 : 정심正心이라고도 한다. 조선 전기 스님으로 호는 등계登階 또는 벽계碧
溪이다. 벽송 지엄에게 법을 전하였다.
213 지엄智嚴(1464~1534) : 지엄智儼이라고도 한다. 호는 벽송碧松이다. 속성은 송씨宋
氏이고 등계 정심에게 배웠으며, 저서로 『화엄경수현기華嚴經搜玄記』, 『금강반야경략
소金剛般若經略疏』등이 있다.
214 휴정休靜(1520~1604) : 호는 청허淸虛이고 속성은 최씨崔氏이다. 21세에 부용 영관
에게 인가印可를 받았다. 저서로 『선가귀감禪家龜鑑』, 『청허당집淸虛堂集』등이 있다.
215 선수善修(1543~1615) : 호는 부휴浮休이고 속성은 김씨金氏이며 영관의 법을 이었
다. 글씨에 능했으며 저서로 『부휴당집浮休堂集』이 있다.
216 조능祖能 : 16세기 스님으로 호는 추월秋月이고 벽송 지엄의 제자이다. 평생을 눕지
않고 불법에 정진하였다고 한다.
217 영재鈴齋 : 주군州郡의 수령이 관할하는 관내管內를 말한다. 여기서는 관아官衙를 가
리킨다.
218 사군使君 : 일반적으로 지방행정관을 지칭하는 별칭이다. 수령을 가리킨다.
219 관심觀心 : 인간의 마음을 관조觀照하다. 인간을 포함한 모든 존재를 올바르게 관찰
함은 진리를 깨닫는 중요한 방도의 하나이다.
220 견성見性 : 내 자신의 본성을 제대로 보다. 견성성불見性成佛이라고 하였다. 내 자신
의 본성을 본다면 깨달은 사람이 된다. 성불成佛은 깨달은 사람, 또는 진리를 체득한
사람이라는 의미이다.
221 만호萬戶 : 조선 시대 종사품의 무관직이다.
222 청려靑驢 : 털빛이 검푸른 당나귀이다.
223 서호西湖 : 춘추시대에 범려范蠡가 월越나라 왕 구천句踐을 도와서 오吳나라 부차夫
差를 멸망시킨 뒤에 서호로 가서 노년을 보냈다고 한다.
224 비인 신 명부愼明府 : 비인 현감 신 모愼某라는 뜻이다. 비인은 충청남도 서천군 비인
면이다.

225 고려산高麗山 : 강화도에 있는 산으로 고구려의 연개소문이 태어났다는 전설이 있으며, 옛 명칭은 오련산五蓮山이다.
226 원 공遠公 : 동진의 혜원慧遠을 가리킨다.
227 난새 수레 : 순임금이 난새 방울 장식이 있는 수레를 탔다고 한다. 제왕의 수레를 뜻한다.
228 학 수레 : 대신이 타는 수레를 가리킨다.
229 도파원跳波院 : 금강산에 있다. 옛 기록에는 도파원都波院 혹은 도파원兜波院으로 나오기도 한다.
230 온조성溫祚城 : 경기도 광주의 남한산성을 말한다.
231 사선정四仙亭 : 신라 시대의 화랑인 영랑永郞·술랑述郞·남석南石·안상安祥 네 사람이 경치가 하도 좋아서 머물렀다고 하여 사선정이라고 한다.
232 학정鶴汀 : 삼일호를 말한다.
233 천일주千日酒 : 한번 마시면 천 일 동안 취한다는 술이다.
234 재주는 뛰어나고 : 원문은 타성주唾成珠로 해타성주咳唾成珠를 말하는데, 기침과 침이 다 주옥珠玉이 된다는 말로, 시문詩文이 뛰어남을 말한다.
235 아난阿難이 여색을~본받지 말기를 : 아난은 부처님의 십대제자 중의 한 사람이다. 부처님을 모시면서 설법을 가장 많이 들었으므로 다문제일多聞第一이라 한다. 어느 날 탁발을 나갔다가 환술을 하는 마등가녀摩登伽女라는 여인을 만났는데, 그녀는 주문을 외워 아난에게 계율을 범하도록 하였다.
236 온천 행궁溫泉行宮 : 온궁溫宮이라고도 한다. 온천이 있는 지역에 지은 행궁을 말한다. 행궁은 임금이 나들이할 때 머무는 궁이다. 충청남도 아산시 온천동은 조선 시대에 온궁이 있던 자리이다.
237 수시數詩 : 일一에서 십十까지를 첫머리에 두고 쓴 시를 가리킨다.
238 육착六鑿 : 인간의 여섯 가지 감정인 희喜·노怒·애哀·낙樂·애愛·오惡를 가리킨다.
239 일곱 구멍(七竅) : 인간의 얼굴에 있는 일곱 개의 구멍, 즉 눈·귀·코·입을 말한다.
240 건제체建除體 : 점술가가 날의 길흉을 정하는 건建, 제除, 만滿, 평平, 정定, 집執, 파破, 위危, 성成, 수收, 개開, 폐閉의 십이진十二辰이 있는데, 이 열두 글자를 차례대로 넣어 짓는 시를 건제체라 한다. 대표적인 작품으로는 남조南朝 송나라 포조鮑照가 지은 건제시建除詩가 있다.
241 상구商謳 : 『시경』「상송商頌」을 말한다. 증자曾子가 위衛나라에 있을 적에 매우 곤궁하여 며칠을 굶기도 했으나, 상송을 노래하면 그 소리가 천지를 진동하여 마치 금석金石에서 나온 소리와 같았다고 한다. 곤궁한 속에서 도를 즐김을 비유한 말이다.
242 셋을 이루어 : 이백李白의 〈월하독작月下獨酌〉에서 "꽃 사이에서 술 한 동이, 홀로 마시니 친근한 이 없다. 술을 들어 밝은 달빛을 마주하고, 나의 그림자와 세 사람이

되었다.(花間一壺酒。獨酌無相親。擧杯邀明月。對影成三人。)"라고 하였다. 삼인은 통상 나, 나의 그림자, 달이라고 한다.

243 옥련환체玉連環體 : 제1구의 끝 자 '擡'의 '扌'를 떼어 제2구의 첫 자인 '臺'로 하였고, 제2구의 끝 자인 '催'의 'イ'을 떼어 제3구의 첫 자인 '崔'로 하였고, 제3구의 끝 자인 '哀'의 '口'를 떼어 제4구의 첫 자인 '衣'로 하였다. 고리처럼 이어졌으므로 연환체라 하고, 다음 구의 첫 자가 이전 구의 끝 자에 감추어져 있으므로 장두체藏頭體라고도 한다.

244 최인崔駰 : 후한後漢 초기의 저명한 문장가로 자는 정백停伯이다.

245 왕찬王粲(177~217) : 위魏의 문장가로 자는 중선仲宣이다. 건안칠자建安七子의 한 사람으로 풍부하고 유려하면서도 애수에 찬 시를 남겼다. 작품으로는 〈종군시從軍詩〉와 〈칠애시七哀詩〉가 유명하다.

246 회문체回文體 : 시를 짓되 바로 읽거나 거꾸로 읽어도 뜻이 통하며 평측平仄과 운韻이 맞는 시체를 이른다. 예를 든다면 남조南朝시대 제齊나라 왕융王融이 지은 〈춘유회문시春游回文詩〉에 "池蓮照曉月。幔錦拂朝風。"을 거꾸로 읽어 "風朝拂錦幔。月曉照蓮池。"라고 해도 의미가 통한다.

247 삼경三逕 : 세 갈래 길을 말한다. 한漢나라 장후蔣詡가 왕망王莽 정권 때 벼슬을 내놓고 고향에 은둔하면서 집 안의 대나무 밭 아래에 세 개의 오솔길을 내고는 오직 친구인 구중求仲과 양중羊仲 두 사람과 교유했다고 한다.

248 방외方外의 세계 : 원문의 방외향方外鄉은 세속을 초월한 세계, 참된 진리의 세계를 가리킨다.

대각등계집 제2권
| 大覺登階集 卷之二 |

문文

임성 대사 행장 후서 任性大師行狀後序

내가 불교 전수 계통의 족보를 살펴보니 우리나라 승려로 불법을 전한 원류는 고려 시대의 스님 보우普愚[1]로, 호가 태고太古이다. 어린 나이에 중국에 들어가[2] 하무산霞霧山의 석옥 청공石屋淸珙[3] 선사를 참방하고 그에게서 법을 얻어 우리나라로 돌아와서는 환암 혼수幻菴混修[4]에게 전하였고, 혼수는 구곡 각운龜谷覺雲[5]에게 전하였고, 각운은 등계 대사登階大師 정심淨心에게 전하였다.

정심은 사태沙汰[6] 때문에 머리를 기르고 처자식을 거느리고서 황악산黃岳山으로 들어간 후, 이름을 숨기고 고자동古紫洞 수다촌水多村에 거처하면서 자취를 감추었다. 임종 시에는 게송을 남겼으며 벽송 지엄碧松智儼에게 선禪을 전하였고, 지엄은 부용 영관芙蓉靈觀에게 전하였다. 영관에게는 두 사람의 법안法眼[7]이 있었으니 청허 휴정淸虛休靜과 부휴 선수浮休善修이다.

청허는 형으로, 도덕과 재기가 남보다 뛰어났으며 문장과 필법 모두 당대에 빛이 났다.

부휴는 아우로서, 불법에 대한 소견이 매우 높았다. 인연이 닿은 납자가 있으면 그들을 지도하여 모인 제자들도 7백 명이 되었으며 이들은 모두 한 시대의 종사宗師가 되었다고 한다.

정심은 정련 법준淨蓮法俊에게 교학敎學을 전하였고, 법준은 『법화경法華經』의 오묘한 뜻에 정통하여 사람들이 그를 '준법화俊法華'라고 불렀다.

법준은 백하 선운白霞禪雲에게 전하였고, 선운은 정관 일선靜觀一禪[8]에게 전하였다. 일선은 청허가 불법을 강연하는 자리에 만년에 참가하여 청허 대신에 『금강경』과 『능엄경』 등을 강의하였다. 경전을 가르치는 안목이 분명하여 배우는 이들이 공경하고 감복하여 모두 네 마리 용(四龍)[9]이 다시 나타났다고 생각하였다. 그가 대중들에게 존경받음이 이와 같았다.

임성 대사任性大師[10]는 정관에게 가르침을 받았다. 정관이 설법하는 자리 아래에는 배우는 이들이 많기는 하였으나 깊이 터득하여 말고삐를 나란히 하여 멀리 달리거나 채찍을 휘둘러 앞서거니 뒤서거니 하는 사람은 오직 호연 태호浩然太浩·무염 계훈無染戒訓·임성 충언任性忠彦 등 몇 사람이 있을 뿐이었다. 임성의 학문이 그들 중에서 가장 뛰어났다.

정유년(1657, 효종 8) 봄에 남봉 대사南峰大師 영신英信과 나는 벽암碧嵒 스님이 불법을 강의하는 자리에서 만났다. 남봉 스님은 곧 임성 대사의 적통嫡統을 이어받은 수제자이다. 하루는 나에게 부탁하기를, "우리 스승님께서 돌아가신 지가 이미 오래되었습니다. 비석을 세워 언행을 기록한 일도 없고, 또 일생의 행적을 서적으로 간행한 일도 없습니다. 명성이 전하지 않고 앞으로 사라지게 될까 걱정이 됩니다. 바라건대 저의 스승을 위해서 글을 지어 주시기를 부탁드립니다."라고 하였다.

나는 예전부터 한번 임성 대사를 만나고 싶었으나 실현하지 못하였다. 그래서 말 한마디라도 하여 대사를 위해 바치겠다고 결심한 지가 오래되었다. 제자 영신의 스승을 위한 정성을 가상히 여겨 감히 몇 마디 말을 지어 대사가 출가한 시종전말을 기록한다. 아울러 짧은 서문을 지어 대사가 불법을 전수받은 근원과 유파를 차례로 기술한다. 스승의 은혜를 생각하는 사람이 이 글을 읽는다면 눈물을 적시는 데 약간의 도움은 줄 수 있을 것이다.

任性大師行狀後序

余按釋譜。曁東僧傳法源流。麗僧普愚。號太古。早歲入中國。叅霞霧山石屋淸珙禪師。得其法東還。乃傳之幻菴混修。混修傳之龜谷覺雲。覺雲傳之登階大士淨心。淨心因沙汰。長髮畜妻孥。入黃岳山。隱其名。居于古紫洞水多村晦跡焉。將啓手足留偈。傳禪于碧松智嚴。智嚴傳之芙蓉靈觀。靈觀之門下。傑出二法眼。曰淸虛休靜。曰浮休善修也。淸虛兄也。道德拔萃。才氣絶倫。文章筆法。並耀當世。浮休弟也。法見高峻。與衲子有緣。搥拂之下。衆盈七百俱爲一代宗師云。淨心傳敎于淨蓮法俊。法俊精通法華奧旨。人號俊法華。法俊傳之白霞禪雲。禪雲傳之靜觀一禪。一禪晩叅淸虛法席。代講金剛楞嚴等經。敎眼明白。學者欽服。咸以爲四依。復出其取重如此。任性大師。受業于靜觀。靜觀講下。聽學雖夥。其得之深入。或並轡遐邁。或爭鞭後先者。唯浩然太浩。無染戒訓。任性忠彦如干輩。而任性之學。尤出其右云。丁酉春。南峰大師英信。與余相會碧嵓法席。南峯卽任性大師嫡傳神足也。一日囑余曰。我師歸全已久。弟闕樹石系辭之事。且無入梓紀行之跡。抑恐名不傳而泯然將朽矣。願子試爲吾師述焉。余曾欲一叅師席。而未果。則思以一言而效于師者久矣。且嘉信爲師之誠。敢綴數語記其出世之始終。幷爲小引。次其得法之源派。庶乎思師恩者覽之。或可以供抆涕之一助云尒。

원 동자元童子에게 주는 서문

　천지는 지극히 크고 기운은 그 천지 사이에 붙어 있다. 기운에는 높고 낮음과 순수하고 잡박함의 차별이 있다. 인간이 천지 사이에서 생명을 받을 때 동류 중에서 우뚝 뛰어난 것은 모두가 높은 기운을 얻거나 순수한 기운을 천성적으로 받았기 때문이다. 일반적으로 이 기운이 인간에게 깃들면 성인이나 현인도 되며 학식을 겸비한 도덕군자도 되며, 또 재주가 뛰어난 아이가 되어 태어나기도 한다.
　성현은 일단 논하지 않더라도, 전기傳記에 실려 있는 학식을 겸비한 도덕군자들에 대해서는, 그들이 남긴 글을 읽으면 가만히 앉아서 그 사람을 평가할 수 있다. 그렇지만 재주가 뛰어난 아이에 대해서는 들은 바가 드물다.
　내가 옛사람에게 터득한 것은 다음과 같다. (후한後漢의) 양수楊脩는 공작새와 놀았고, (공자의 후손인) 공융孔融은 작은 배와 대추를 취하였고, (남북조시대 후위後魏 사람) 조형祖瑩은 창문을 막았고, (후한의) 왕수王脩는 사일社日[11]에 동네 사람을 감동시켰고, 유서劉恕[12]는 공자의 형을 알았고, 안수晏殊[13]는 정正 자의 의미를 대답하였고, 구준寇準[14]은 〈화산시華山詩〉를 읊었다. 소식蘇軾은 어머니에게 후한의 「범방전范滂傳」에 대하여 질문을 하였고, 구양수歐陽脩는 인자한 어머니의 가르침을 받았고, 왕우칭王禹偁[15]은 앵무새에 대답하였다.
　이상의 여러 사람들은 모두가 동료 중에 뛰어난 자들로 하늘에서 받은 기운이 높아서 뛰어난 재주를 지닌 동자가 된 것이다. 세상에 어찌 이러한 사람들이 많겠는가?
　원씨元氏의 아들 수천壽天은 나이 13세 때에 내게 와서 공부하였다. 그의 사람됨은 영민함이 무리에서 훨씬 뛰어났으며 천부적으로 타고난 기품이 매우 높았으니 역시 뛰어난 재주를 지닌 동자였다. 그러므로 내가 옛날의 특별한 재능을 가진 동자를 실례로 들어 열거하여 그에게 알려 주고 그의 의지를 격려하였다.

옛날의 군자들이 품부 받은 기氣가 비록 높다 하더라도 독서를 하지 않고 훌륭한 인물이 된 사람은 적다. 부지런히 공부한 사람은 너무 많아 모두 다 셀 수 없음은 누구나 다 안다.

내가 옛사람들에게 들은 이야기가 있다.

(전한前漢의) 손경孫敬은 (공부를 하다가 졸음이 오면) 상투를 대들보에 매달았고, (전한의) 예관兒寬은 (남의 집에서 품을 팔았지만) 경전을 끼고 다녔으며, (후한의) 고봉高鳳은 (독서에 너무 열중한 나머지) 보리가 떠내려가게 했고, (후한의) 광형匡衡은 (기름을 살 돈이 없어) 이웃집 담을 뚫어 (그 불빛을 보고 공부를 하였으며), (동진東晋의) 차윤車胤은 반딧불이 주머니를 만들어 (반딧불이 빛을 통해 책을 읽었고), (동진의) 손강孫康은 눈 빛에 책을 읽었으며, (송宋의) 호원胡瑗은 투간投簡[16]하였고, (당唐의) 소원명蘇源明은 땔나무를 태워 나오는 불빛으로 공부하였고, (전국시대) 악양자樂羊子는 아내의 고생으로 학업을 마쳤고, (송의) 사마광司馬光은 졸음을 경계하였다.

이들은 모두 부지런히 공부하여 훌륭한 인물이 된 사람들이다. 어찌 타고난 재주가 뛰어나서였을 뿐이겠는가? 지금 그대는 재주는 높다고 하지만 열심히 공부를 하지 않으면 (재주 많은) 염유冉有(공자 제자)가 안회顔回(공자 제자)에게 미치지 못한 것처럼 될까 걱정이다. 그러므로 옛날에 노력을 해서 훌륭하게 된 인물을 열거해서 말하는 것이다.

만일 발분하여 책을 읽고 우뚝 크게 발전하여 마침내 학식을 겸비한 도덕군자가 된다면 어찌 훌륭한 인물이 됨에 그치겠는가? 내 말이 거짓이 아님을 알게 될 것이다.

贈元童子序

天地至大。而氣寓於其間也。氣有高下。粹駁之殊。而物之受生於天地之間。其卓然出乎其類者是。皆得是氣之高。禀是氣之粹者也。盖是氣之寓於人也。而爲聖爲賢爲文章道德之士。而又有奇童者出焉。聖賢姑勿論文章道德之士。俱著于傳記。讀其文則可坐而數也。而奇童則罕有聞焉。抑余之所得於古人者。如楊脩之酬孔雀禽。孔融之取小梨棗。祖瑩之塞窓牖穴。王脩之感里社日。劉恕之知孔子兄。晏殊之答正字義。寇準之吟華山詩。蘇軾之問范滂傳。歐陽脩之受慈母敎。王禹偁之還鸚鵡對。是皆出乎其類。禀氣高而爲奇童者也。世豈多有哉。元氏子壽天。年十三。從余學。其爲人也。敏悟絶倫。禀氣甚高。亦奇童子也。故余擧古之奇童子而告之。勉其志焉。古之君子。禀氣雖高。不讀而能成人者鮮矣。勤讀者盖多。不可盡數而周知。抑余之所聞於古人者。如孫敬之懸髻。兒寬之帶經。高鳳之漂麥匡謝[1]之鑿壁。車胤之螢囊。孫康之暎雪。胡瑗之投簡。源明之爇薪。樂羊子之終業。司馬光之警寢。是皆勤讀而成人者也。豈惟氣高而已哉。今童子。禀氣雖高。晝而不讀。則恐爲冉有之不逮顔回也。故擧古之成人者而告之。若激而讀之。嶷然大進。遂爲文章道德之士。則豈惟成人而已哉。知余言之不蘦也。

---

1) ㉠ '謝'는 '衡'의 오자이다.

처원處愚 상인上人을 송별하는 서序

아아, 사도斯道(불법)가 행해지지 않은 지 오래되었다. 그 누가 실행하겠는가? 도道는 공기公器이다. 그 적임자가 아니면 행해지지 않고, 그릇된 도를 행하면 널리 퍼지지 않으니, 도는 손쉽게 주고받는 것이 아니다.

그러므로 도를 사사롭게 군부君父에게 바치고 자손에게 전할 수 있다면, 어느 누구인들 군부에게 바치지 않겠는가? 그렇지만 순舜임금에게는 어리석은 아버지 고수瞽叟가 있었고, (만고 충신) 관용봉關龍逢에게는 폭군 걸桀이 있었다.[17]

어느 누구인들 자손에게 전하고 싶지 않겠는가? 하지만 성군이신 요堯임금에게는 어리석은 아들 단주丹朱가 있었고, 은왕殷王의 손자로는 폭군 주紂가 있었으니,[18] 도나 국가 권력이란 손쉽게 주고받을 수 없다는 것이 바로 이것이다.

(전국시대의) 소문昭文이 가야금을 연주한 것과, 윤편輪扁이 나무를 다룬 것과, 포정包丁이 소를 잡은 것과, 백락伯樂이 말을 알아본 것이 모두 이와 같은 것이니, 이들은 그 사이에 있어서 그 오묘함을 잘 터득한 사람들이다.

달마達摩 대사가 서쪽으로부터 와서 마음을 전한 법(傳心之法)이 양梁나라와 남북조의 북위北魏 시대에 시작되어 당송 시대에 성행하였다. 종사宗師들은 마음을 전하지 않음이 없었고, 제자들은 마음으로 얻지 않은 사람이 없었다. 이런 까닭에 이 도가 크게 행해져 임제종臨濟宗·조동동曹洞宗·위앙종潙仰宗·운문종雲門宗·법안종法眼宗 등이 적통으로 계승되기도 하고 또는 방계로 내려오게 되었던 것이다.

비록 지역이 각각 다르고 교리를 펼친 곳이 같지 않더라도 그 근원은 모두 심묵心黙(마음으로 깨우침)으로 불법의 기미를 내보이고, 심묵으로 불법의 오묘한 의미를 깨우치지 않음이 없었다. 근래에는 그렇지 못해서,

글자를 가르치는 사람을 스승이라 하고 말을 배우는 사람을 제자라고 한다. 문자에 사로잡히고 언어에 꽉 매여 있다. 불법의 겉똣만 지닌 채 잊지 않으면 곧 '나의 제자'라고 말하고, 입으로 전수함을 게을리하지만 않으면 곧 '나의 스승'이라고 한다. 자기와 한편이 되면 옳다고 하고, 남을 경시하면서 그르다고 한다. 대중들을 유혹해 와서 서로 싸우다 쇠락의 길을 걷는다. 심지어는 마구니의 삿된 설과 쭉정이 같은 설법 등이 눈을 어둡게 하고 갈등으로 온몸을 휘감는 사람들을 이루 다 기록할 수 없다. 아아! 불법이 실행되지 않으니 애통하다.

도우道友 원 공愿公이 서울 행차를 하게 되어 시 한 편을 짓고는 내게 그 화답을 청하였다. 나는 예의상 차마 사양할 수 없었다. 하지만 도道라는 글자를 들어 그 행차를 만류하고자 한다.

부드러운 옷과 맛있는 음식으로 입과 배를 배불리면서 구도求道할 사람이 누가 있는가? 수건을 들고 신을 받쳐 들도록 하는 일에 하인을 시키면서 호도好道할 사람이 누가 있는가? 발우를 받들고 지팡이를 세우고 행각行脚하는 일을 싫어하면서 방도訪道할 사람이 누가 있는가? 그런데 지금 우리 스님 원 공은 쑥물 들인 옷을 입고 나물을 먹으면서 슬퍼하는 표정이 없으니 구도하는 사람이다. 나무를 져서 나르고 쌀을 찧어 먹으면서도 힘들어 지치는 모습이 없으니 호도하는 사람이다. 물을 건너고 산을 넘어 다니면서도 피곤한 기색이 없으니 방도하는 사람이다.

이 세 가지는 사람으로서 잘하기 어려운 일인데, 우리 원 공 스님은 참으로 하나도 빠뜨리지 않고 다 갖추었다. 우리 원 공 스님 같은 분은 도가 전해지지 않고 있는 세상에서 전해지지 않는 마음을 전하고, 도가 행해지지 않는 세상에서 행해지지 않는 도를 행할 분임에 틀림없다. 비록 그렇기는 하지만 지금 세상에 불법에 환한 밝은 스승이 없으니 그 누구를 좇아서 스승으로 삼을 것인가? 만일 스승을 찾고자 한다면, 나의 스승 벽암碧嵒 화상이 아마도 그 스승이 아니겠는가?

送處愿上人序

噫。斯道之不行久矣。其誰爲行之道者公器也。傳非其人則不行。行非其道則不流。不可承翼而受授也。故使道可私以獻於君父。而傳於子孫。人莫不獻之於君父。而舜之父有瞽叟。龍逢之君有桀。人莫不傳之於子孫。而堯之子有丹朱。殷王之孫有紂。不可承翼而受授者是也。至於昭文之皷琴。輪扁之用木庖丁之解牛。伯樂之知馬。皆類此。妙存乎其間。而善得其妙者也。自達磨西來傳心之法。昉於蕭梁元魏之間。盛於李唐趙宗之際。爲宗師者。莫不以心傳而爲弟子者。莫不以心得也。是以斯道大行。曰臨濟。曰曹洞。曰潙仰。曰雲門。曰法眼之爲嫡嗣。爲傍出云者。雖藩闈各異。堂室不同。其出處。莫不以心默示其機。而以心默得其旨者也。近世則不然。以訓字爲師。以學語爲弟。桎梏於文字。膠粘於言辭。意持不忘。則輒曰吾弟子也。口授不倦。則輒曰吾法師也。黨己爲是。輕他爲非。誘衆率徒。互相干戈陵夷。至於么麿邪說糠粃眯目葛藤纏身者。不可勝記。嗚呼。斯道之不行痛矣。道友愿公。將啓洛行。賦詩一章。屬余和之。余由禮而不敢讓焉。且擧道字。而停其行曰。孰有軟衣美食自營口腹。而求道者乎。孰有執巾奉履使令僮僕。而好道者乎。孰有擎盂卓錫厭辭行脚。而訪道者乎。今吾師。衣艾食蔌。無悲慼之容。是求道者也。負柴舂米。無枯槁之態。是好道者也。渡水陟巘。無疲倦之色。是訪道者也。此三者。人之所難能。而吾師苟不闕一而全備。則若吾師者。其將以傳不傳之心於不傳之後。而行不行之道於不行之世也必矣。雖然今世無明師。其從誰而爲師乎。如欲得師。我師碧嵒和尙。是其師歟。

해 선자海禪子에게 주는 서序

물의 본성은 비었기 때문에 깨끗해질 수 있고, 구름의 본질은 맑기 때문에 뜰 수가 있다. 뜰 수 있기 때문에 진애塵埃(티끌)를 벗어나고, 깨끗하기 때문에 더러움을 뛰어넘을 수 있다. 더러움을 초월하고 진애를 벗어나는 일(超染出塵)은 납자들에게 비교되는 것이다.

그대의 성性이 허정虛靜하니 아마도 물의 청정함을 터득한 사람일 것이다. 그대의 정情이 담담하니 아마도 구름이 떠오르는 경지를 터득한 사람일 것이다.

그대는 지금 높은 지리산에 올라 쌍계사雙溪寺를 향하고 있으니, 쌍계사는 옛날의 선옹仙翁 고운孤雲 최치원崔致遠이 살았던 곳이다. 아래에 화개동花開洞이 있어서 물소리가 시원하고, 위에 청학봉靑鶴峰이 있어서 구름빛이 희디희다. 시원한 물소리로 품성을 함양하고 흰 구름으로 성정을 깨끗이 하면, 성정이 담담해져서 높이 떠오를 수 있고, 성이 비워져 더욱 더 깨끗해질 수 있을 것이니, 그렇게 되면 운수승雲水僧이라 부를 수 있을 것이다. 노력하고 노력할지어다.

贈海禪子序

夫水性虛故能淨。雲情淡故能浮。浮故出塵。淨故超染。超染出塵者。衲子之比也。爾性虛。其得水之淨者耶。爾情淡。其得雲之浮者耶。今陟崔嵬。還向雙溪。雙溪古仙翁崔孤雲棲息處也。下有花開洞。水聲泠然。上有靑鶴峯。雲光皓然。泠然之水。涵其性。皓然之雲潔其情。遂使情淡而逾浮。性虛而逾淨。則方號雲水僧也。勖哉勉哉。

선교설禪敎說 - 능 상사勒上士에게 주는 서

　대법大法이 동방으로 흘러들어 온 뒤로부터 선禪과 교敎가 병행되었는데, 선은 마음으로써 전해지고, 교는 언어에 기초하여 홍포弘布되었다. 선이 전해지고 교가 홍포되었으므로 우리 불교의 도가 성하게 일어날 수 있었다.
　근원의 물결이 다르게 흐르기 시작하자, 선과 교로 문門이 나뉘었다. 선은 돈頓과 오悟, 점漸과 수修로 나뉘었고, 교는 성性과 상相으로 나뉘게 되었다.
　그리하여 성이나 상을 받드는 사람들은 각각 공空과 유有를 서로 고집하고, 돈이나 점을 주장하는 무리는 각기 이理와 사事를 분변하지 못하였다. 정情은 갑옷과 화살(甲矢)을 따르고, 법法은 모순矛盾을 좇아서 스스로를 그르치게 되는 사람이 많다. 심지어는 허공에다 서까래를 얹고 허공을 뚫으며, 그릇됨을 따르고 거짓을 이루려 하는 경우도 있었다. 각각 자신의 문호門戶만을 오로지 믿으면서 논쟁을 벌이고 비방을 일으키기도 한다. 이런 무리는 참으로 자신을 그르칠 뿐 아니라 남도 많이 그르치게 된다.
　우리 늑 대사의 기품氣品이 넓고 크며 심신心神이 영민하니 나를 흥기興起시켜 줄 사람이라 하겠다. 내가 지금 늑 대사를 위해 간략하나마 불법의 실마리를 거론할 터이니 대사는 수긍할 것이다.
　마음으로 전하는 것을 선, 입으로 말하는 것을 교라 한다. 선과 교가 다르지 않으면서 다르고(不異而異), 다르면서 다르지 않은 것은(異而不異) 무슨 까닭인가? 석가세존께서 꽃을 잡았을 때 가섭迦葉이 미소[19]를 지었는데, 이것이 바로 선이 전해지게 된 까닭이다. 석가세존이 연설한 것을 제자인 아난阿難이 경전으로 편찬하였는데(結集[20]), 이것이 바로 교가 전하게 된 까닭이다. 사실에 근거해서 논한다면 선이 전해진 곳에는 다른 도道가 없고, 교가 퍼진 곳에는 다른 이치가 없다. 이치는 비록 근원이 하나이지만 마음과 입(心口)이 각각 다르니, 다르지 않으면서도 다르다고 한 것이 아니겠는가?

선이란 마음이다. 말없이 침묵하여 말이 있는 근원을 깨달음이다. 교란 가르침이다. 말이 있음에 임시로 의지하여 말이 없는 이치를 설명함이다. 사실에 의거해 말하면, 선이란 근기根機가 뛰어난 사람을 위해 저절로 그렇게 전해진 것이다. 교란 근기가 모자라는 사람을 위해 부득이 말로 설명하는 것이다. 전해지는 것이 선이고 설법하는 것이 교이다. 마음과 입이 다르기는 하지만 이치는 근원이 하나이다. 다르면서 다르지 않다고 하는 것이 아니겠는가?

마음과 말을 고집한다면 선과 교로 문파가 나뉘고, 이치 또한 각각 다르게 된다. 즉 옛날에 세존이 가섭에게 전하고 가섭이 아난에게 전했는데도, 세상 사람들은 모두 가섭은 선을 전하고 아난은 교를 전했다고 한다면 이것은 전기傳記에 실린 내용과 큰 차이가 있으므로 믿을 수 없다.

세상의 여론을 따른다면 가섭은 다만 선뿐이니, 교를 전했다는 아난에게 선을 전할 수 없다. 아난은 다만 교뿐이니, 선을 전했다는 가섭에게 선을 받지 못한다. 다만 선을 주고받기만 했다면 모두가 선이고 교는 아닐 것이고, 다만 교를 주고받기만 했다면 모두가 다 교이고 선은 아닐 것이다.

가섭과 아난이 불법을 전해 받고 전해 줄 때에, 전하는 사람은 선으로 전했는데 받는 사람이 교로 알았으며, 받는 사람은 교로 받았는데 전하는 사람이 선으로 전했을까? 만일 전하는 사람은 선으로 전했는데 받는 사람이 교로 받았다면, 백아伯牙와 종자기鍾子期의 관계는 아닐 것이다. 어찌 전했다 하겠는가?

만일 받는 사람이 교로써 받았는데 전하는 사람은 선으로 전했다 한다면, 증삼曾參과 공자 같은 관계는 아닐 것이다. 어찌 전했다 하겠는가?

이런 까닭에 선·교의 동이同異는 실로 관규管窺(좁은 견문)로 엿볼 것이 아니며, 그리고 쉽게 말을 해서도 안 된다. 다만 활로活路를 투철하게 터득해서 집에 돌아가 편안히 정좌하면, 대장경의 가르침이 모두 선의 심오한 뜻이다. 내가 말하고자 하는 의미는, 교를 떠나서 따로 선이 있음이 아니며, 선을 떠나 따로 교가 있음이 아니라는 바로 그것이다. 그러므로 서를 지어서 준다.

禪敎說贈勒上士序

自大法東流。禪敎並行。禪以心傳。敎藉言弘。傳禪弘敎。斯道蔚興。至於源派異流。禪敎分門。禪異頓漸。敎分性相。性相之徒。空有互執。頓漸之輩。理事難辨。情隨函矢。法逐矛楯。而自誤者多矣。甚者。架空鑿虛。踵訛成僞。各專門戶。爭興訪讟。若此之類。不啻自誤。誤人多矣。吾師品氣恢偉。心神穎悟。可謂起余者也。吾今爲師。略擧緒餘。師其頷之。傳於心之謂禪。騰於口之謂敎。禪之與敎。不異而異。異而不異。何者。世尊拈花。迦葉微笑。此禪之所以傳也。世尊演說。阿難結集。此敎之所以傳也。若據實而論之。則禪之所傳無異道。敎之所弘無異理。理雖一源心口各異。可不謂不異而異者乎。禪者心也。默藉無言。悟其有言之源。敎者誨也。假依有言。說其無言之理也。若據實而言之。則禪者。爲根勝者。自其然而傳者也。敎者爲根劣者。不得已而說也。傳之則禪也。說之則敎也。心口雖異。理則一源。可不謂異而不異者乎。若固執胸談。謂禪敎分門。理亦各異則昔世尊。傳之迦葉。迦葉傳之阿難。而世皆稱迦葉傳禪。阿難傳敎。此與傳記所載。大相徑庭。不足信也。若從世論。則迦葉但禪。不可傳禪於傳敎之阿難也。阿難但敎。不可受禪於傳禪之迦葉也。但禪則受授者。皆禪非敎也。但敎則受授者。皆敎非禪也。第未知迦葉。阿難受授之際。傳者以禪傳。而受者以敎受者乎。受者以敎受。而傳者以禪傳者乎。若傳者以禪傳。而受者以敎受之。則非伯牙之鍾期也。胡謂乎傳乎。若受者以敎受。而傳者以禪傳之。則非曾參之仲尼也。胡謂乎傳乎。是故禪敎之同異。實非管窺所覰。而不可容易言也。但透得活路。歸家穩坐。則一大藏敎盡是禪旨也。吾所謂非離敎而別有禪也。非離禪而別有敎也者是也。姑序以貽之。

만월당기 滿月堂記

당堂을 만월滿月이라 이름 붙였으니, 달은 항상 차 있는 것이 아니고 차면 이지러지는 것이다. 나는 이 당이 완성되면 무너질까 걱정이 된다. 그렇지만 달은 항상 이지러져 있는 것이 아니니, 이지러지면 다시 차게 된다. 나는 이 만월당이 무너지더라도 다시 이루어짐을 믿는다. 그러나 달은 항상 차 있거나 항상 이지러지지는 않는다. 찼다가는 다시 이지러지고 이지러졌다가는 다시 차면서 천지와 더불어 무궁하다. 당을 만월이라고 이름을 붙인 데에는 깊은 의미가 있는 것이 아니겠는가?

아아, 이 만월당 역시 항상 이루어져 있거나 항상 무너져 있는 것은 아니다. 이루어지면 다시 무너지고 무너지면 다시 이루어진다. 천지와 더불어 무궁하겠지만, 후대 사람으로서 누가 무너진 것을 다시 완성하여 천지와 더불어 무궁하게 할 수 있겠는가? 오직 중창重創하는 사람이 있으리니, 중창을 할 사람은 누구인가? 가야산의 스님 석혜釋惠이다.

병술년(1646, 인조 24) 맹춘에 백곡 도인白谷道人은 쓴다.

滿月堂記

堂以滿月名。月不恒滿。滿則虧。吾恐此堂之成則毀也。雖然月不恒虧。虧則復滿。吾信此堂之毀則復成也。雖然月不以滿虧。恒而滿復虧。虧復滿。與天地無窮。堂以滿月名者。其有深旨哉噫。此堂亦不以成毀。恒而成復毀。毀復成。雖與天地無窮。而第後之人。疇能使毀復成而與天地無窮者耶。唯如重葺者能之。重葺者誰耶。伽耶僧釋惠也。丙戌孟春白谷道人記。

봉은사 중수기 奉恩寺重修記

　조선이 세워진 초기에 나라에서는 선禪·교敎 양종兩宗을 종묘의 문밖에 설치하여 특별히 승과僧科를 열었는데, 관례적으로 국시國試와 같은 날에 과거를 보았다. 그리고는 하관夏官[21]을 파견하여 스님 중에서 경전에 통달한 자를 뽑았다. 특별히 갑과·을과·병과 세 등급으로 급제자를 뽑고 대선大選이라고 불렀다. 대선이란 곧 유가儒家의 대과大科이다. 다음은 제작制作으로 가끔 발탁되는 사람도 있는데, 이를 참학參學이라 한다. 참학이란 곧 유가의 소과小科이다. 대선을 거쳐 다시 급제한 사람을 중덕中德이라 하는데, 중덕이란 곧 유가의 중시重試[22]이다.

　절이 정릉에 있는 것을 봉은사奉恩寺라 하였으니 선종 사찰이요, 광릉에 있는 절을 봉선사奉先寺라 하였으니 교종 사찰이다. 선은 문文에, 교는 무武에 견주어 선·교가 병행하여 우리 불도가 힘차게 일어났으니 가상하고도 성대한 일이다.

　가정嘉靖 연간 갑자년(1564, 명종 19)에 조정 회의에서 승과를 없앴기 때문에 선·교가 위세를 떨치지 못한 지 이에 108년이 되었다. 불교의 도가 쇠망하게 되었으니 참으로 슬프다. 사찰 또한 불행하게도 병자년(1636, 인조 14) 병자호란 때 모두 타 버리고 오직 방 몇 칸만이 쓸쓸하게 남아 있었으므로 이곳을 지나는 사람들이 안타까워하였다.

　선화 대사禪花大師 경림敬林이 앞장서서 법당을 세우자 다른 스님들도 잇따라 요사채[23]를 지어 완공하니 숲과 계곡이 기뻐하고, 전각은 날개를 펼친 듯 웅장하고, 크고 작은 다른 여러 건물들도 먹줄처럼 곧아 몇 년 사이에 힘차게 다시 일어났다. 경림 스님이 앞장서 중창한 공로는 장하다고 평가할 만하다.

　이 절은 동으로는 광릉廣陵(경기도 광주)에 닿아 있고, 서로는 파릉巴陵[24]을 가리키며, 남으로는 호남으로 가는 길로 통해 있고, 북으로는 서울과 이어져 있는데, 이것이 여기에 임해서 바라다보는 경치의 대략이다. 이곳에서 시를 읊고 노래하였던 시인과 묵객墨客은 수천수만이 넘으며, 간혹 깜짝 놀랄 만한 어구라고 칭찬을 받은 사람도 있다.

배 안에서 돌아보며 봉은사를 가리키니	舟中回指奉恩寺
두견새 한 소리에 스님은 문을 닫는다.	杜宇一聲僧掩關

이는 고죽孤竹 최경창崔慶昌의 작품이다.

병든 길손이 탄 외로운 배에 밝은 달빛 쏟아지고	病客孤舟明月在
노승이 거처하는 깊은 절간엔 낙화가 흩날리네.	老僧深院落花多

이는 손곡蓀谷 이달李達의 시이다.

못에는 붉은 연꽃 피어 있는데, 바람이 절 안에 가득하고	紅藕一池風滿院
나무마다 매미 소리 어지럽고 비 내리는 마을로 돌아간다.	亂蟬千樹雨歸村

이는 옥봉玉峯 백광훈白光勳이 지은 것이다.
이들 시는 당시에 사람들의 입에 회자되었고 후대에도 계속해서 전해진 시이다. 지금 사대부 중에서는 동명 정두경 선생이 젊은 시절에 이 절에 유람 와서 지은 시가 있는데 대략 아래와 같다.

도성에서는 왕이 역시 위대하고	城中王亦大
천하에서는 부처님이 존귀하다.	天下佛爲尊

넘쳐 나는 문장의 근원은 노두老杜(두보)와 다투어 볼 만하다. 그리고 위의 세 웅걸의 작품도 격조가 높기는 하지만 단지 남의 글을 흉내 낸 것에 지나지 않는다. 어찌 가슴앓이하는 동명 정두경과 고하를 논할 수 있겠는가?

일반적으로 시인들이 시를 지을 때는 능력을 다 쏟지 않음이 없다. 하지만 꼭 아름다움을 극진히 하려 하지 않았는데도 이처럼 아름답게 표현된 시가 있다. 숨은 의도는 반드시 땅의 신령스러움이 도와서 그렇게 된 것이리라.

당나라 시인도 역시 절을 많이 유람하면서 뛰어난 시구절을 얻은 사람이 있다.

대나무 오솔길은 그윽한 곳으로 통하고	竹經通幽處
선방禪房에는 꽃과 나무가 무성하다.	禪房花木深

이 시는 상건常建의 〈유파산사遊破山寺〉이다.

승랍僧臘은 뜰 앞의 나무 같고	僧臘階前樹
선심禪心은 강가의 산이라네.	禪心江上山

이 시는 한굉韓翃의 〈입천복사入薦福寺〉[25]이다.
혹은 이런 시도 있었다.

중류에서 나무 그림자 보노라니	樹影中流見
양쪽 언덕에서 종소리 들려오네.	鐘聲兩岸聞

이 시는 장우張祐의 〈숙금산사宿金山寺〉이다.

이런 시들은 고금에 뛰어났으며, 시를 평하는 이들은 "다른 사람은 표현할 수 없는 경지"라고 하였다. 이렇게 본다면 그 지역에 파산破山의 뛰어난 경치가 있은 후에 상건의 시가 있었으며, 금산金山의 뛰어난 경치가 있은 후에 장우의 시가 있게 된 것이다. 이것이 어찌 땅 신령의 도움이 있어서 그렇게 된 것이 아니겠는가?

그렇다면 이 절이 완공된 것도 다만 스님들이 머물면서 수행을 하는 곳일 뿐만 아니라 시인들에게도 도움이 될 수 있음을 알 수 있으니 역시 아름다운 곳이라 할 만하다. 이에 기록한다.

奉恩寺重修記

國初國家。設禪敎兩宗於陵寢室皇之外。特設僧科。例與國試。同日開場。命遣夏官。考選釋子之通經者。特授甲乙丙三等之科。曰大選。大選者。即儒家之大科也。次以制作。間有拔擢者。曰襍學。襍學者。即儒家之小科也。由大選而再擧入格者。曰中德。中德者。即儒家之重試也。而寺宇在靖陵者。曰奉恩即禪宗也。在光陵者。曰奉先。即敎宗也。禪以例文。敎以比武。禪敎幷行。斯道之蔚興。架矣盛哉。粵在嘉靖甲子歲朝議革除僧科故。禪敎之不振者。百有八年於斯矣。釋道之淪喪。良可悲也。寺亦不幸丙子之亂。鞠爲烟燼。惟丈室數間。蕭然獨存。行過者嘅焉。禪和大師敬林。首建法堂。諸衲尾修僧寮。落成以來。林歡潤悅。殿閣翼舒。廊廡繩直。數年之間。藹然復興。敬林倡啓之功。可謂懋矣。是寺東臨廣陵。西指巴陵。南通湖路。北控京洛。此其臨觀之大略。而騷人墨客之吟詠其間者。不趐千萬。而或有以警語稱者。有曰。舟中回指奉恩寺。杜宇一聲僧掩關者。崔孤竹之作也。有曰。病客孤舟明月在。老僧深院落花多者。李蓀谷之詠也。有曰紅藕一池風滿院。亂蟬千樹雨歸村者。白玉峯之題也。此皆當時膾炙。而後世傳誦者也。今縉紳中。有東溟鄭先生者。少遊是寺。題一律。其略曰。城中王亦大。天下佛爲尊者。其詞源之汎濫。可與老杜爭鋒。而上三傑之作。雖曰調高

而特是效顰耳。豈與病心之東湲。論其高下哉。盖騷人吟詠之際。非不致力
焉或未必盡美。而其得美如此者。意者必有地靈之助而然耶。唐之詩人。亦
多遊梵宇。而得警句者。有曰。竹經¹⁾通幽處。禪房花木深者。此常建之遊
破山寺也。有曰。僧臘階前樹。禪心江上山者。此韓翃之入薦福寺也。有曰。
樹影中流見。鐘聲兩岸聞者。此張祐之宿金山寺也。此等作冠絶古今而詩
評者。謂他人道不得處也。迹此觀之地。必有破山之勝而後。有常建之詩。
有金山之勝而後。有張祐之詩。此豈非地靈之有助而然耶。然則此寺之成。
非唯釋子之所棲神而已。其有助於騷人者可知。亦可謂勝也矣。是爲記。
───────
1) 㸃 '經'은 원시에 '徑'으로 되어 있다.

봉국사 신창기 奉國寺新剏記

　예로부터 제왕가帝王家에서는 부모와 자녀 사이에 참으로 존망存亡이 엇갈려 영원히 이별하는 슬픔이 생기면 반드시 가설假設[26]에 의탁하여 추도하기를 끝없이 하였다. 그러므로 한 무제漢武帝는 누대를 짓고 망사대望思臺라고 하였는데, 아들 여태자戾太子를 그리워하였기 때문이다. 당 고종唐高宗은 절을 세워 자은사慈恩寺라고 하였는데 어머니의 은혜를 생각하였기 때문이다.

　이치로 따진다면 그리운 아들이지만 어찌 다시 살아 돌아오겠으며, 자애로운 어머니이지만 어찌 다시 세상에 올 수 있겠는가? 대개 슬픈 감정이 격발되면 저절로 멈출 수 없어 영혼을 위로하는 집에 마음을 기대어 한없는 슬픔을 실어 보고자 한다.

　우리 주상 전하(현종)께서 즉위하신 이후에 왕세자 이외에도 딸이 있었는데 마치 요임금의 두 딸인 아황娥皇과 여영女英 같았다. 장녀는 명혜 공주明惠公主, 차녀는 명선 공주明善公主이다. 배우자를 논의하다가 혼인을 하지 못한 채 1년 동안에 잇따라 세상을 떠나고 말았다.

　주상은 애통해하였고 자전慈殿(명성 왕후)은 더욱더 상심함이 끝이 없었다. 저승길에 명복을 비는 데 부처님만 한 분이 없다고 생각하였다. 장례를 마친 이듬해에 명성 왕후께서는 금강산 스님인 축존竺尊에게 명을 내리어 두 무덤 밖 몇 리쯤 되는 곳에 절을 세우도록 하셨다. 절을 지을 때에는 궁중의 사신을 파견하여 감독하도록 하고 절이 완공되자 봉국사奉國寺라는 현판을 내려 주고 향불을 올려 공양하였다. 즉 광주廣州 관아 서쪽 10리에 있는 성부산星浮山 아래이다.

　아아, 이 절이 어찌 부처를 모시기 위해서 지어졌는가? 어려서 죽은 딸이 가엽고 애통하여 부모의 지극한 정을 두고자 하기 때문이다. 알지 못하는 사람들은 유교와 불교가 서로 경쟁한다고 터무니없이 생각하고, 걸핏하면 왕가에서 해야 할 일이 아니라고 한다. 그들이 어찌 일상적인 원칙에서 벗어나지만 임시방편인 권도權道가 있음을 알겠는가?

옛적 한유韓愈는 조주潮州 유배 시절에 넷째 딸이 죽자 섬서성 상남商南 층봉역層峰驛에서 장례를 치르고 애도의 글[27]을 지었으며, 송나라 소동파는 아버지의 초상화를 그려 (호사湖寺에 봉안하였으니) 어찌 다른 이유에서였겠는가? 모두가 부처에 의지해서 영원히 추도하려는 것이다.

부자지간이라면 인륜으로 맺어진 이치는 모두가 동등하다. 비록 고귀함이 지존至尊이라 하더라도 정과 사랑은 똑같다. 하물며 옛적에도 남의 부음을 들으면 슬퍼하였다.

학식 있는 군자가 이 절이 이유가 있어서 창건된 사실을 들으면 당연히 눈물을 흘리며 슬퍼하리라. 어느 겨를에 쓸데없는 말과 과장된 소리로 유교와 불교 사이의 시비를 다투며 만족해하는가?

때는 갑인년(1674, 현종 15) 중추일中秋日.

겸팔도선교십육종도총섭兼八道禪敎十六宗都總攝 신臣 승僧 처능處能 삼가 쓰다.

奉國寺新剏記

自古帝王家父母子女之間。苟有存亡永隔之痛。則必托於假設。追悼無窮。故漢武帝作臺曰。望思。思戾太子也。唐高宗建寺曰。慈恩。恩母太后也。以理觀之。雖曰思之子。豈有歸來乎。雖曰恩之母。安得降返乎。盖悲情所發。不能自已。憑斯假設。用遣無窮之痛故也。惟我主上殿下。即祚以來。儲嗣外有女。若帝堯之皇英者二。長曰明惠公主。次曰明善公主。纔議伉儷。未及于飛。而一年之間。相繼云亡。上痛悼之。慈殿尤哀傷不已。思所以資福於冥路者。莫若佛氏。故葬畢之明年。慈殿命金剛山。僧曰。竺尊剏寺於雙墳之外里許。而遣中使督。成額曰。奉國。以供香火。即廣州治之西十里星浮山之下也。噫。寺豈崇佛而剏哉。爲緣哀憐悼痛。用寓至情也。不知者。妄以儒佛相爭。輒曰此非。王家之所當爲也。豈知夫反經出常而有所謂權者哉。昔韓愈銘女挐於層峯。蘇軾畫先君於湖寺。豈有他哉。皆所以憑賴而追悼無窮者也。至於父子之間。天理所均。雖貴爲至尊。情愛則同然。況古有聞而悲之者。凡有識君子。聞此寺之有爲而敊。則當洒涕而悲之。奚假以閑言大語。爭是非於儒佛之間而爲快哉。時甲寅。仲秋。日。兼八道禪敎十六。宗都摠攝臣僧處能拜手記。

유점사 산영루 중수기 楡岾寺山影樓重修記

누각을 산 빛과 물그림자 사이에 세우고 산영루山影樓라고 한 것은 두 가지 뜻이 있다. 산과 물을 합해서 말하여 누대 이름을 산영이라 하였으니, 산이란 곧 산 빛깔이며 그림자는 곧 물그림자이다. 대개 산과 물에 자신의 흥을 보내어 이름을 붙인 것으로, 이름에 자신의 뜻을 붙인 첫 번째 뜻이다.

비록 빛과 그림자는 정해진 소속이 없으므로 수광루水光樓나 산영루라 해도 무방하다. 누대의 이름을 산영이라 한 것은, 산은 산이고, 그림자는 산 그림자라는 뜻이다. 다만 산을 사랑해 이름을 붙인 것이니, 이름을 붙인 두 번째 뜻이다.

그렇다면 이 두 가지 뜻 중에서 어느 것이 낫고 어느 것이 못하며, 어느 것을 취하고 어느 것을 버리겠는가? 만일 버린다면 앞의 수영水影을 버리고, 만일 취한다면 뒤의 산영山影을 취할 것이다. 무엇 때문인가? 명승지의 사계절에 물은 다만 푸르고 맑을 뿐이다. 산은 그렇지가 않다. 반드시 각 계절마다 좋은 것이 있다.

봄에는 울긋불긋한 꽃으로 눈길을 주어 구경할 만하고, 여름에는 푸른 나무와 파란 넝쿨이 있으니 몸을 기댈 만하며, 가을에는 알록달록한 단풍과 붉은 잎이 있으니 마음으로 감상할 만하며, 겨울에는 함박눈과 된서리가 있으니 흉금을 씻을 만하다. 이 네 계절의 즐거움은 모두 산 그림자의 도움이다. 그러니 이 산영루에 올라 감흥을 일으키는 사람은 그 수영을 논할 필요가 없고, 단지 산영을 취하더라도 흥취는 이미 넉넉하다.

그런데 누각이 오래되고 기울었으니, 누각을 다시 세운 사람은 누구인가? 승통僧統[28] 지십智什 스님이다. 누각이 기울어 다시 세울 때에 기문記文을 짓고 기록한 사람은 누구인가? 백곡 처능이다. 판목에 새긴 것은 어느 해 어느 달인가? 바로 숭정崇禎 후 갑인년(1674, 현종 15) 가을이다.

楡岾寺山影樓重修記

樓建於山光水影之中。而名之曰山影者。有二意。若合取山水而言。則樓名山影者。山則山光也。影則水影也。盖寄興於山水而名者也。名之寓意一也。雖然光之與影字無之屬。亦不妨曰水光。山影則樓名。山影者。山則山也。影則山之影也。但愛山而名者也。名之寓意二也。然則二意之中。何優何劣。奚取奚去。曰如可去也。去前之水影也。如可取也。取後之山影也。何者。名區四時。水但凝碧而澄者也。山則不然必有四可。春則丹葩紫葉。目可騁也。夏則碧樹靑羅。身可捿也。秋則斑楓赤葉心可賞也。冬則密雪嚴霜。襟可滌也。凡此四可。皆山影之助也。然則登斯樓而發興者。不必論其水影。而但取山影趣已[1]足也。樓久而欹。改建者誰耶。僧統智什也。樓欹而復建。作文而記者誰耶。白谷處能也。刻板者何年月耶。崇禎後甲寅之秋也。

---

1) ㊂ '己'는 'ㄴ'의 오자이다.

만국도설萬國圖說

〈만국도萬國圖〉를 나에게 보여 준 사람이 있었다. 그 그림을 보니, 소위 만국은 모두 바다 밖에 있었다. 내가 "많기도 하다.『시경』과 『서경』이 나온 이후로 역대의 모든 역사서에 모두 실려 있지 않은 나라이다."라고 하였다.

내가 듣건대, 옛날에 우禹임금이 도산塗山(우임금의 부인)을 만날 때에 옥백玉帛(예물)을 가지고 온 나라가 만국萬國이었다고 한다. 공자는 세상을 바로잡을 도를 펼치기 위해 천하를 돌아다녔다. 이때의 천하란 해내海內(중국 안)에서 구분된 지역이다. 이 〈만국도〉에 기재되어 있는 내용과 비교하면 단지 하나의 거품일 뿐이다.

세상에 전해지는 이야기에 "장건張騫[29]이 은하수를 찾아 하늘로 올라갔으며, 직녀織女의 지기석支機石[30]을 가지고 돌아왔다."라고 하니, 장건은 천하의 끝까지 가서 두루 다 본 사람이라고 평가할 수 있다. 그렇지만 이 〈만국도〉에 실려 있는 나라들에 대해서는 한마디 언급도 없다. 이 〈만국도〉는 누구에게서 나온 것인가?

"석가세존께서 방위를 논할 때에, 세계가 많아서 그 숫자가 모래보다 많다고 하셨다."라고 나는 들었다. 이 〈만국도〉에 그려져 있는 나라도 역시 많다고 할 수 없다. 이제 〈만국도〉 끝머리에 이 글을 쓰니 〈만국도〉를 마음껏 감상하는 데 일조가 되었으면 한다.

萬國圖說

有以萬國圖示余者。取其圖而觀之。所謂萬國。皆在重溟之外者。余曰多矣哉。自詩書以降。歷代諸史。皆所未載之國也。余聞古者禹會塗山。執玉帛者萬國。孔子道窮轍環天下者。特謂其海內區分之域。則較此圖所載。特一浮漚耳。世傳張騫。尋河上天。取織女支機石而還云。可謂窮天下而極覽者也。然於此圖之所載。亦未嘗一論焉。則此圖初從阿誰出耶。抑吾聞大雄氏之論方位曰。世界之多。數過塵沙云。則雖此圖。亦不足多也。聊書圖末。以爲騁懷之一助云。

성명설性命說

하늘이 인간에게 준 것을 명命이라 한다. 자사子思가 "천명天命을 성性이라 한다."[31]라고 하였는데, 바로 이것이다. 인간이 하늘에서 받은 것을 성性이라 한다. 대우大禹(우임금)가 "나는 하늘에서 명을 받았다."라고 하였는데, 바로 이것이다. 그러므로 성과 명은 하나이다. 다만 주고받음에 명칭이 나뉠 뿐이다.

하늘의 명은 알기 어렵기 때문에 공자도 명을 자주 말하지 않았다. 인간의 성은 알기 쉽기 때문에 맹자가 "인간의 본성이 선하다."라고 말하였다. 일반적으로 하늘의 명은 소원疎遠하여 알기 어렵고, 인간의 본성은 친근하여 알기 쉽기 때문이다.

이런 까닭에 공자는 "내가 이 명을 넘지 못한다."라고 하였다. 맹자는 "위후魏侯는 천天을 보지 못하였다."라고 하였는데, 모두 하늘에 있는 명을 말한 것이다.

장자莊子가 말하는 '선성繕性',[32] 양자楊子가 말하는 '수성修性'[33]은 모두 인간의 성을 말한 것이다.

불가佛家에서는 혹은 성명性命이라 하고 혹은 신명身命이라 하여, 성과 명을 나누지 않고 합해서 말하였다. 이는 성이 바로 명이고, 명이 바로 성임을 일컬은 것이니, 이것들이 모두 사람에게 달려 있는 것이기 때문이다. 학자들도 이 점을 분명히 알면, 삼교三敎의 성명설에 대해 동이同異를 대략이나마 분별하고 의혹이 없어질 것이다.

性命說

天授之於人曰命。子思之所謂天命之謂性者是也。人受之於天曰性。大禹之所謂吾受命於天者是也。故性與命。盖一也。而特授受之分耳。雖然天之命難見故。孔子罕言命。人之性易知故。孟子道性善。盖在天之命。疎遠難見。而在人之性。親近易知故也。是以孔子曰丘之不濟此命也。孟子曰魏侯之不見天也。皆言在天之命也。莊子所謂繕性。楊子所謂修性。皆言在人之性也。佛家或云性命。或云身命等者。性與命。不分而合言。其性即命。命即性而稱也。皆在人者也。學者當審乎此。則於三敎性命之說。粗分同異而無惑矣。

인의설仁義說

사람을 사랑하고 만물을 이롭게 함을 인仁이라 하고, 합당하게 일을 처리함을 의義라고 하니, 모두가 나의 본성에 있는 것이고 당연히 실천해야 할 이치이다.

대개 인은 사랑을 위주로 하고, 의는 의리를 주장하지만 경중輕重이 없을 수가 없다. 무엇 때문인가? 인은 의의 머리이며, 의는 인에서 나오기 때문이다. 공자를 추종하는 공문孔門의 학문은 인을 구하는 일을 중요하게 여긴다. 그러므로 낚시를 해서 물고기를 잡더라도 그물을 쓰지는 않고, 주살로 새를 잡더라도 자는 새를 쏘지는 않는다. 이것이 성인의 인심仁心이다. 그러므로 (『논어』 「이인里仁」에서) "식사를 하는 짧은 시간에도 인을 어기는 일이 없었다."라고 하였으며, 또 (「술이述而」에서) "인이 멀리 있는가? 내가 인을 실천하고자 한다면 곧 인이 다가온다."라고 하였다.

공자의 제자인 중궁仲弓·자로子路·염유冉有·공서화公西華 등은 현인이지만 공자는 그들이 인仁하다고 인정하지 않았다. 오직 안연顔淵을 칭찬하고, (「옹야雍也」에서) "석 달 동안 인을 어기지 않았다."라고 하였다. '인을 어기지 않았다'라고 하는 말은 바로 한 칸 정도의 간격쯤 모자란다는 뜻이다.

또 공자는 초나라 영윤令尹인 자문子文의 사람됨에 대해서도 다만 그의 충忠만을 인정하고 그의 인은 인정하지 않았다.[34] (『논어』 「공야장公冶長」에서) 진문자陳文子의 사람됨에 대해서는 단지 그의 청淸만을 인정하고 그의 인은 인정하지 않았다. 그리고 관중管仲[35]을 평가할 때는 "어진 사람 같다.(如其仁)"라고 하였다. '어진 사람 같다'라고 한 것은, 그의 공로를 미화한 것이지 반드시 그가 인하다고 한 것은 아니다.

인도仁道는 지극히 위대하기 때문에 단지 삼현三賢[36]에 대해서 "은나라에 세 명의 어진 분이 있다."라고 하였다. 또 백이伯夷와 숙제叔齊에 대해서는 (『논어』「술이」에서) "인을 구하고자 하여 인을 얻었다."라고 평가하였다. 이것이야말로 공자가 찬미한 극치이니, 인이란 쉽게 얻을 수 없음을 말씀하신 것이다.

그렇기는 하지만 인에는 반드시 의가 있어야 한다. 그러므로 공자는 인의仁義를 함께 말하지 않았다. 어찌하여 그런 줄 알겠는가? 삼현을 이미 삼인三仁이라고 하였다. 그러니 삼현이 군주를 사랑한 충성이 바로 의이다. 백이와 숙제를 평가하기를 이미 득인得仁이라고 하였다. 그런데 백이와 숙제가 (주나라 무왕武王의) 말고삐를 붙잡고 간언한 것은 의이다. 이렇게 본다면 의는 인 가운데 있고, 인에는 반드시 의가 들어 있다. 공자께서 인과 의를 함께 말하지 않은 이유도 이를 통해서 알 수 있다.

정자程子는 "공자는 단지 인仁 한 글자만 설명하였고, 맹자는 입만 열면 즉시 인의仁義를 설명하였다."라고 하였다. 맹자는 양梁나라 혜왕惠王의 "무엇으로써 우리나라를 이롭게 할 것이냐?"라는 질문에 대답을 해야 하였기 때문에 인의를 함께 설명하였다. 그리고 의 자를 열거하여서 이심利心을 억제하고자 했기 때문이다.

공자 역시 어찌 의를 설명한 적이 없겠는가? 공자는 (「양화陽貨」에서) "군자는 의를 으뜸으로 삼는다."라고 하였고, 또 (「헌문憲問」에서) "이익을 보면 의리를 생각하라.(見利思義)"라고 하였다. 견리사의見利思義의 의 자는 바로 맹자가 양나라 혜왕에게 대답한 말, 즉 "역시 인의가 있을 뿐이다."에 나오는 의 자이다. 어찌 공자가 단지 '인' 한 글자만 설명했겠는가? 정자가 "공자는 다만 인 자 하나만 말했다."라고 한 것은, 공자가 의를 말하지 않았다는 뜻이 아니라, 인과 의를 함께 말하지 않았다는 뜻이다.

그런데 옛날의 여러 학자들이 인의를 논한 것이 같지 않다. 묵자墨子는 '겸애兼愛'를 인이라 하였고, 양자楊子는 '위아爲我(자신을 위하는 것)'를 의라고 하였는데, 모두 공자 문하에서 말하는 인의는 아니다.

고자告子는 (『맹자』「고자告子」 상에서) "인은 안에 있고 밖에 있는 것이 아니다. 의는 밖에 있고 안에 있는 것이 아니다."라고 하였다. 이것이 바로 내인외의內仁外義라는 주장이다.

노자老子는 (『도덕경』 19장에서) "인을 끊고 의를 버려야지 백성들이 자慈와 효孝를 회복한다."라고 하였다.

장자莊子는 (『장자』「천운天運」에서) "거짓으로 인을 말하고, 핑계로 의에 머문다."라고 하였는데, 이것은 인의를 모두 바깥에 있는 것으로 본다는 주장이다. 그러므로 장자는 (『장자』「천운」에서) "인의란 선왕先王의 거려蘧廬(여인숙)이다. 머물러서 하룻밤 정도는 있을 수 있지만 오래 머물 곳은 아니다."라고 하였다.

불가에서는 자비를 인, 희사喜捨를 의라 한다고 하였는데, 이는 인과 의가 모두 다 나에게 있음을 의미한다.

배우는 이들은 제자백가들이 논한 인의에 대한 서로 다른 학설에 대하여 깊이 완미하고 상세히 연구를 해야 한다.

仁義說

愛人利物之謂仁。隨宜制事之謂義。皆在我之性。而當然之理也。盖仁主於愛。義主於義。而不無輕重焉。何者。仁爲義之首。義從仁而生者也。孔門之學。以求仁爲要故。釣而不網。弋不射宿者。聖人之仁心也。故曰。無終食之間違仁。又曰。仁遠乎哉。我欲仁。斯仁至矣。是故雖以仲弓子路冉有公西華之賢。夫子不許其仁。而獨美顔淵曰。回也。三月不違仁。不違仁者。是未達一間者也。夫子又於令尹子文之爲人也。只許其忠。而不許其仁。於陳文子之爲人也。特許其淸。而不許其仁。謂管仲曰。如其仁。如其仁者。美其功而不必其爲仁也。仁道至大故。只於三賢曰。殷有三仁。於夷齊曰。求仁得仁。此迺夫子讚美之極。而仁不易得之辭也。雖然仁必有義故。夫子不並說仁義。何以知其然也。三賢旣已謂之三仁。而三賢愛君之忠是義。夷齊旣已謂之得仁。而夷齊叩馬之諫是義也。跡此觀之。義在於仁中。而仁必有義矣。夫子不並說仁義。從可知矣。程子曰。仲尼只說一箇仁字。孟子開口。便說仁義云者。盖孟子對惠王。何以利吾國之問。故並說仁義。而學義字。抑其利心故也。夫子亦何嘗不說義乎。故夫子曰。君子義以爲上。又曰見利思義。其見利思義之義字。正是孟子對惠王曰亦有仁義之義字也。豈夫子只說一箇仁字乎。程子謂仲尼只說一箇仁字云者。非不說義也。不並說仁義之謂也。然古之諸家論仁義不同。墨氏以兼愛爲仁。楊氏以爲我爲義。皆非孔門之所謂仁義者也。告子曰。仁內也非外也。義外也非內也。此是內仁外義之論也。老子曰。絶仁棄義。民復慈孝。莊子曰。假道於仁。托宿於義。此是仁義皆外之之論也。故其言曰。仁義先王之蘧廬也。止可以一宿。不可以久處也。佛氏以慈悲爲仁。喜捨爲義。此是仁義皆在我之謂也。學者當於諸家論仁義不同之說。翫味而詳焉。

석씨원류 발釋氏源流跋[37]

아! 불법을 전하고 받은 뜻은 『전등록傳燈錄』[38]에 상세히 실려 있고, 신령스럽고 기이한 자취는 『통재通載』[39]에 많이 나타나 있다. 그러나 『전등록』에서는 비바시불毘婆尸佛(석가모니 이전의 부처님 중 처음 나타난 부처)을 첫 번째로 하였고, 『통재』에서는 반고왕盤古王(천지가 개벽할 때 나타난 왕)을 첫 번째로 하였다. 모두 석가모니가 스스로 말한 "오직 내가 홀로 존귀하다.(唯我獨尊)"라는 의미와는 맞지 않는다.

지금 『석씨원류釋氏源流』의 편차를 보니 곧장 석가씨부터 시작하여 담파국사膽巴國師[40]에 이르기까지 부처와 조사가 총 244인인데, 이를 편찬하여 불법 근원의 시작과 끝으로 삼았다. 책의 구성에 조리와 체제가 더욱 정확하여 석가씨를 조상으로 하지 않는 『전등록』이나 『통재』보다 매우 뛰어나다. 근원이 깊으면 멀리 흘러가는 것이라고 평가할 수 있다. 이 책을 편찬한 사람의 의도가 어찌 우연이겠는가?

우리나라에는 원래 이 책이 없었다. 지난 숭정崇禎 4년인 1631년(인조 9) 여름에 호정壺亭 정두원鄭斗源[41]이 연경燕京에 사신으로 갔다가 여관에서 중국의 연산燕山 스님 대겸大謙을 만났다. 대겸이 이 책을 꺼내어 정두원이 귀국할 때 주면서 우리나라의 법보法寶로 삼으라고 하였다.

정두원이 돌아온 다음에 금강산 백운암白雲菴에 보관하였다. 당시에 춘파 대사春坡大師가 그 책을 보고 크게 기뻐하여 판각板刻을 하려 했으나 뜻을 이루지 못했었다. 관서關西 지방 도승통都僧統인 지십智什 스님이 모연募緣하여 간행하였으니 춘파 대사가 남긴 부탁을 따른 것이다.

신해년(1671, 현종 12) 겨울에 재물을 거두어 모으고 임자년(1672, 현종 13) 가을에 작업을 마쳤다. 여러 성인聖人의 진실한 자취를 후세에 환하게 다시 일으키게 되었으니 지십 스님의 마음 씀씀이가 참으로 부지런하다고 할 만하다. 이상의 여러 사실을 근거로 해서 본다면 대겸이 정두원에게 부탁한 것이 묵시적으로 춘파 대사에게 이어졌고, 춘파 대사가 지십 스님에게 부탁한 것도 역시 대겸 스님에게서 은밀히 이어진 것이 분명하지 않겠는가?

도가 서로 들어맞는 것은 진실로 언어와 형태의 모습에 의지하지 않는 것이니, 나라가 같고 다름도 참으로 논할 거리가 못 된다. 지십 스님이 나에게 발문을 요구하므로 나는 그가 일을 시작한 것을 가상하게 여겨 글을 써서 후대에 전하는 데 약간의 도움이 되었으면 한다.

釋氏源流跋

噫。受授之旨。備載於傳燈。靈奇之跡。多著於通載。然傳燈以毗婆佛爲首。通載以盤古王爲初。皆未叶於釋迦氏自言惟我獨尊之意也。今觀源流之所編次。直自釋迦氏。以至膽巴國師。通得佛若祖二百四十四人。編爲源流之首末始終。有條次第。尤的有愈於傳燈通。載之不以釋迦氏爲祖首也。可謂源遠而流長者也。編者之意。豈偶然哉。東國初無是書。徃在崇禎四年夏。壺亭鄭相公斗源氏。奉使燕京。逆旅中。得遇燕山僧大謙。謙出是書。付諸鄭相公之歸。俾爲東方法寶。相公使還。藏于金剛山中白雲菴。時春坡大師。窺其書。大悅。將欲鋟梓而未果。關西都僧統智什。募緣刊行。遵春坡之遺囑也。鳩財于辛亥冬。斷工於壬子秋。令衆聖人眞迹。煥然再興於季世。什公之用心。可謂勤矣。由是觀之。大謙之付諸鄭相者。不無冥契乎春坡。春坡之囑于什公者。亦有密承于大謙明矣。道之相契者。固無待於言語形貌。則邦域之同不同。固不足論也。什徵余文跋其尾。余嘉厥緖故。書此以爲傳遠之一助云。

대사헌 유 공께 올리는 편지

　모월 모일에 백곡 산인白谷山人 처능處能은 머리를 조아리고 두 번 절하며 대사헌 상공에게 글을 올립니다.
　지난달에 저는 설성雪城을 이리저리 돌아다니다가 동주東州(강원도 철원)로 돌아오는 길에 징파강澄波江(임진강)을 지날 때, 날씨가 찌는 듯 더워서 강가의 나무 밑에서 쉬고 있었습니다. 그때 물가의 굽이진 곳에 있는 높은 정자 위에 노선생老先生이 갓을 높이 쓰고 앉아 있음을 보았습니다. 마음으로 의아하게 생각하면서 뱃머리에서 낚시질하는 노인에게 누구인지 물었습니다. 노인은 낚싯대를 잡은 채로 인사하면서, "스님은 듣지 못했습니까? 어진 재상인 유 공兪公께서 임금을 바로 인도하고 나라에 도움이 되고자 한결같이 법대로 하다가, 다른 사람들과 다투어 병을 핑계로 하직하고 돌아와 계십니다."라고 하였습니다.
　한번 찾아가 제 속마음을 쏟아내고서 은혜로운 말씀 한마디라도 내려 주었으면 하고 생각을 하였습니다. 외람되게도 비루하고 못난 몸으로 당돌하게 나설 수가 없었고, 또 과연 관대하게 접대를 해 줄지도 알 수 없었습니다. 그러므로 열심히 노력하면서 세 번이나 나아갔다가 물러나왔으며 가슴속에 걸린 채 이제 여러 날이 되었습니다.
　하고 싶은 일이 있을 때 상대의 대답을 듣지 못하면 단지 마음속에 가득 채워 둘 뿐입니다. 그렇게 되면 끝내 내가 하고 싶었던 말을 표현도 해 보지 못할 뿐만 아니라, 또한 살펴 주시는 은혜를 얻지도 못합니다. 그러므로 감히 어리석고 누추한 말이지만 저의 간절한 정성을 서찰에 담아 올립니다. 합하閤下께서는 어떻게 여길는지는 모르겠습니다.
　합하께서는 풍운風雲이 만났을 즈음[42]에 청요직淸要職을 두루 역임하시었고 푸른빛 자줏빛 관복 속에 싸여 영화가 지극했다고 생각합니다. 더욱이 정사당政事堂에서 인사권을 담당하였습니다. 상을 받을 사람이 있으면 기뻐하시면서 봄날 햇살처럼 따뜻하였고, 벌을 받을 사람이 있으면 노하면서 가을 서리가 차갑게 내리는 것 같았습니다. 정직하게 관직 생활을 하고 분명하게 행정을 보았습니다. 관직 생활을 하는 동안에는 거짓을 부리는 사람을 용납하지 않았습니다. 마치 사물의 경중輕重이 저울을 벗어나지 못하는 것과 같았습니다. 그리고 합하께서 현명한 사람을 천거하면 팔개八凱[43]가 직책을 맡은 듯하였고, 간악한 사람을 물리칠 때는 사흉四凶[44]이 동료를 떠나는 듯하였습니다. 성군인 요임금과 순임금 위에다 우리 임금을 올리고, 은殷나라와 주周나라 세상처럼 우리 백성을 편안히 함이 모두 합하의 손에 달려 있었습니다. 합하의 지위는 존귀하다고 할 수 있습니다.

그러면서도 합하께서는 오히려 임금과 신하가 조화를 잃고 나라의 기강이 차츰 쇠퇴해져 사직이 불안하고 조정이 공명정대하게 되지 못함을 걱정하였습니다. 그리하여 걱정으로 잠을 잊고 식음을 전폐하면서 안타까움을 안고 근심을 머금었습니다. 임금께 간언할 때는 옷자락을 잡고 투쟁하였으며, 재사才士를 맞이할 때에는 머리털을 거머쥐고 맞이하였습니다.[45] 합하의 마음은 국가를 간절히 생각하지 않은 적이 없었으며, 몸이 아프고 병이 들었을 때도 밤낮으로 생각함은 오직 나랏일뿐이었습니다. 그리고 현명한 재상인 제갈량諸葛亮과 (송宋의) 명장 악비岳飛도 끝내는 자신들이 살았던 후한後漢과 송나라에서 능력을 떨칠 수 없음을 알았습니다. 또 병으로 관직을 버리고 강호에 물러나 살게 되자, 어부와 목동에 섞여 생활하고 마음은 갈매기에 맹세하였습니다. 자연과 더불어 밭을 갈고 낚시질하면서 하인들에게 명령을 내렸습니다. 몇 이랑의 오이밭에 호미를 메고 나가서 캐고, 강가의 이끼 낀 돌에서 낚시질하였습니다. 풍년이 들어도 절약해서 생활을 하였으니 역시 노년을 보내기에 풍족합니다.

합하께서 홀로 방에 앉아 계실 때는 세상사의 이해득실을 한 조각 구름처럼 보실 것이니 어떤 즐거움을 여기에 더할 수 있겠습니까? 혹 문을 닫고 책상에 기대어 경전과 역사서를 두루 읽다가 홀연히 고금의 정치적인 안정과 혼란한 상황과 관련된 내용을 보고, 군부君父 사이에서 차마 의리를 잊을 수 없다는 대목을 보시면 합하께서는 반드시 당시의 사건에 대해 비분강개하시면서 안타까워하실 것입니다. 진실로 이와 같이 합하께서 조정에 있었을 때는 (억울하게 유배를 간 한나라) 가의賈誼의 원통함을 생각하였을 것이고, 강호에 있었을 때는 송나라 충신 범중엄范仲淹[46]의 근심을 가슴에 품었을 것입니다.

뜬구름 같은 부질없는 한평생에 즐길 만한 것도 하나 없으니 그저 정신만 손상시킬 뿐입니다. 비분강개하면서 애통해하더라도 이미 깨어진 시루와 같으니 무슨 도움이 되겠습니까? 합하께서는 마음에 두지 마시기를 바랍니다.

서는 금년에 나이 25세입니다. 견문도 병이나 항아리 정도를 넘지 못하고 운수객처럼 편력한 적도 없습니다. 금년 가을에는 평안도 지역으로 방향을 잡아 곧장 묘향산으로 들어가려 합니다. 우뚝 솟은 향로봉 위에 더위잡아 오르면서 몸을 이리저리 움직이고 넓고 아득한 천지 사이에 눈길을 돌려 마음껏 보고서 마음이 웅대해지고 기운이 용맹해진 연후에 돌아와 합하의 문을 두드리겠습니다. 합하께서 혹시나 방외方外의 도에 뜻이 있어 저를 불러 힘차게 기운을 토해내도록 하고 우리 불가에서 전하지 않는 오묘한 이치를 세세히 논하게 하신다면 유감이 없을 것 같습니다. 합하께서 살펴 주시리라 생각합니다.

上大司憲兪公書

月日白谷山人處能。頓首再拜。獻書于大憲相公閤下。前月中。某自雪城行脚歸東州。路由澄波江。日氣蒸溽。憩錫汀樹間。覘其曲渚邊高亭上。有老先生峨冠而坐。心訝之。問于艙頭釣翁。翁把竿而揖曰。子不聞乎。賢宰相大夫兪公。匡君輔國。一以規模。與人抹摋。謝病而歸云。擬欲叫閽。冀賜以一言之眷也。則猥以鄙庸。不敢唐突而進。又不知其果許以優容而接之。故躄躃三進而退。鯁鯁于胷次中。于今有日矣。雖然凡有所欲。而不得售於人者。但滔滔滿載心腑間而已。則是終不現吾心之所欲言。而又不獲曲照之覽譽故。敢以愚陋之言。區區懇懇於筆札間而獻焉。第未知閣下之何謂也。伏惟閣下。風雲際會。歷職淸要。紆靑彈紫榮。幸極矣。況秉鈞軸于政事堂。喜有賞則春日舒輝。怒有罰則秋霜降冷。循官以直。視政以明。人不容僞於其間。若物之輕重。不得逃於權衡之乏。而其又進其賢則八凱補職。退其姦則四凶離羣。致君於堯舜之上。安民於商周之世者。皆懸於隻手中。閣下之位。可謂尊矣。然猶恐其塩梅失和。紀綱陵遲。則社稷不安朝廷不正。忘寢廢餐。抱恨含憂。諫主則牽裾以爭。待士則握髮以接。閣下之心。未甞不惓惓國家凋瘵之間。而晝思夜度國事已矣。固知諸葛之賢宰。岳飛之良將。終不振彌綸於漢宋。則又以病免。退居江湖。跡混漁樵。心盟鷗鷺。烟雲畊釣。載命僮僕。荷鋤則有瓜田數畝。垂綸則有苔磯一江。年登而節用。則亦足以自老矣。閣下獨坐一室。視得失於一浮雲也。則何樂加此。而若或閉戶憑几。歷閱經史。忽視古今治亂。有若不忍忘義於君父之間。必閣下慷慨起憤於當時事而憾焉。苟如是在朝廷。則懷賈傅之痛。處江湖則銜仲淹之憂。浮生一世。無一可樂。而適足以損精傷神。其慷慨憂痛。奚益於破甑乎哉。伏願閣下毋介懷也。不佞年今二十有五。見聞不過乎甁甕之間。而無山川雲水之遍歷。今秋方向關西。仍入妙香。若躋攀轉身於爐峯嶒嶤之上。而顧眄騁目乎乾坤曠漠之間。心雄氣猛然後。歸以敲閣下之門。閣下其亦有意於方外道。而呼之使前。終令吐氣張眉。細論吾家不傳之妙。則庶無憾矣。惟閣下鑑裁焉。

어떤 재상에게 올리는 편지

옛적에 상하上下[47]가 서로 만날 때는 반드시 예가 있었으니 예는 폐지할 수 없습니다. 무엇 때문입니까? 예물을 윗사람에게 바침을 지贄, 예물을 아랫사람에게 내림을 뇌賚라 합니다.

우禹임금이 도산후塗山侯를 만났을 때에 옥玉을 가져갔으니 이것이 지贄입니다. (은殷나라의) 이윤伊尹이 신야莘野에서 농사를 짓고 있었을 때 탕湯임금이 폐幣를 주었는데 바로 뇌賚입니다. 상하 간에 각각 예절을 차린 연후에 일이 성사됩니다. 그러므로 월상越裳(베트남 동부에 있던 나라)은 주공周公에게 흰 꿩을 바쳐 은혜를 입었고, 한 고조漢高祖 유방劉邦은 진평陳平에게 금을 하사하여 대업을 이루었습니다. 예물을 사용하여 쌍방 간에 바라던 목적을 이루니 예물이란 없어서는 안 됩니다. 심지어는 자신의 한 몸이 생사의 갈림길에 있을 때에도 또한 예물이 없을 수 없습니다. (전국시대 제齊나라의) 맹상군孟嘗君이 (진秦나라에 구금되었을 때) 호구狐裘(여우 가죽 옷)를 예물로 바치지 않았으면 제나라로 돌아갈 수 없었습니다. 수가須賈[48]는 솜옷이 없었다면 위나라로 되돌아가기 어려웠습니다. 예물이 없어서야 되겠습니까?

그 나머지 전국시대의 지사들은 황금과 옥벽玉璧을 보내어 구원을 요청하고, 혹은 자국의 땅을 바쳐 화친을 요구하였습니다. 이들 모두는 예물의 힘을 빌려 그 교분을 두터이 하는 것입니다.

혹은 명예와 절개를 앞세워 더럽다고 여기면서 예물을 받지 않는 사람도 있습니다. (춘추전국시대 오패五霸의 한 사람인) 진 문공晉文公은 구슬을 되돌려 주었고, (춘추전국시대 진晉나라의 대부인) 한선자韓宣子는 고리를 사양하였고, (공자의 제자인) 자공子貢은 비단을 버렸고, (후한의) 양진楊震은 금을 사양하였습니다. 이들 모두는 예물을 버리고 의리를 고상히 여긴 사람들입니다.

비록 그렇지만 인정과 의리를 병행하였기 때문에 서로 어그러지지 않았던 것입니다. 그러므로 후한의 유총劉寵[49]은 1전錢을 꺼내서 받았으니 이것은 인정을 소중히 여긴 것입니다. (전국시대 제齊나라의 지사인) 노중련魯仲連은 천금千金을 가벼이 여겨 물리쳤으니, 이것은 그 의리를 높이 여긴 것입니다. 인정과 의리는 모두 옛사람도 실행한 것입니다. 그렇다면 받고 안 받음은 저쪽 사람에 있고, 예물을 올리고 예의를 실천함은 나에게 있습니다. 나에게 있는 예의를 어찌 모두 폐지할 수 있겠습니까?

합하께서는 재주와 지략이 고금에 으뜸이고 명성은 온 나라에 떨칩니다. 조정에 들어오면 (주나라의) 주공周公과 소공召公 같은 명재상이고, 밖으로 나가면 (전국시대의 명장인) 관중管仲과 악의樂毅 같습니다. 장군과 재상을 오가면서 국사에 마음을 다 쏟고 있음은 길 가는 사람도 모두 알고 있습니다. 인정과 의리의 실행도 역시 그 가운데 있으니 합하의 지위는 존귀하다고 하겠습니다.

우매한 저는 일전에 관청의 일 때문에 존안尊顔을 볼 수 있었으니, 합하의 도량은 넓었으며 저의 행운은 컸습니다. 다만 예상하지도 않은 일 때문에 주제넘게 하찮은 선물을 올렸는데 노골적으로 얼굴빛을 바꾸시며 물리치셨습니다. 이 일로 합하의 고상한 의리를 볼 수 있음은 많고, 합하의 두터운 인정을 얻을 수 있음은 적다는 것을 알게 되었습니다. 예물이 도리어 허물로 바뀌고 합하의 고명하신 덕에 죄를 얻게 될 줄을 생각이나 했겠습니까? 비록 그러나 예는 폐할 수 없는 것입니다.

공자가 (『논어』 「팔일八佾」에서) 말하기를, "예는 사치하기보다는 차라리 검소함이 낫다."라고 하였습니다. 일반적으로 물품이 검소하고 적당하면 예입니다. 사치스럽고 지나치면 뇌물입니다. 제가 올린 선물은 미미한 정성 중의 예의를 차리기 위한 하나의 물건입니다. 뇌물이라고 할 수 있겠습니까?

요즈음의 사대부로 스승, 제자라고 운운하는 사람들은 반드시 속수束

脩⁵⁰를 실천하는데 어찌 뇌물이라고 할 수 있겠습니까?

합하의 명령을 기다린 지 지금 49일이 되었습니다. 관청의 문을 두드리고자 하나 발이 머뭇거리고, 말씀을 올리고자 하나 입이 떨어지지 않습니다. 마음속으로 두려워 합하께 가야 할지 물러나야 할지 가부를 알지 못하겠습니다. 합하께서 저의 어리석음을 불쌍하게 여기시어 저의 죄를 용서하여 주시기를 바랍니다. 옛 허물을 마음에 두지 않으시고 저를 구제해 주신다면 이것은 합하의 인정이 두터운 것입니다. 만약 저의 과오를 나무랄 뜻이 여전히 있으면 저를 불러들여 죄를 주십시오. 그런 연후에 저를 만나 주신다면 역시 합하의 인정이 두터운 것입니다.

아아! 석 달을 머물면서 가을을 보내니 주머니는 비고 옷은 해어져 남쪽으로 가고 싶은 생각만 가득합니다.

합하께서 인자한 마음을 내려 주시어 저를 만나기를 허락해 주시어 합하의 넓은 도량 속에서 넉넉히 지내도록 해 주신다면, 일이 끝나는 대로 옷깃을 흔들면서 구름 낀 아득한 산으로 멀리 갈 것이니, 어찌 합하께서 내리신 은덕이 아니겠습니까? 황송한 마음만 더하고 벗어날 곳을 모르겠습니다. 또 감히 인정과 의리와 관련된 설을 올려 존엄성을 범했으니 죽을죄를 졌습니다.

上某相公書

伏以古者上下之相見也。必有其禮。禮不可廢也。何者。以物獻上曰贄。以物賜下曰賚。禹會塗山侯執玉。是贄也。尹耕莘野。帝用幣。是賚也。是以上下之間。各致其禮然後。事乃相濟。故越裳獻雉於周公。而蒙聖化。漢高賜金於陳平。而成大業。物所以相濟者。不可無也。至於一身死生之際。亦不可以無物也。田文無狐裘。則不能歸齊。須賈非綈袍。則難以返魏。物可無乎。其他戰國之士。或齎金璧而請救。或納土地而求和。是皆賴其物。而厚其情者也。或負名節浼焉。不受者有之。若重耳之反璧。宣子之辭環。子貢之捐幣。揚¹⁾震之讓金。是皆棄其物。而高其義者也。雖然情義並行。不相爲悖故。劉寵選一錢而受之。是厚其情也。魯連輕千金而却之。是高其義也。情之與義。皆古人之所行也。然則或受或不受在彼。進物而行禮在我。在我之禮。烏可一切廢爲哉。伏惟閣下。才略冠古今。聲名動遐邇。入則周召。出則管樂。而將相之間。其盡心於國事。路人所共知。而情義之行亦在其中。閣下之位。可謂尊矣。不佞猥以愚昧。曩因官事。獲蒙賜顔。閣下之度寬。而不佞之幸大也。第未料事。妄奉不腆而獻焉。則居然色變而却之。是獲見閣下之高義則多。而得蒙閣下之厚情則少也。豈意禮翻爲咎。而獲罪於閣下之高明哉。雖然禮不可廢也。孔子曰。禮與其奢也寧儉。凡物儉而行則禮也。奢而過則賂也。不佞之妄進。不過爲微誠中一禮也。可謂之賂乎。今士君子。曰師。曰弟子云者。必有束修之事。豈可謂之賂乎。待命今四十九日也。欲叩閽而足趑趄。欲進言而口囁嚅。中心恐懼。不知進退之可否也。伏願閣下矜其愚而恕其罪。不念舊愆而相濟。則是閣下之情厚也。設若督過之意尙存則召而罪之。然後許之以成事。則亦閣下之情厚也。噫。淹留三朔。經過九秋。囊空衲弊。懷想南遊者多矣。閣下倘垂慈恤。果許以成事。俾得優游於閣下曠度之中。則事了拂衣。長徃雲山。豈非閣下之賜耶。唯增惶悚。不知逃遁。故又敢以情義之說而獻焉。干冒尊嚴。死罪死罪。

---

1) ㉔ '揚'은 '楊'의 오자이다.

사보은천교원조국일도대선사행장賜報恩闡敎圓照國一都大禪師行狀[51]

스님의 이름은 각성覺性, 자字는 징원澄圓, 자호自號는 벽암碧嵒이며, 삼산三山 김씨金氏[52]의 후손이다. 선세에 관직을 지낸 사람이 있었는데, 충청도에 좌천되어 왔다가 마침내 삼산에 자리를 잡았다.

10세에 설묵 장로雪黙長老를 따라 출가하고 15세에 머리 깎고 보정 대덕寶晶大德 스님에게 구족계具足戒[53]를 받았다.

스님은 키가 작았으나 기상은 의젓하고 단정하였으며 외모는 수려하였다. 치아는 서른아홉 개, 눈빛이 강렬하여 사람들 모두 스님에게 공손하였다.

어머니 조씨曺氏는 오래된 거울 하나가 떨어져 품속으로 들어오는 꿈을 꾸었는데, 꿈을 깬 뒤 아이를 가져 만력萬曆 을해년(1575, 선조 8) 12월 23일에 스님을 낳았다.

스님은 어릴 때부터 계율을 지키고 불경을 외우고 익히면서 그 의미를 남김없이 철저히 연구하였다. 당시 부휴 대사浮休大師가 속리산에서 불법을 널리 펼치고 있었다. 스님이 법기法器(불법을 깨우칠 만한 사람)라는 소문을 듣고 방 안으로 데리고 들어가 불법의 진수를 전하자, 동문수학한 사람들이 몰려들었다.

무술년(1598, 선조 31)에 부휴 대사가 가야산으로 옮겨 가자 스님도 따라갔다. 중국에서 온 장군 이종성李宗城이 명을 받아 일본의 풍신수길豊臣秀吉을 일본 국왕으로 봉하기 위해 내려가다가 해인사에 들렀을 때 스님의 뛰어난 골상骨相을 보고 부휴 대사에게, "백락伯樂의 마굿간에 있는 준마駿馬 중에 뛰어난 말이 많습니다. 선사(부휴)의 시자는 천리마라고 할 수 있습니다."라고 하였다.

송운 유정松雲惟政도 부휴 대사에게 서신을 보내어 후계자를 얻은 것을 축하하였다. 그 뒤 얼마 안 되어 부휴 대사가 지리산으로 갈 때에 스님이 역시 부휴 대사를 모시고 갔다. 어떤 관리가 부휴 대사를 방문하여 참선의 의미를 묻다가 제자들에게 각각 시를 짓게 하여 재주가 있는지의 여부를 시험하였다.

당시에는 운곡 충휘雲谷冲徽·소요 태능逍遙太能·송월 응상松月應祥을 삼걸三傑이라고 불렀다. 모두 함께 그 자리에 있었는데 스님이 게송 첫 번째 구절을 가장 먼저 지었다.

주렴 앞의 여윈 그림자 스님이 달구경하는 것이요　簾前瘦影僧看月
창밖 싱그러운 향기는 새가 매화 가지 스친 것이라.　窓外淸香鳥拂梅

그러자 삼걸이 다 붓을 놓고 게송 짓기를 중단하였으며 관리도 칭찬하였다. 스님이 지은 시는 신선하고 기이하며, 나머지 시들도 모두 그와 같았다.

스님은 또 삼분오전三墳五典(중국의 고전을 말함)에 뜻을 두어 유교와 도교 그리고 제자백가로부터 여러 가지 역사서와 패관잡기稗官雜記에 이르기까지 두루 읽어 보지 않은 책이 없었다. 또 초서와 예서를 잘 썼으며 필세筆勢가 힘차고 아름다워 서성書聖이라고 일컫는 왕우군王右軍(王羲之)의 필법을 갖추고 있었다. 이보다 앞서 부휴 대사의 모임에 어떤 승려가 병에 걸려 갑자기 사망하였다. 사람들은 모두 전염병이라 하여 꺼렸지마는 스님은 차의衩衣[54]로 갈아입고 시체를 허리에 차고 웅덩이에 묻어 주었다. 마침 밤이라 달빛도 없고 곰과 호랑이가 울부짖었지만 두려워하지 않았다.

어느 날 스님은 부휴 대사에게 하직 인사를 하고 수국암壽國菴에 머물렀다. 돌덩어리마냥 꼼짝 않고 선정禪定에 들어가 온정신을 쏟아부었다. 열흘이 지나자 물새가 날아와 정수리의 솜을 물고 가고, 또 독사가 땅에서 나와 손가락 하나를 깨물었으나 상처가 나지 않았다.

광해군 때에 부휴 대사가 어떤 미친 중의 무고誣告로 감옥에 가게 되었는데 스님도 또한 그 사건에 연루되었다. 감옥에 있더라도 느긋하게 지내며 동요하지 않자 법을 집행하는 관리가 '큰 부처님', '작은 부처님'이라고 불렀다. 다음날 광해군이 궁궐에서 직접 심문하였는데, 두 스님의 도의 기운이 뛰어나고 언사言辭가 곧고 바른 것을 보고는 마음속으로 기이하게 여겼다. 결박을 풀고 한참 동안 질문을 주고받았다. 광해군이 매우 기뻐하면서 비단 가사 두 벌을 가져오게 하여 나누어 주고는 돌아가게 하자, 온 성의 사람들이 모두 달려왔으며 절을 하는 사람도 셀 수 없을 정도로 많았다.

부휴 대사가 세상을 떠나자 많은 사람들이 뒤를 잇기를 요청하였으나 스님은 겸손히 사양하였다. 많은 사람들의 뜻이 더욱 간절하였으므로 칠불암七佛菴에서 설법을 하였는데 뛰어난 스님들이 모여들었다.

스님은 부휴 대사를 모시어 거의 30년 동안 공부하면서 직접 주방일을 하고 스승을 위해 수건을 드리고 발우를 들고 다니면서 고생을 마다하지 않았다. 의문점이 있으면 질문을 해서 해답을 얻기를 게을리하지 않았다. 스승의 학문을 전해 받고 임제종의 교리를 크게 떨쳤다.

무오년(1618, 광해군 10) 가을에 신흥사神興寺로 옮기자 7백 명의 많은 사람이 자리를 메웠다. 스님은 자신에게 일어나는 일을 번거롭게 여겨서 밤에 달아나 태백산 전천동箭川洞으로 들어가 자취를 감추었다. 이듬해에 다시 오대산으로 자리를 옮겨 상원암上院菴에서 겨울 수행인 동안거冬安居를 하였다. 당시 광해군은 청계난야淸溪蘭若55에서 재齋를 올리면서 궁중의 관리를 보내어 스님을 영접하여 설법을 하도록 하고 금란가사金襴袈裟와 벽수장삼碧繡長衫을 보냈다.

인조 대왕仁祖大王이 왕위에 오른 이듬해인 갑자년(1624, 인조 2)에 조정에서 남한산에 성을 쌓을 때 스님을 불러 팔방도총섭八方都摠攝(전국 승려 총대장)으로 임명하였다. 공사를 마친 뒤에는 보은천교원조국일도대선사

報恩闡敎圓照國一都大禪師라는 칭호를 하사하였다. 또 의발을 내리고 중사 中使[56]를 파견하여 술을 보내고 위로하였다. 스님이 무릎을 꿇어 절하고, "빈도貧道는 불음계不飮戒를 지키고 있습니다. 하지만 임금님의 은덕이 넓고 크니 어찌 감히 한 잔 마시지 못하겠습니까?"라고 하자, 중사가 의롭게 여겼다.

이때부터 공적과 덕행이 함께 드러나고 명성이 원근에 떨치게 되었다. 명성을 다투는 자들이 스님을 미워하여 비방을 일으켜서 사지死地로 스님을 몰려고 하였으나 스님은 성내는 기색이 없이 그 비방 받기를 냉이처럼 달게 여겼다.[57]

임신년(1632, 인조 10)에 화엄사華嚴寺를 수리하자 돈을 내는 사람들이 거리를 메웠으며 성대하게 총림叢林[58]이 되었다. 병자호란 때는 의승義僧 3천 명을 모집하여 항마군降魔軍이라 부르고 스님은 승군 대장이 되었다. 호남의 관군官軍과 더불어 도와주는 형세를 이루어 정의를 외치면서 나라의 어려움을 도왔다. 인조는 소식을 듣고 가상하게 여겼다. 난리가 끝나자 지리산으로 돌아갔다.

학자들의 의문과 논쟁을 기본으로 해서『도중결의圖中決疑』와『참상선지參商禪旨』등의 글을 지었다. 논리를 세운 것이 매우 타당하고 이치를 분석함이 매우 적절하여 사람들의 공부에 자극을 준 것이 매우 많았다. 경진년(1640, 인조 18) 봄에 쌍계사로 거처를 옮기어 옛 체제를 보태기도 하고 새로이 만들기도 하였다. 8월에 재상 원두표元斗杓가 호남 안절사按節使로 부임하였다. 조정에 보고하여 스님에게 규정도총섭糾正都摠攝의 인수印綬를 내리고 적상산성赤裳山城에 머물게 하니, 스님들이 안렴사按廉使에게 하소연하여 스님은 송광사松廣寺의 우두머리가 되었다. 이듬해인 임오년(1642, 인조 20)에 스님은 해인사로 돌아왔으며 6월에 조정에서 스님을 불러 일본으로 가는 사신으로 넣자 스님은 말을 타고 서울로 가서 병이 있다고 하여 사신 행차를 면하게 되었다. 백운산白雲山으로 가서 상선암上仙

庵에서 은거를 하였다.

이듬해 스님은 보개산寶蓋山으로 가서 법회를 크게 열었다. 마침 관서 관찰사 구봉서具鳳瑞가 스님의 학식과 명성을 흠모하여 묘향산으로 맞아들였다. 효종 대왕孝宗大王이 왕세자로 있을 때 스님은 안릉安陵의 여관에서 인사를 하면서 화엄종의 핵심을 설명하였는데 효종(당시는 왕세자)이 크게 칭찬하였다. 나중에 왕위에 오르자 연성군延城君 이시방李時昉에게 "각성覺性 노선사는 별 탈이 없느냐?"라고 하면서 서너 차례 물었으니, 스님께서 효종에게 받은 은혜가 이와 같았다.

병술년(1646, 인조 24) 가을에 속리산으로 가서 고한 희언孤閑熙彥 노사老師[59]와 이웃해 살면서 왕래하였다. 희언 스님이 입적하자 스님은 화엄사에서 조용히 불법에 정진하면서 여생을 보냈다.

스님은 한평생 동안 좌선을 열심히 하였으며 사람들을 가르침에 뛰어났다. 스님들이 불법 수행에 도움이 될 만한 것을 요청하면 그들로 하여금 '무無' 자를 깊이 연구하게 하였다. 담론談論에도 매우 뛰어나 사대부도 스님의 날카로운 말솜씨를 감당하지 못하였다. 스님은 사람을 대할 때는 공손하고 정성스러웠으며 교만하거나 방자한 일이 없었으며, 외롭고 곤궁한 이들을 도와주려고 노력하였다. 이시죽반二時粥飯[60]하기 위해 찾아온 가난한 사람들이 문에 가득하였다. 까마귀나 솔개가 항상 따라다니므로 손수 음식을 주었다. 물고기 잡는 이나 사냥꾼을 보면 살생을 해서는 안 된다고 타이르니, 어망을 불태우고 참회하는 사람도 있었다.

기해년(1659, 효종 10) 12월 경오일[61]에 스님이 가벼운 병세를 보이다가 이듬해인 경자년(1660, 현종 원년) 1월 27일 새벽에 승려들을 불러 영원한 이별을 알리자, 승려들은 슬퍼 흐느끼면서 장실丈室로 모시고 들어가 게송을 청하였다. 스님은 불자拂子를 들고 휘두르면서 승려들을 멀찌감치 서 있도록 한 뒤에 게송 한 구절을 지었다.

염송 삼십 편과	拈頌三十篇
계경 팔만 게는	契經八萬偈
무엇하러 언어 문자로 분별하는가?	何須打葛藤
일만 많이 벌여 가소롭구나.	可笑多事在

그리고는 즉시 붓을 던지고 앉아서 열반하시니, 나이는 86세이고 하랍 夏臘은 71년이었다. 길일을 택해 절의 동쪽 고개에서 다비를 하였는데, 장례식에 모여든 사람이 만여 명이나 되었다. 사리를 안치하는 의식과 제사에 올린 음식의 성대함은 예전에도 없었다. 화장하기 위해 불을 붙이자 세 갈래 흰 기운이 허공에 뻗치더니 서쪽으로 갔다. 조금 있더니 상서로운 바람이 갑자기 불어오고 숲은 모습이 변하더니 슬퍼서 우는 듯하였다. 삼 일이 지난 뒤에 제자들이 영골靈骨을 수습하였다. 향탕香湯으로 목욕시키는 간절한 정성으로 반야봉般若峯 금강굴金剛窟에서 기도를 올린 덕분이었다. 사리 세 알을 획득하였으니 모두 하얀색이었다. 이에 영골을 나누어 네 곳에 불탑을 세웠다. 지리산 화엄사, 조계산 송광사, 가야산 해인사, 속리산 법주사이다.

賜報恩闡教圓照國一都大禪師行狀

和上諱覺性。字澄圓。自號碧嵓。生三山金氏。先世有簪組。左官于湖西。遂家三山。十歲隨雪默長老出家。十五薙髻受具於寶晶大德。爲人短矬。氣象嶷巋。顏容粹美。三十九齒。目光外射。人皆顯若。初母曺媼。夢一古鏡。墮入懷中。覺而有妊。以萬曆乙亥十二月丁亥誕師焉。師旣早從法戒。誦習經律。究其旨無蘊餘。時浮休大師。闡化於俗離。聞師爲法器。携入室。傳其髓。執筳者趨附。戊戌休移伽耶。師從之。天將李大人宗城。受命封倭。便道遊海印寺。覩師骨相魁偉。謂休曰。伯樂之廐多駿駒。禪師侍者。可謂驥之子也。松雲政大師。甞以書抵休。賀其得嗣。無何休赴頭流。師亦摳衣。

有一宰官訪休。扣證禪旨。令門徒各賦偈句。試其才否。時雲谷冲徽。逍遙太能。松月應祥。號爲三傑。同在會中。師偈先成一聯云。簾前瘦影僧看月。窓外淸香鳥拂梅。三傑皆束杠而止。宰官歎美之。其詩尖新。大率類是。師又留意墳典。自二敎百家。以至諸史稗記。靡不遍閱。又善草隷。筆勢遒媚。有右軍法。先是休會下一僧。遘疫疾暴亡。人以傳染忌之。師改袟衣。腰其屍。瘞于礨嵌中。屬夜無月。熊虎嘷呶。未嘗悸思也。一日辭休。棲壽國菴。塊然入定。若承蜩者。浹旬日有澗鵄飛來。含將頂綿而去。又有毒虺從地出。嚙一指無損傷。光海時。休爲狂僧所誣。拿至王獄。師亦坐是。雖在縲紲。怡然不撓。理官以大佛小佛稱之。翌日光海鞫治掖庭。目其道氣崚嶒。言辭誩譿。心異之。解其縲紲。召訪良久。光海甚歡。出錦襖二襲。分賜之令還。傾城駿奔。頂謁者無數。休入寂。衆請繼躅。師撝謙不居。衆志彌篤。迺開堂於七佛蘭若。玄侶臻萃。師從休入室者。殆三十載。自營厨務。凡所以執巾挈盂。不辭勞苦。有所疑瞱。咨諏匪懈。旣傳秘印。大振臨濟宗旨。戊午炊。遷神輿。衆盈七百。師煩於己事。宵遁。邁入太白山箭川洞。韜光。越明年。轉入五臺山。結冬于上院菴。維時光海。設齋於淸溪蘭若。遣宮使。迓師說法。授金襴袈裟碧繡長衫。仁祖大王。踐祚之明年甲子。朝廷城南漢山。徵師爲八方都摠攝。役訖。賜報恩闡敎圓照國一都大禪師號。又錫衣鉢。因遣中使。出内醞侑之。師膜拜曰。貪道持不飮戒。豈甘醲哉。弟聖德決決。敢不一歠。中使義之。自是功德並著。聲振遐邇。爭名者疾訌。倣張興謗。欲置於死地。師無恚色。受訕如薺。壬申修葺華嚴寺。薦貨者塡衢。蔿爲藂林。丙子變。募義僧三千。號降魔軍。師爲僧大將。與湖南官軍。爲掎角之勢。仗義助援。仁祖聞而嘉之。兵罷還智異。因學者疑爭。述圖中決疑。叅商禪旨等語。立論甚當。析理尤的。其所以激揚者盖夥。庚辰春。移住雙溪精舍。增舊制而新之。八月相國元公斗杓。按節湖南。奏聞授師以紏正都摠攝印綬。俾住赤裳山城。緇徒訴于按廉。請移松廣寺爲敎魁。明年壬午。辭歸海印。厥六月朝廷徵師。充日本使价。師乘馹如京。謝病免。詣白雲山。隱居上仙菴。明年之寶盖山。大開法席。會關西觀察使具公鳳瑞。欽師道譽。迎入妙香山。孝宗大王。潛邸時。師謁於安陵逆旅。譚褰華嚴宗要。孝宗大加稱賞。及登寶位謂延城君李公時昉曰。性老今無恙否。問之數四。其綸恩又若是。丙戌秋。返錫於俗離。與孤閑熙彥老師。卜隣徜徉。旣彥遷化。師宴晦于華嚴寺。篴弄餘年。師平生能苦坐。善誨人。衲子請益。令叅簡無字。談論甚口。士大夫無敢當其鋒者。待人恭勤。無驕佚傲放。事俵孤窮。二時粥飯。貧乞者盈門。烏鳶常隨。手中與食。見漁佃者。誥以殺戒。則至有焚網而懺謝者。至己亥十二月庚午。示微疾。越庚子一月。癸未昧爽。集衆告訣。衆哀嗢擁。俠丈室。索伽陁。師拈拂揮令遠立。率爾題一偈曰。拈頌三十篇。契經八萬偈。何須打葛滕。可笑多事在。卽擲筆而坐蛻。春秋八十六夏臘七十一。涓吉日。遂荼毗于寺之東嶺。會葬者萬餘。其喪龕之儀。奠羞之盛。古未之有。方下火。有白氣三道。亘空而西。俄而祥飇倐起。林麓變色。畏焦悲噪。越三日。門人收靈骨。以香湯薰沐之懇。禱于般若峯金剛窟。獲舍利三粒。皆白色。於是分靈骨。建方墳者凡四處。智異之華嚴。曺溪之松廣。伽耶之海印。俗離之法住云。

고한 대사 행장 孤閑大師行狀

대사의 법휘는 희언熙彦, 속성은 이씨李氏, 본관은 명천明川이다. 모친이, 인도 스님이 발우에 가사를 담아서 주는 꿈을 꾸었는데, 깨어나 아이를 가져 신유년(1561, 명종 16) 9월 임신일[62]에 낳았다. 대사의 생김새는 얼굴은 길고 눈은 곧게 뻗었고 귀는 크고 코는 높았으며 기상은 뛰어났다. 머리를 깎은 뒤로는 경經과 율律을 정미하게 연구했으나 자신의 본분사를 밝히지 못하여 경전을 버리고 사방을 돌아다니다 덕유산의 부휴 대사浮休大師를 찾아뵈었다. 법성원융法性圓融[63]의 뜻을 묻다가 인연이 있어서인지 마침내 3년 동안 모셨다. 밥하고 빨래하는 천한 일부터 의문점을 물어보기를 게을리하지 않았다. 수행하고 남는 힘으로는 참선과 역대 조사들이 남긴 어록의 의미를 질문하면서 의미를 철저히 알려고 하였으며, '고한 도인孤閑道人'이라고 호를 지었다.

대사는 평생에 맛있는 음식을 먹지 않고 좋은 옷도 입지 않았다. 한 벌 누더기 옷도 역시 세탁을 하지 않았다. 눈 속에서도 맨발로 다녔으며 머리카락이 길어 한 치가 넘도록 깎지 않았다. 간혹 음식을 먹지 않았는데 열흘이나 한 달이 되어도 굶주린 기색 없이 정력적으로 좌선을 하느라 더욱 노력하였다.

우연히 서울에 유람 왔다가 돈의문을 지나는 중에 10여 명의 악동을 만났다. 악동들은 대사를 둘러싸고 모욕을 주었다.

"너는 도를 구하는 중이냐, 너는 밥을 구걸하는 중이냐?"라고 하면서, 즉시 대사를 끌고 가서 모래를 파고 묻어 버리려 하였다. 마침 불교를 믿는 신도가 있어서 달려가 대사를 구해 주었다. 대사가 일어나서 성내는 기색이 없이 합장하고 말하기를, "성불하시오, 성불하시오."라고 말하니, 악동들은 서로 돌아보고 웃으면서 "진실로 도를 구하는 중이다."라고 하였다.

대사는 사람 만나는 것을 좋아하지 않았다. 찾아오는 사람이 있으면 대사는 합장하고 절하면서 "가시오, 가시오!"라고 하였다. 그래도 계속 따라와 곁에 앉으면 지팡이로 쫓아내면서 말하기를, "쯧쯧! 어리석은 사람이로다. 대머리 거사인 나에게 무슨 기특한 점을 보려고 한단 말인가?"라고 하면서, 문을 닫고 정좌하는 것이었다.

잘 차린 음식을 바치면 "나는 남에게 공양 받을 만한 덕이 없다."라고 하였다. 또 큰스님이라고 추대하면 "나는 진리 수행에 있어서 남에게 존경을 받을 만한 행이 없다."라고 말하면서 모두 사양하고 받지 않았다.

언젠가는 파리한 몸에 때가 더덕더덕 낀 얼굴로 산기슭을 산보하고 있을 때 불교에 입문한 지 얼마 되지 않은 초학자가 시골 농부인 줄 잘못 알고서 읍揖을 하면서 "희언 대사는 어디에 계십니까?"라고 물었다. 대사는 옷소매를 걷고 겸손히 "어떤 사람인지 모릅니다."라고 하였다. 그렇기는 하지만 간절한 정성으로 도움을 주기를 요청하면 법성원융의 의미를 정성껏 가르쳐 핵심적인 의미를 깨우치는 사람도 있었다.

만력萬曆 임술년(1622, 광해군 14), 대사의 나이 60여 세 때, 나라에서는 청계사淸溪寺에서 재齋를 지내기로 하고 대사를 증사證師(법회를 증명할 임무를 맡은 법사)로 청하고 금란가사를 내려 주었다. 재가 끝나자 대사는 금란가사를 벗어 두고 몰래 떠나 버리니 재에 참가하였던 조정의 관리들은 대사를 높이 평가했다.

임오년(1642, 인조 20)에 대사는 대구 팔공산에 있었다. 벽암 대사碧嵓大師(1575~1660)가 조정의 명령을 받고 대궐로 가는 도중에 길을 돌아 대사를 찾아가 인사를 올렸는데 서로 의기투합함이 마치 형제와 같았다고 하였다. 얼마 안 있어 대사는 가야산으로 옮겨 갔다. 나이 80여 세에 잡목을 헤쳐 초막을 짓고 작은 집에 만족하면서 휴식을 취하고 있었다. 그때 벽암 대사가 묘향산에서 대사를 만나러 왔는데 두 사람은 재회를 매우 기뻐하였다.

이듬해 병술년(1646, 인조 24) 가을에 벽암 대사가 청을 받아 속리산으로 가게 되자 대사는 허둥거리면서 나와 "형께서 지금 나를 버리고 가시면 저는 어디로 가야 합니까?"라고 하면서 두 사람은 함께 속리산으로 갔다. 승려와 속인이 길을 메우고 서로 번갈아 찾아와 인사를 올리는 사람이 셀 수도 없었다.

정해년(1647, 인조 25) 11월 13일에 제자 각원覺圓을 불러, "여섯 가지 맛과 여덟 가지 음식으로 이 더러운 몸을 봉양하더라도 끝내는 반드시 소멸한다. 위험하고 약한 이 몸이 어떻게 오래 가겠는가? 나는 영원히 떠날 것이다."라고 하였다. 그달 22일에 다시 각원을 불러 깨끗한 물을 가져오게 하고서 몸을 씻고는 괴로운 듯 절규하면서, "부질없이 세상에 와서 지옥의 찌꺼기만 되고 말았다. 내 시체는 숲 속에 버려서 새와 짐승의 밥이 되게 하여라."라고 하였다.

말을 마치자 기분 좋게 눕더니만 세상을 떠났으니, 세상 나이는 88세요, 스님 나이는 72세이다. 유언에 따라 바위 사이에 장례를 치렀는데 스님과 속인들이 정성을 바쳤다. 남긴 유언을 어기고 화장을 하였다. 화장을 하려는 새벽에 안장한 자리를 멀리서 바라보니 연기와 불꽃이 공중에 가득하였다. 대중들은 불이 났다고 생각하고 달려가 보았지만, 그 자리는 그대로이고 불도 없었다. 사람들이 모두 놀라워하면서 삼매진화三昧眞火로 의심하면서도 불을 붙였다. 불꽃이 확확 올라오자 회오리바람이 휙 하니 일더니만 숲 속의 삼나무며 향나무 등의 빛깔이 변하였다. 재가 남게 되자 정수리 뼈에서 나온 둥근 구슬이 소나무 가지에 높이 걸렸다. 그 절의 중 천호天浩가 얻은 것은 인연이 있었기 때문이다.

사리를 나누었으며 팔공산에는 무덤을 만들고 해인사에는 부도를 세웠다. 그 일은 그 제자 각원과 개사開士 혜원惠遠이 주관하였다. 이듬해 봄에 또 속리산에 부도를 세웠다.

孤閑大師行狀

大師法諱熙彥。俗姓李氏。明川人也。母夢梵僧。鉢坏中盛袈裟而授之。覺而有孕。以辛酉九月壬申生。爲人面長目直耳大鼻隆。志氣不羣。自落髮。精經律。以己事未明。棄去遊方。謁浮休大師於德裕。詰以法性圓融之義。忽有契緣。遂執侍三年。自供厮役。扣質匪懈。行道餘力。問決羣禪語錄之類。窮其旨趣。號孤閑道人。師平生。食不美膳。衣不鮮布。一衲衣。亦不濯浣。雪裡赤脚跳跣而行。髮長寸強。更不再剃。或廢飮啜者。涉旬朔無餒態。力坐愈勤。偶遊京洛。過敦義門。遇惡少十餘輩。繞師而詁曰。汝是訪道僧。汝是乞飯僧。卽將師掘沙埋之。適有信士奔救。師起立。無慍容而叉手曰。成佛成佛。惡少相顧眄而笑曰。眞訪道僧也。卽尤不喜逢迎。人有逐臭而至。輒合掌拜。曰去去。若戾而從坐。則以杖趍出。曰咄。獃漢見我禿居士。有甚奇特。卽閉戶而坐。有以大饌進之者。則曰吾於人無應供之德。有以大僧推之者。則曰吾於道無受敬之行。並謝不受。有時羸形垢面散步崖巡。願學者初袗。眛以野叟。揖之曰。彥大師何在。師擴袂而遜曰。吾不識是何人邪。雖然請益勤欸。亦有時提誨庇庥以法性圓融之義。蒙指歸者有焉。萬曆壬戌。師年六十餘。國家設齋於淸溪寺。請師爲證。授以金襴袈裟。齋畢。師釋袈遁去。王使高之。壬午歲師居八公。碧嵒大師。以朝命赴闕。枉道造拜。相得如兄弟云。無何。師移伽耶。年八十餘披榛結幕。容膝而憩焉。碧嵒自香峯亦會師。欣其再遇。明年丙戌秋。碧嵒赴離岳之請。師踉蹡而出曰。兄今捨我。我安適哉。偕詣離岳。黑白塞路。迭來頂謁者無數。至丁亥十一月十三日。詔門人覺圓曰。雖六味八珍養此穢軀。終必有滅。危脆此身。安取久長。吾將逝矣。至其月二十二日。復詔覺圓曰。取淨水來。洗沐已。叫苦曰。空來世上。特作地獄滓矣。命布骸林麓。以飼鳥獸。言訖憨臥而逝。閱世八十八。坐夏七十二。稟遺囑。窆于石間。道俗獻慽。違敎闍維。將茶毗之晨。遙望窀穸。烟焰漲空。衆意放火。徃覘之。依舊無火。衆皆驚愕。疑其三昧火也。於是衆相與放火。方熾而旋風歘起。杉栝變色。旣燼而頂骨珠圓。超掛松梢。寺僧天浩得之。有緣故也。分靈骨。塳於八公。塔於伽耶。弟子覺圓。開士惠遠主焉。越明年春。又建層冢于離岳云。

「홍각 등계弘覺登階의 비명과 서문」을 추가함

임제臨濟 후 24세世에 적손嫡孫이 되는 부휴浮休(1543~1615)가 있다. 부휴는 호이고 법명은 선수善修이다. 속성은 김씨金氏로 남원南原의 오수獒樹 출신이다.

아버지는 적산磧山이다. 조상들은 신라의 큰 가문이었는데 신라가 망하자 집안이 몰락하여 서민이 되었다.

처음에 어머니 이씨가 아이를 갖지 못하여 고민하였다. 아들을 낳으면 출가시키겠다고 맹세를 하고서 길가 오래된 바위에서 기도를 드렸는데 열흘이 지나도 쉬지를 않았다.

어느 날 저녁에 눈을 감고 있는 사이에 어떤 신승神僧이 둥근 구슬 하나를 건네주었다. 구슬을 삼킨 뒤에 아기를 가졌고 계묘년(1543, 중종 38) 2월 14일에 태어났다. 어릴 때에 어머니가 고기를 먹이면 즐거워하지 않았다. 억지로 달래어 먹이면 약간의 말린 생선만 먹고 기름진 고기는 입에 대지 않았다. 어린 나이에 부모에게 "뜬구름 같은 인생이 부질없이 흘러가니 나는 출가하겠습니다."라고 하고서는 작별 인사를 하고 지리산으로 들어갔다. 신명 장로信明長老에게 머리를 깎고, 부용 대사芙蓉大師를 뵙고는 대사가 남긴 불법의 진수를 모두 터득하였다.

대사의 모습은 배가 불뚝하고 눈썹은 길며 키는 크고 볼은 두툼하였으며 다만 왼손을 잘 쓰지 못했다. 불법을 터득한 뒤에는 재상 노수신盧守愼 집의 장서藏書를 빌려 7년 동안에 읽지 않은 책이 없었다. 글씨도 또한 힘차고 아름다워 위魏의 종요鍾繇, 진晉의 왕희지王羲之 서법을 본받았다. 송운 유정松雲惟政과 함께 명성을 날려 당시 이난二難[64]이라고 불렀다.

제자 한 명이 대사의 글씨 몇 자를 받아 들고 도성을 지나다가 글씨에 뛰어난 중국 사람을 만난 적이 있었다. 대사의 글씨를 내보였더니 오랫동안 눈길을 주면서 "필법이 정밀하고 힘차니 옛날 사람도 쉽사리 터득할 수 없다. 그렇지만 점획을 보니 반드시 손을 다친 도인이 쓴 것이다."라고 하였다.

선조宣朝 임진년(1592, 선조 25)에 섬 오랑캐인 왜구가 우리 강산을 침범하여 산야山野를 크게 짓밟았다. 당시 대사는 덕유산에 있었다. 계곡으로 몸을 숨기고 왜적들의 칼날을 피하였다. 해가 저물자 왜적이 이미 지나갔다고 생각하여 계곡 길을 따라 암자로 돌아오는데 왜적 수십 명이 숲 속에서 나왔다. 대사가 손을 모아 예를 표시하고 서 있으니 왜적들은 칼을 휘두를 기세를 취하였다. 대사가 태연하게 움직이지 않으니 왜적들은 매우 기이하게 여겨 모두 늘어서서 절하고 흩어졌다.

난리가 평정된 뒤에 대사는 가야산으로 갔다. 마침 중국에서 우리나라를 도우러 온 장군 이종성李宗城이 중국 황제의 명을 받고 관백關白을 봉封하려고 가던 길[65]에 중간에 해인사를 들렀다. 대사를 한번 만나 보고는 돌아갈 생각을 하지 않았다. 절에 머물면서 며칠 동안 대사와 대화를 나누었는데 화락한 모습이었다. 헤어질 때 이종성은 시 한 편을 주면서 천 리 멀리 떨어져 있지만 항상 얼굴을 보는 듯이 지내리라고 기약하였다.

얼마 안 있어 대사는 다시 구천동으로 옮겨 조용히 불법에 정진하였다. 어느 날은 눈을 감고 『원각경圓覺經』을 외웠다. 외우기를 다 끝내기 전에 부스럭거리는 소리가 나는 듯하였다. 눈을 떠 보니 큰 구렁이 한 마리가 섬돌 아래 누워 있었다. 대사는 외우기를 그치고 한 발을 들어 그 구렁이의 꼬리를 밟았다. 구렁이는 머리를 숙이고 굼틀거리다가 달아났는데 쫓아갔으나 보이지 않았다. 그날 밤 꿈에 노인이 대사에게 절을 하고 "스님의 설법에 힘입어 이미 고통을 떠났습니다."라고 하였으니, 대사의 신이함이 대개 이와 같았다.

광해군 때에 대사가 두류산에 머물고 있었을 때 미친 중의 모함을 입어 옥에 갇혔다. 사건을 조사하던 관리는 대사의 기개와 도량이 당당하고 말이 유창한 것을 보고 광해군에게 보고하였다. 광해군은 대사가 죄가 없음을 환하게 알았다. 다음날 아침에 대궐 안으로 불러 도의 요점을 물어 보고는 매우 기뻐하였다. 자란방포紫襴方袍 한 벌, 벽릉장삼碧綾長衫 한 벌, 녹기중유綠綺重襦 한 벌과 금강수주金剛數珠 한 개, 또 그 밖의 진귀한 보배를 넉넉하게 내렸는데 모두 다 기록할 수 없다.

그리고 또 봉인사奉印寺에 재를 열 때 대사를 법회를 증명하는 증사로 삼아 파견하였다. 궁중의 준마 한 필을 내어 대사를 태우고 호위병들로 하여금 앞길을 인도하도록 하였다. 도성 사람들이 소문을 듣고 달려와 절을 하고 남보다 뒤처짐을 부끄럽게 여겼다.

재를 마치고 대사가 돌아올 때에는 승려와 속인들이 앞을 다투어 번갈아 가마를 메고 돌아왔다. 대사의 한평생 쌓은 높은 덕이 사방에 멀리 퍼지자 재물을 바치는 사람이 그치지 않고 계속 이어졌다. 들어오는 대로 나누어 주고 한 물건도 쌓아 두지 않았다.

기량은 침착하고 굳세며 깊고 또 넓어 잴 수가 없었다. 인연 있는 사람들이 끊임없이 모여들어 문도들이 7백 명이나 되었다.

만력萬曆 갑인년(1614, 광해군 6), 대사의 나이 72세 되던 해에 조계산 송광사에서 지리산 칠불암七佛菴으로 갔는데 임종이 다가왔음을(啓手足[66]) 알아차렸다. 이듬해 가을 7월에 가벼운 질병 증세를 보이자 수제자 벽암 대사碧嵓大師를 불러 부촉하면서, "내 뜻은 그대에게 있다. 그대는 공경히 실천하라."라고 하였다. 11월 초하루, 해가 질 때쯤에 목욕을 마쳤다. 시자侍者를 불러 종이와 붓을 가져오라 하여 게송 한 구절을 썼다.

73년 동안 환해幻海에서 놀았는데	七十三年遊幻海
오늘 아침 껍질을 벗고 태초의 근원으로 돌아가네.	今朝脫殼返初源
텅 빈 공적空寂이라 원래 아무 물건도 없으니	廓然空寂元無物
깨달음과 생사의 근본이 어디 있으랴.	何有菩提生死根

게송을 마치고 담담히 세상을 떠나니, 세상 나이는 73세, 스님으로 산 햇수 57세였다. 제자들이 다비하고 사리를 거두어 네 곳에 부도를 세웠으니, 해인사·송광사·칠불암·백장사百丈寺이다. 5년 후에 광해군이 '홍각등계弘覺登階'라는 시호를 추증하였다. 명銘은 다음과 같다.

임제臨濟 24대에 적통이 있으니	臨濟卄四有嫡統
용이 용을 낳고 봉황이 봉황을 낳은 것이다.	龍生龍兮鳳生鳳
석상石像을 안아 보내면서도 악착하지 않으며	石像抱送不齷齪
몸도 장대하지만 글도 또한 잘 외운다.	身不儦儦書亦誦
손 들어 붓을 휘두를 때 얼마나 재주 뛰어난가?	挈手揮毫何技癢
가을 뱀과 봄 지렁이가 서로 잡아당긴다.[67]	秋蛇春蚓互引控
바다 오랑캐가 침범해 와서 칼을 휘둘렀으나	海獠敲干鋥劍光
하찮은 벌레처럼 보고 두려움이 없었다.	視若蚍蜉心無恐
중국 장군이 동쪽으로 와서 왜적의 배 부수러 갈 때	天將東來破賊艘
대사 때문에 잠깐 말을 멈추고 지체했었다.[68]	爲師踟躕乍停鞚
눈을 감고 불경을 외울 때에	閉目暗哄修多羅
구렁이는 무슨 마음으로 시중을 들었나?	虺自何心忝待從
미친 중이 없는 죄를 지어서 참소할 때에	狂狼麽僧謬訴訐
옥에 갇혔어도 기상은 가을 서리 같았다.	南冠誰也氣屢霜
군왕君王은 진실한 마음으로 대하고 웃음을 띠면서	君王對諶笑靦然
진기한 보물을 내려 주며 예禮가 자못 두터웠다.	勑賜琛奇禮頗重
아리따운 모든 궁녀들이 손수 음식 장만할 때에	婕妤嬪嬙親鼎俎
맛이 뛰어났으나 노창蘆橦[69]을 먹었다.	妙味絶勝噉蘆橦
인연 다해 훌훌히 한 짝 신발 남겨 두고 떠났고[70]	機盡翩然隻履逝
의발을 전하고 불법을 맡기면서 게송을 남겼다.	傳衣付法留偈頌
우뚝 높이 네 개의 부도를 세우니	百級四建窣堵波

오호 슬프다, 참으로 인생은 한바탕 꿈이었네. 　　嗚呼哀贈眞一夢

追加弘覺登階碑銘并序

臨濟後二十四世。有嫡孫曰浮休。浮休號也。法名善修。俗姓金氏。古帶方獒樹人也。父積山。先世爲新羅大姓。羅亡。遂沒家爲庶。初母李。悶無胚胎。相誓言生子。當捨出家。卽禱于路傍古石無竭。彌旬不怠。一夕合眼間。有神僧授一圓珠。呑之有妊。以癸卯二月戊子生焉。孩提時。母飼肉。輒不喜。戾有則甚唼鱻鮭之薄脣。不餂膵脟之膏腴。丱歲啓父母曰。浮生滾冗。吾將出世。辭入頭流山。從信明長老髡剃。謁芙蓉大師。盡得芭籬邊物。爲人皤腹脩眉。長身豊頰。惟左手失適。得法之後。借盧相國守愼家藏書。七閱寒暑。書無所不讀。筆亦遒媚。效鍾王法。與松雲政公齊名。時號二難。嘗會下一衲。索師書數字。撩過王都。遇漢人能書者。出示之。注目久之曰。筆精健在。古不易得。雖然點畫。必手癥道人所揮也。宣廟壬辰島夷侵疆。大鞣山野。師時棲德裕。隱身谹罍中避鋒。日晚慮賊已過。緣澗路還菴。有倭十數輩。從林麓出。師叉手而立。賊作揮刃勢。師怡然不動。賊大奇之。皆羅拜而散。賊平。師如伽耶。屬天將李大人宗城。受皇帝命。來封關白。間途入海印寺。一見師。輒忘歸。留語數日侶侶如也。臨別贈詩一章。期爲千里面目。無何。師移九千洞宴晦。一日瞑目。誦圓覺經。讀未及終。似有塞窣聲。開目示之。有一巨蟒。偎暴階除下。師輒誦。跂一足。寋其尾。蟒俛首。蚴蟉而去。追之不見。其夜夢。翁致拜曰。蒙和尙說法。已離苦矣。其神異皆此類。光海時。師住頭流。爲狂僧所誣。拿繫獄。理官覸其氣宇軒輕。言說璀璨。以白光海。光海洞其非罪。翌明召入內。詢問道要大悅。賜紫襴方袍一領。碧綾長衫一衫。綠綺重褥一襲。金剛數珠一串。其餘珎玩厚賚。追不可記。卽又設齋於奉印寺。遣師爲證。輀出內騾裏一匹。俾騎而使閽人前導之。都人望風趍拜。恥居後。齋畢師辭還。道俗爭先。逌夫興歸。師平生峻德四遠。獻貨者輻轤。隨卽散之。不待一物。器量沉毅滉瀁。不可斟量。

毳徒有緣。憧憧坌集。衆盈七百。萬曆甲寅。師年七十二。自曹溪之松廣。
之方丈。之七佛。擬啓手足。翌年秋七月示微疾。召上足碧嵒大師。付法曰。
吾意在汝。汝欽哉。至十一月初一日。日纔中晡。沐浴訖。喚侍者。索紙筆。
書一偈曰。七十三年遊幻海。今朝脫殼返初源。廓然空寂元無物。何有菩提
生死根。偈畢。泊然而逝。報年七十三。坐夏五十七。門人闍維。收靈骨。樹
浮屠。凡四處海印松廣七佛百丈也。後五年。光海追加弘覺登階。銘曰。

臨濟卅四有嫡統　龍生龍兮鳳生鳳
石像抱送不齩嘹　身不僬僥書亦誦
挈手揮毫何技癢　秋蛇春蚓互引控
海獠敲干鋥劍光　視若蚜蜮心無恐
天將東來破賊艘　爲師跙蹦乍停輇
閉目暗哄修多羅　颩自何心忝待從
狂狼麽僧謬訴訐　南冠誰也氣屢霜
君王對諶笑蹏然　勑賜珎奇禮頗重
婕妤嬪嬉親鼎俎　妙味絶勝噉蘆稷
機盡翩然隻履逝　傳衣付法留偈頌
百級四建窣屠波　嗚呼哀贈眞一夢

향림사 사적비명 香林寺事蹟碑銘

삼가 『예기禮記』를 조사해 보니, 「유행儒行」편에서 "천자天子에게 신하 노릇을 하지 않고 제후를 섬기지 않는다."라고 하였으니 유가儒家의 규범도 이와 같은 것이 있다. 하물며 세속에서 벗어나 고상한 행동을 하는 스님들이 어찌 이해利害에 구속받고 영고榮枯에 얽매여 그 마음을 졸이면서 그 도를 잊을 수 있겠는가?

두타頭陀[71] 명의明義 스님은 임주林州 사람이다. 어릴 때부터 도를 배우다가 금강산에서 제월霽月 대사를 뵈옵고는 부엌일과 청소를 열심히 하였다. 쌀밥을 먹지 않고 술을 마시지 않으며 도토리를 먹고 물만 마시면서 10여 년을 지냈다. 천계天啓 경오년(1630, 인조 8)에 홀연히 인간의 참된 근원으로 돌아가야 한다는 생각을 하고, 몸을 돌려 가림嘉林의 성흥산聖興山(충청남도 부여군 임천면)으로 들어갔다. 그 산에는 절이 있었는데 향림사香林寺라 하였다. 오래되어 좁아서 지내기가 불편하였다. 새로 절을 지으려고 계획을 세울 즈음에 절 옆 남쪽 터에서 마침 종과 경쇠 소리가 여러 날 밤 계속해서 우렁차게 퍼졌다. 명의 스님은 그쪽으로 즉시 가서 그 터를 보고 방위를 분명히 하였다. 산을 깎고 바위를 부수고 나무를 베고 우거진 풀을 없애고서 우뚝 높이 선 절을 지었다. 새로 지은 전각殿閣의 규모와 크기는 예전보다 갑절이나 웅장하여 총림叢林이 되었다. 그리고 또 제월 스님의 초상화를 그려 별당別堂에 모시고 향불을 올렸으니 모두 다 명의 스님이 노력하였기 때문이다.

47년이 지난 병진년(1676, 숙종 2)에 근사남近事男(우바새, 남자 신도) 임운림芸이 명의 스님의 공덕을 흠모하여 아름다운 옥돌에 새기고자 하였다. 옥돌이 준비되니 조영祖瑛 대사가 강을 건너왔다. 그 절에 사는 스님들과 의견을 모아서 나에게 그 명문銘文을 써 달라고 요청하였다. 조영 스님은 나의 제자이다. 나는 망설이지 않고 응낙하여 이 글을 쓰게 되었다.

불제자 명의 스님은 그 사람됨이 아름답다. 마음은 시끄러움을 멀리하였고, 육신은 더러움이 없었다. 표주박으로 물을 마시고 이틀에 한 번 음식을 먹었으며 스승을 섬기되 게으르지 않았다. 그가 도를 좋아하는 마음은 참으로 부지런하다고 할 수 있다. 그는 근원으로 돌아가고자 하여 또 절을 창건하였다. 흙을 나르고 기초를 다지고 목재를 수레로 옮겨 와 절 집을 지었다.

그렇게 하여 청정한 보계寶界는 원숭이들의 터전과 사슴들의 마당이 되는 신세를 겨우 면하게 되었다. 그의 공로와 수고가 이와 같다. 어찌 천자의 신하 노릇을 하지 않고 제후를 섬기지 않으면서 그 자신의 뜻만 고상히 여겼을 뿐이겠는가? 또 청신사淸信士 임운은 비석을 세워 불후의 아름다운 공적을 전하려 한다. 역시 현자를 앙모하는 사람이 아닌가? 이것이 소위 (『예기禮記』「단궁檀弓」에서) "누에가 베를 짜니 게는 광주리가 있고, 벌이 갓을 쓰니 매미는 갓끈이 있다."라고 한 것이다. 어찌 높고 높은 뜻을 가졌음이 아니겠는가?

아아, 하찮은 내가 이런 성대한 일을 논평함은 참으로 잘못임을 안다. 그러나 파리는 천리마를 타고 멀리 갈 수 있으며, 메추리는 붕새를 비웃으면서 날기를 겨룬다. 내 재주가 미치지 못함을 다시 말해 무엇 하겠는가? 그리하여 명銘을 지으니 내용은 아래와 같다.

아아, 명의 스님!	嗚呼義也
세상이 다 혼탁하지만 그대는 얽매이지 않았다.	世皆以爲濁 子無纍也
모두가 이익과 명예를 좋아하지만 그대는 홀로 피하였다.	利名以樂 子獨避也
제월 스님의 적통으로 호련瑚璉[72] 같은 그릇이다.	霽月之嫡 瑚璉器也

근원으로 돌아가고자 큰일 했으니 바로 향림사 지은 일이다.	還源大有 作香林寺也
아름다운 건물은 최고 경지라 옛 건물은 비교되지 않는다.	觚稜造極 古莫之比也
청신사가 비석을 세움도 역시 성대한 일이로다.	信士樹石 亦盛事也
내가 명문을 지어 돌에 새기나니, 뒤에 오는 사람들은 보라.	我銘以刻之 後來者之視也

香林寺事跡碑銘

謹按禮記儒行曰。不臣天子。不事諸侯。其規爲有如此者。況出世高蹤。豈局促於利害。牴牾於榮枯。穢其心而忘其道哉。故頭陁明義比丘。林州人。早歲學道。叅謁霽月大師於金剛。執勞鼎鼐。服勤苕箒。食不秆穫。飮不醅釀。噬橡栖而猒賞鴜者。十餘稔矣。至天啓庚午歲。忽憶還源。返身于嘉林之聖興山。山有招提。名曰香林。古制隘陋。有妨容。方謀新卜之際。寺傍午地。適有鍾磬之聲。隆隆數夜。義卽其處。視址而辨方。剗巀封岊。誅林斬莽。結搆嵬峩。其殿閣之欀楣。門闑之根闑。此舊倍筵。蔿爲叢林。而且畵霽月之眞影。安于別堂。以奉香火。皆義之用力也。越四十七年丙辰歲。近事男林芸。慕義之功。將鐫琬琰之文石旣具。大師祖瑛。渡江來。致其合寺僧之語。乞銘於余。瑛。吾徒也。余應無難色。而叙之曰。頭陁義公。其爲人美哉。志絶囂謹。身無汚穢。單盃而飮。倂日而食。事師不倦。其好道之心。可謂勤矣。曁其還源也。又叙伽籃揭土而峻基。舉材而建宇。淸淨寶界。厪免爲猿猱之所瞥。麏鹿之攸睡。其功且勞。有如此者。豈特不臣天子。不事諸侯。高尙其志而已哉。信士林芸。又將樹石。垂厥不朽之嘉績。抑希顔之徒歟。是所謂蠶則績而蟹有匡。范則冠而蟬有緌者也。豈非嶷嶷然有志哉。噫余以譾末。評玆盛德之事。固知左矣。然蠅攀驥而致遠。鷃咲鵬而爭飛。才之不及。復奚論焉。遂爲之銘詞曰。

嗚呼義也。世皆以爲濁。子無斁也。利名以樂。子獨避也。霽月之嫡。瑚璉器也。還源大有。作香林寺也。舳艫造極。古莫之比也。信士樹石。亦盛事也。我銘以刻之。後來者之視也。

정헌대부 팔도도총섭 겸 승대장 회은 장로 비명正憲大夫八道都摠攝兼僧大將悔隱長老碑銘

현종顯宗 즉위 13년(1672) 봄 3월 15일에, 팔도도총섭八道都摠攝 회은悔隱(1587~1672) 스님이 성부산星浮山 천주봉天柱峰 밑에서 나이가 들어 세상을 떠났다. 세상 나이는 86세, 스님 나이는 71세이다. 스님의 자는 응준應俊, 속성은 기씨奇氏, 남원南原 출신으로, 회은은 그의 호이다.

처음에 기씨는 아들이 없었다. 어머니 윤씨尹氏가 지리산 칠성당七星堂에서 기도하였더니, 이상한 광채가 품속으로 들어오는 꿈을 꾸고 회은 장로를 회임하였다. 장로는 어린 나이에 출가하여 옥섬玉暹 노스님에게서 머리를 깎았다. 그 뒤에 소요逍遙·호연浩然·벽암碧嵓 등 여러 큰 종장宗匠에게 나아가 모두 제자의 예를 올렸다.

생김새는 널찍한 얼굴에 키가 컸다. 몸은 비록 스님이지만 뜻은 경세제민經世濟民을 생각하였다.

계유년(1633, 인조 11) 봄에 호남湖南 안렴사按廉使가 장로가 그런 뜻을 품고 있다는 소문을 듣고 장로를 입암산성笠岩山城(전라남도 장흥)의 성장城將으로 기용하였다. 장로는 그 자리에서 여러 번 공을 이루었다.

병자년(1636, 인조 14) 겨울에 청나라 군사가 갑자기 쳐들어오자 호남 관찰사 이시방李時昉[73]이 벽암碧嵓 대사를 의병승義兵僧 대장으로 기용했을 때 장로는 그를 따라가 참모로 있으면서 군사 일을 도왔다. 이듬해 정축년(1637, 인조 15) 여름에 의병을 모집한 공로로 절충장군折衝將軍(정삼품 무관 품계)으로 품계가 올라갔으며 양호도총섭兩湖都摠攝(전라도·충청도 의병 대장)에 임명되었다. 정해년(1647, 인조 25) 봄에 가선대부嘉善大夫(종이품)로 승진하여 팔방도총섭八方都摠攝이 되어 남한산성에 머물렀다.

신묘년(1651, 효종 2) 겨울에 조정에서는 또 남한산성의 옹성甕城[74]을 쌓은 공을 가상하게 여겨 가의대부嘉義大夫로 품계를 올렸다. 경자년(1660, 현종 원년) 겨울에는 자헌대부資憲大夫로 품계가 올라 승대장僧大將이 되었다. 계묘년(1663, 현종 4) 여름에는 정헌대부正憲大夫(정이품)로 특진하였다.

그는 임무를 수행하고 있을 때는 창을 잡고 활을 몸에 지니고 있었다. 앞에는 깃발을 세우고 뒤에는 호위병이 보호하면서 30여 년을 군사 업무에 전력 질주하였다. 평상시에는 간혹 화려한 복장을 하고 다녔다. 몸에 걸친 옷이나 장식물은 모두 비단이나 금붙이였다. 외출할 때는 몸집이 크고 검푸른 색의 좋은 말을 타고서, 아름답게 장식한 칼을 차고 옷 허리띠와 갓끈을 축 늘어뜨리며 다니는 모습이 재상과 같았는데도 감히 험담하는 사람이 없었다. 옛날에 소위 흑의지걸黑衣之傑[75]은 바로 장로를 두고 한 말이다.

장로는 또 재산도 매우 많았다. 가난하거나 병든 친구가 있으면 많이 베풀어 주었으며 가진 재산을 아끼지 않았다. 아마도 자비로운 마음으로 백성을 구제해야겠다는 도덕심이 있어서였을 것이다.

그의 문도門徒로는 전 총섭總攝 처상處祥, 첨지僉知 광학廣學, 등평等伻·옥청玉淸 등이 있다. 그들이 5백 리 먼 북쪽으로 달려와 백곡 처능에게 비명碑銘을 써 달라고 청하면서 다음과 같이 말하였다.

"우리 스님께서 생전에 이름을 날렸습니다. 돌아가신 다음에 비명이 없으면 그 공적이 사라지고 전해지지 않을까 걱정됩니다. 수어사守禦使 식암息菴 김석주金錫冑 공께서 시우쇠(熟鐵) 백 근을 보내어 비석을 세우는 데 보탠다고 하였으니, 우리 스님이 국사國事에 애쓰신 것을 매우 높이 평가하였기 때문입니다.

광양光陽 백운산白雲山은 우리 스님 젊은 시절의 자취가 있는 곳입니다. 비석 하나를 마련하여 공적을 새기고 산언덕에 세워 후세 사람들로 하여금 우리 스님이 계셨다는 것을 알도록 해야 합니다. 그러면 즉 살아서나 죽어서나 모두 세상에 알려질 것이고, 우리들 마음에도 원한이 없게 됩니다. 그리고 우리 스님을 아는 사람으로는 스님만 한 분이 없습니다. 스님께서는 또한 문장에 뛰어나시니, 스님의 문장이라면 돌에 새겨져서 비명이 되기에 넉넉합니다."

내가 또 회은 장로의 법제法弟인데 어찌 차마 비문을 짓지 않는다 하겠는가? 그래서 응낙하였고 아래와 같이 글을 짓는다.

기씨 집안은	奇之氏系
대대로 대방帶方(남원)에 살았다.	世家帶方
처음에는 아이를 갖지 못했는데	初無胚胎
늦게야 경사스런 징조가 있었다.	晚有禎祥
산이 영험한 기운을 내려	山岳降靈
꿈에 부인을 놀라게 하였다.	夢忽驚姜
외모는 세상을 벗어났으나	形從出世
뜻은 나라 경영에 두었다.	志慕經邦
훤칠한 용모에 눈썹은 넓고	魁顔廣眉
하얀 모습에 키는 크도다.	白而身長
나라의 운명이 위태롭고	國步艱危
이웃 나라 도적들이 함부로 날뛰며	隣敵强梁
호랑이와 표범이 싸우는 듯한 형세에	虎豹相齮
백성들은 이리저리 떠돌아다녔다.	民士劻勷
장로는 그때 참모로 나가	長老叅謀
전쟁터에서 종횡무진 활약했었다.	從橫戰場
조정에서는 공로를 포상하여	朝廷褒賞
전라도와 충청도의 승군 대장 벼슬을 내렸다.	兩湖金章
곧이어 승진하여	俄而陞秩
전국을 통솔하는 승군 대장이 되었으니	統攝八方
갑옷을 입고 창을 들고	橐鞬戟纛

30년 동안 누빈 결과로다.	卅載彷徉
일상적인 생활에서도	平居坐起
의복은 휘황찬란하여	服飾輝光
관대冠帶와 치장품 등은	冠帶簪笏
금과 옥으로 장식하였다.	金玉其裝
외출하거나 먼 길 나들이할 때는	出入遊行
푸른 명마와 자주색 고삐를 잡았다.	靑驄紫韁
예전에도 그런 사람이 있었으니	於古有之
남조 제齊나라 스님인 법헌法獻과 현창玄暢이다.	黑衣賢良
재물은 비록 많았지만	財累雖鉅
재물 상자를 모두 다 털었다.	拂篋傾箱
뛰어난 제자들은	曰有神足
황급히 나에게 비명을 청하고자	乞銘遑遑
북쪽에 있는 나를 방문하려	訪我于北
수백 리 길을 달려왔다.	數百里强
남해 바닷가	南海之澨
고을 이름은 광양현光陽縣이다.	縣曰光陽
그곳에 비석을 세우고 글을 새기니	樹石係文
영원토록 아름다운 명성이 퍼지리라.	百歲惟芳

正憲大夫八道都摠攝兼僧大將悔隱長老碑銘

顯宗卽位之十三年春三月十五日。八道都摠攝悔隱長老。老卒于星浮山之。天柱峯下。閱世八十六。坐夏七十一。法字應俊。俗姓奇氏。南原人。悔隱其號也。初奇無子。母尹祈七星于智異山。夢異光入懷。娠長老焉。少出家。從玉運老師落髮。晚柒逍遙浩然碧岊諸大宗匠。咸執弟子禮。爲人魁貌而長身。身雖係桑門。志則慕經濟。癸酉春。湖南按廉聞其志。署爲笠岩城將。累果立功。丙子冬。清兵猝至。湖南觀察使李公時昉。起碧嵒大師爲義兵僧大將。長老從之。叅謀以助兵勢。明年丁丑夏以募義功。加資折衝。授兩湖都摠攝。至丁亥春。陞嘉善。爲八方都摠攝。居南漢。辛卯冬。朝廷又以營築南甕城益嘉其功。陞嘉義。庚子冬。陞資憲。爲僧大將。癸卯夏。特加正憲。其在任也。執鐏鏉帶韘韣。前堅旄艙。後擁儐僕。驅馳軍務間者。三十年許。其平居也。或時治盛服。衣冠簪組。皆綺縞金玉之屬。出入乘驒騧。紋縋鞭鞂韉。厲游纓伴。擬宰臣。無敢誚者。古所謂黑衣之傑。長老之謂也。財產亦甚鉅。每於親舊貧病。多所施舍不恤畜。盖有悲濟之道也。其徒前摠攝處祥僉知廣學等伴玉清。北走五百里。乞銘於白谷處能曰。我師生有顯也。死無銘。則恐沉泯不傳。且守禦使息菴金相公錫冑氏。遺以熟鐵百斤。用助鐫鑱之具。重愛我師之劬勤國事故也。光陽之白雲。即我師少日發跡之地也。將具一片石刻之樹山阿。令後世知有我師。則生死俱有顯也。而於吾心亦無懟矣。然知我師者莫如君。君亦能爲文。文堪上石。盍爲銘。余於長老爲法弟。又何忍不銘。故應曰諾。爲之辭曰。

奇之氏系	世家帶方	初無胚胎	晚有禎祥
山岳降靈	夢忽驚姜	形從出世	志慕經邦
魁顏廣眉	白而身長	國步艱危	隣敵強梁
虓豹相韜	民士劻勤	長老叅謀	從橫戰場
朝廷襃賞	兩湖金章	俄而陞秩	統攝八方
櫜兜戟纛	卅載彷徉	平居坐起	服飾輝光
冠帶簪笏	金玉其裝	出入遊行	青驄紫韁
於古有之	黑衣賢良	財累雖鉅	拂篋傾箱
曰有神足	乞銘遑遑	訪我于北	數百里強
南海之滸	縣曰光陽	樹石係文	百歲惟芳

동회東淮 선생에게 올리는 제문

오호! 어제 선생께서 병이 나셨다는 소식을 들었는데 지금은 돌아가신 선생님 앞에서 곡합니다.

아아! 애통합니다. 아아! 너무나 슬픕니다.

불길한 예감이 마음을 지배하고 한없는 애통함을 안고 살기보다는, 차라리 함께 죽어 흐느끼는 울음과 애도하는 마음을 없게 하는 것이 훨씬 낫겠습니다.

비록 한번 태어나면 한번은 죽는다고 하지만 구천(九原)에 있는 선생의 음성과 용모는 적막하고, 인생 백 년에 선생의 모습과 그림자는 아득히 멀어졌습니다. 하지만 선생의 살아생전의 일을 추모하고, 남기신 글과 편지에 눈물을 뿌리지 않을 수 있겠습니까? 그러므로 옛사람은 '서럽게 용양龍驤의 무덤을 바라보고[76] 복야僕射의 관을 부축한다[77]'라는 구절이 있었습니다. 또 시 원고가 들어 있는 상자를 조사하다가 서러움을 삼키는 사람이 있으며, 혹은 옛 역사를 살피다가 눈물을 흘리는 사람도 있습니다. 이러한 일 모두는 한때의 슬픔에서 일어난 특별한 감격이지만 오히려 후대에는 칭송을 받았습니다. 하물며 선생과는 시골에서 10년 동안 함께 지냈습니다. 모임을 만들어 선생을 받들어 모시고서 우주 밖에서 이 육신을 잊고 지냈으며 깊은 계곡에서 흉금을 같이하기로 기약한 사람이야 어떠하겠습니까?

저는 지난달에 참선 수련에서 나와서 서쪽으로 유람 가면서 용만龍灣(의주) 부윤府尹에게 인사하러 갔습니다. 가는 길에 선생의 별장지기를 만나 선생께서 병을 앓고 계신다는 소식을 들었습니다. 그러나 저는 현안지병玄晏之病[78]이나 문원지질文園之疾(당뇨병)[79]처럼 일상적인 것이라고 여겨 걱정하지 않았습니다. 이날 밤 잠시 졸면서 눈을 붙이는 사이에 갑자기 선생과 함께 담소하며 즐거워하면서 평소처럼 정겨웠습니다. 깨어나니 꿈이었습니다. 그래서 가만히 생각하기를, 만일 꿈이 헛되지 않으면 선생의 병은 반드시 나았을 것이니 과연 걱정할 것이 없다고 여겼습니다.

제가 산으로 돌아오니 기성箕城(평양)에 계신 견堅 스님이 편지를 보냈는데, 동회 신 선생이 병으로 일어나지 못한다고 하였습니다.

오호, 지난날에 꾼 꿈이 과연 진실입니까, 아니면 거짓입니까? 장주莊周는 (「제물론齊物論」에서) "꿈에 술을 마시면 낮에 운다."라고 하였습니다. 그렇다면 꿈에 선생과 더불어 정겹게 담소한 것이 어찌 영원히 이별하여 끝이 없는 슬픔을 남겨 두었음이 아니겠습니까?

오호, 선생은 세상에 태어나 57년을 살았습니다. 신분은 고귀하고 행적은 궁궐을 넘나들었습니다.[80] 임금은 선생의 충성심을 가상히 여겼으며 조정과 재야에서는 선생의 현명함을 칭찬하였으니, 선생의 덕행은 존귀하다고 평가를 할 수 있습니다.

재주는 (한漢의 문장가) 양웅揚雄과 사마상여司馬相如를 겸하였고, 글씨는 (위魏의) 종요鍾繇와 (진晉의) 왕희지王羲之를 본받았습니다. 당세의 보배이지만 계승할 후인이 없으니 선생의 업적은 위대하다고 할 수 있습니다. 그러나 세상에 거문고 소리를 듣는 사람 중에 귀가 밝은 사람은 이미 없습니다. (친구를 위해 연주한) 아양곡峨洋曲[81]과 (이별의 노래인) 절양곡折楊曲[82]을 듣고도 뒤섞어 합해 버립니다. 선생의 뜻을 아는 이도 있고 모르는 이도 있습니다. 그러니 선생의 절조節操와 풍류 두 가지에 있어서는, 다른 사람들 중에는 더욱 알지 못하고 오직 저만이 압니다.

광릉廣陵의 동쪽, 두강斗江 옆,[83] 저무는 봄날에 물가에 꽃이 필 때, 깊은 가을날 언덕에 단풍이 붉을 때에 조각배 타고 멀리 갔습니다. 작은 술동이를 옆에 두고 조금씩 술을 부어 마셨습니다. 가파른 모래사장 후미진 누대에서 술기운이 올라오면 노래를 불렀습니다. 그리고 노를 두드리면서 "소동파蘇東坡가 나와 같고 내가 소동파와 같다."라고 하였습니다. 선생께서 고인古人을 흠모하여 무한한 흥취를 일으킨 것이 아니겠습니까?

왕손곡王孫谷[84]에 있는 불주암佛住菴 앞에, 석양이 이미 저물고 어둠 속에 달이 막 솟아 나옵니다. 손님을 전송하느라 문밖으로 나오고, 스님을 데리고 절로 들어올 때에 바위로 빙 둘려 있는 험준한 계곡에서 흥이 나면 시를 읊었습니다. 그리고 두건을 벗고, "도연명이 나와 같고, 내가 도연명과 같다."라고 하였습니다. 선생께서 전대 현인을 본받아 무궁한 즐거움을 실어 보낸 것이 아니겠습니까?

오호! 저승에 있는 사람은 다시 살아날 수 없고, 지음知音도 돌아올 수 없는 아득히 먼 곳에 있습니다. 풍성豊城의 칼과 고죽孤竹의 경쇠와 공상空桑의 거문고와 적수赤水의 구슬[85]이 다 보배가 아닌 것은 아니지만, 아는 사람만 알고 모르는 사람은 모릅니다. 그렇다면 선생의 절조를 알아주는 사람이 있다면 제가 아니면 누구이겠습니까?

오호! 의리상 당연히 찾아가 조문해야 하겠으나 병 때문에 달려가 곡하지 못했습니다. 천 리 밖에서 애처로움만 머금고 단지 슬픈 마음만 보낼 뿐입니다. 선생의 넷째 아들은 저와 도의로 사귄 교분이 있습니다. 봄이 오면 한번 찾아가 그를 조문하고, 또 선생의 묘소에 곡을 한 후에야 비로소 내 마음의 서러움을 모두 풀 수 있을 것 같습니다.

아! 내가 꿈속에서 꿈속의 일을 슬퍼함도 역시 하나의 꿈이 아니겠습니까? 꿈과 꿈이 다 진실이 아니라면 내가 슬퍼함도 또 꿈속의 꿈이 아니겠습니까?

아아! 슬프고 슬프도다.

祭東淮先生文

嗚呼。昨聞先生之病。而今哭先生之歿。嗚呼痛哉。嗚呼痛哉。與其有介於心。而抱無涯之痛。不若同死而相從。無嗚咽疚悼之爲愈也。雖然一存一亡。九原之下。音容寂莫。百年之間。形影阻隔。亦安得不追感存亡。而淚自灑於陳篇遺牘之間哉。故古人有望龍驤之塋。扶僕射之櫬者。亦或有檢詩篋而含悲。按舊史而流涕者。此特激於一時之哀。而猶爲後世之稱也。則況能與先生。十載林泉。結社從遊。忘形骸於宇宙之外。而托襟期於嵓壑之間者邪。能前月出之西遊。謁龍灣大尹。路逢先生之別墅蒼頭。聞先生之病。意以爲玄晏之病文園之疾。出乎尋常。不足憂也。是夜假寐閉目間。忽與先生。談笑歡娛。歗若平昔。覺則夢也。竊自念夢若非虛。先生之病。必已痊瘳。果不足憂也。及能還山。而堅師在箕城。寄書來云。東淮申先生。以疾不起。嗚呼。宿昔之夢。其果眞邪。抑非眞邪。莊周云。夢飮酒者。晝而哭泣。然則夢與先生。歗語團欒者。豈非有此永隔之別。而憗遺無窮之痛者哉。嗚呼。先生之生於世。五十有七歲。身居貴近。跡涉宮闈。君主嘉其忠。朝野稱其賢。先生之德。可謂尊矣。才兼楊馬。書效鍾王。當世爲寶。後人無繼。先生之業。可謂偉矣。然世之聞絃者。旣無佳聰。聽峨洋與折楊。混然爲和。則先生之志。人或知或不知。而先生之節操與風流二者。他人尤不能知。而唯我獨知也。夫廣陵之東。斗江之傍。暮春汀花。深秋岸楓。孤舟遠放。小樽細酌。危沙曲臺。酒酣則歌。扣枻而稱曰。東坡如我。我如東坡乎。豈先生之慕古人。而乘此不盡之興歟。王孫谷裏。佛住菴前。夕陽已沒。昏月初生。送客出門。携僧入寺。回岊絶澗。興闌則吟。岸幘而稱曰。淵明如我。我如淵明乎。豈先生之斅前賢。而遣此無窮之樂歟。嗚呼。九原難作。知音冥邈。豐城之劒。孤竹之磬。空桑之琴。赤水之珠。非不寶也。知者知。而不知者不知。則知先生之節。非余而誰邪。嗚呼。義當徃吊。而病不能奔哭。含悽千里。只寓一哀而已。雖然先生之第四令胤。與余有道交之分。春來一訪。吊其胤。又哭先生之墓然後。方盡吾心之所痛也。噫余從夢中。悲夢事者。非亦一夢邪。夢與夢非實。而余之痛悼者。非亦夢中夢耶。嗚呼痛哉。

논산 석교論山石橋를 중수하므로 선행을 장려하기 위해 쓴 글

물이 고여 길이 막힌 곳에는 반드시 건널 것을 세워 다니기에 편리하게 하는데, 이를 다리라고 한다. 다리는 사람을 건너가도록 해 주는 것으로서 배나 수레 다음가는 것이다. 옛 문헌을 살펴보면 다리를 놓은 곳이 많다. 하늘 위에는 오직 오작교烏鵲橋가 있다는 말을 들었을 뿐이고, 인간 세상에 있는 다리들은 이루 다 기록할 수 없다. 고금에서 가장 이름난 다리는 천진교天津橋(낙양)가 있고, 시인들의 시로 읊어지는 것으로는 천태산天台山의 석교石橋, 완화浣花의 만리교萬里橋, 서호西湖의 이십사교二十四橋가 있다. 그 이외에 절벽을 타고 올라가는 잔도棧道와 간단한 외나무다리 등은 어찌 다 기록할 수 있겠는가?

아, 다리가 사람을 건네주는 그 공로는 다리를 항상 왕래하는 장사하는 상인이나 여행객에게만 있을 뿐만이 아니라, 또한 다리에 몸을 맡겨 목숨을 바친 충신도 있고, 다리에 의지해 감정이 격앙된 지사志士도 있다. 무엇 때문인가? (전국시대의 지사인) 예양豫讓[86]은 다리에 매복하여 자신의 충성심을 품었다. (한漢의) 사마상여司馬相如는 기둥에 글씨를 새겨(相如題柱[87]) 자신의 뜻을 펼쳤으니, 다리가 어찌 헛되이 존재하겠는가?

은진恩津의 상류에 논산교論山橋라는 다리가 있다. 돌을 깎아 기둥을 만들고, 물에 꽂아 다리를 만든 것이다. 오랜 세월이 흐르는 동안에 계곡에서 흘러내려 오는 물이 휘돌고, 바다의 세찬 파도에 침식되었다. 기둥뿌리가 완전하지 않아 떨어져 나가지는 않았으나 조만간에는 떨어져 나갈 것이며, 다리의 돌이 견고하지 않아 무너지지는 않았으나 조만간에는 무너질 것이라고 식견이 있는 사람들이 걱정하였다. 청신사淸信士가 다리를 놓으려는 계획을 세우면서 나에게 권선문勸善文을 써 주기를 요청하였다. 나는 "좋습니다. 충신과 지사도 때로는 다리에 몸을 맡겨 자신의 뜻과 사업이 이루어지기를 기대하였으니, 아마도 다리가 그들에게 도움 되는 것이 있었을 것입니다. 하물며 항상 오고 가는 장사꾼이나 여행객들이야 앞을 다투어 재물을 내놓아야 하지 않겠습니까?"라고 하였다. 나는 이에 권선문을 쓴다.

論山石橋重修諭善文

水之渟瀦礙阻之處。必建梁以爲利涉曰橋。橋所以濟人者。舟車之次也。按古文而考之。建橋處盖多焉。天上則唯聞有烏鵲橋。至於人間。則不可勝記。而古今寂名者。天津橋也。詠於詩人之詞句者。天台之石橋也。浣花之萬里橋也。西湖之二十四橋也。其餘橫棧略彴之類。烏能盡記哉。噫。橋之能濟人。其功非特在於行商遊客之尋常徃來而已。抑忠臣托之而忘生者有之。志士憑之而激昂者有之。何則。豫讓之伏橋。懷其忠也。相如之題柱。叙其志也。橋豈徒然哉。恩津之上疏有橋。曰論山。劚石爲柱。挿水爲橋者。於千萬年。而溪壑亂流之所匯。溟渤狂瀾之所浸。故柱根不完不缺。而將近於缺。橋石不固不頹而將近於頹。識者憂之。爰有信士。將發再造之計。求勸善文於余。余曰諾。忠臣志士之有時憑托。而或冀其志業之有成。則宜若有所助於其間。而況行商遊客之尋常徃來者。其可無捨施之爭先者哉。余於是乎。遂書爲勸善文云。

불교의 폐지에 대해 간언을 하며 올린 상소문

　신臣은 다음과 같이 들었습니다. 공자가 (『논어』 「위령공衛靈公」에서) "함께 말할 수 있는 사람인데 함께 말하지 않으면 사람을 잃게 되고, 함께 말할 수 없는 사람인데 함께 말하면 말을 잃어버린다."라고 하였습니다. 이치에 들어맞게 말을 할 때는 무성의하게 들어서는 안 됩니다. 그러므로 요임금은 윤수尹壽[88]에게 자문을 구했으며, 순임금은 무성務成[89]을 방문하였습니다. 요임금·순임금은 위대한 성인의 자질을 가지고 계신 분이며 모두 매우 고귀한 지위에 있었으니, 깊은 시골에 사는 사람을 취할 필요도 없으며 나무꾼(蒭蕘[90])의 말도 받아들일 필요도 없습니다. 그렇지만 그런 사람들(윤수·무성을 말함)에게 은근한 정성을 나타낸 것은 나에게 이익이 되는 것이 있기 때문입니다. 무엇 때문입니까? 사람을 쓰면 반드시 현인을 만나고 간언을 받아들이면 반드시 좋은 말을 들을 수 있기 때문입니다. 말은 반드시 추로鄒魯(공자와 맹자)[91]의 말일 필요는 없습니다. 그러므로 중니仲尼(공자)가 노담老聃(노자)에게 배웠습니다.[92] 사람도 반드시 요순시대의 사람일 필요는 없습니다. 그러므로 서백西伯(주나라 문왕)은 여망呂望[93]을 스승으로 삼았습니다. 이런 까닭에 지역이 의심스럽다고 해서 그 지역 사람들의 말을 폐기하면 말을 잃게 되는 것이요, 시대가 의심스럽다고 하여 그 시대 사람들을 버리면 사람을 버리는 것입니다. 어찌 살피지 않을 수 있으며, 어찌 분명히 밝혀야 하지 않겠습니까?
　일반적으로 세상이 태평하면 은자들도 세상을 따르기를 원합니다. 그러므로 한漢나라에서 사호四皓[94]를 존경하였습니다. 풍속이 순박하면 욕심 없는 탈속한 사람들이 간간이 배출됩니다. 그러므로 진晉나라에서는 죽림칠현竹林七賢[95]을 높이 받들었습니다. 죽림칠현이 어찌 모두 이윤伊尹·주공周公·소공召公·부열傅說 같은 재상의 재주가 있었겠습니까? 상산사호商山四皓가 어찌 모두가 한신韓信·팽월彭越·위청衛青·곽거병霍去病 같은 장군의 지략이 있었겠습니까? 그렇지만 모두를 제후로 봉하여 신하로 충당한 것은, 그들이 인자한 임금이 백성을 교화하는 데 도움을 주었으며 혹은 성군聖君이 정치를 잘 하도록 도와주었기 때문입니다.

그러므로 백성을 편안히 하는 재주는 반드시 십란十亂(열 명의 어진 신하)⁹⁶에 의지하고, 세상을 구제하는 지혜는 역시 삼우三愚⁹⁷를 기다려야 합니다. 그것은 마치 엄청나게 큰 종은 한 조각 쇳덩어리로 만들 수 없음과 같습니다. 천 칸 되는 큰 집을 어찌 짧은 시간에 지을 수 있겠습니까?

諫廢釋敎䟽

臣聞孔子曰。可與言而不與言。失人。不可與言而與言。失言。言或可以有中。聽不可以無誠。故堯咨尹壽。舜訪務成。彼以至聖之資。咸居極貴之位。則不必取蓬蒿之人。不必納蕘蕘之言。然所以勤歟者。盖益我者存焉。何則。取人則必見賢人。納言則必聞善言。言不必鄒魯之言。故仲尼學於老聃。人不必堯舜之人。故西伯師於呂望。是故若以邦域。爲嫌而廢言。失言。若以時代。爲訝而棄人。失人。可不察哉。可不明哉。夫世治則逸人願從。故漢遵四皓。俗醇則清輩間出。故晋高七賢。七賢豈皆伊傅周召之相才乎。四皓寧盡韓彭衛霍之將略乎。然而咸在提封。得充臣妾者。或助仁后之隆化。或扶聖君之優治。故安民之才。必憑十亂。濟世之智。亦待三愚。其猶洪鍾萬鈞。非片鉼所鑄。大廈千間。豈一世所搆哉。

생각하건대 성인이시고 신적인 능력이 있으시며 문무를 겸비하신(聖神文武) 주상 전하(현종)께서는 천명을 받아서 왕위를 계승하였습니다. 왕세자로 있던 시절에는 효성이 대단하여 닭이 울면 문안을 갔으며, 왕위에 오른 이후에는 변란(雉鴝)⁹⁸이 일어날까 조심하였습니다. 부역을 가볍게 하고 세금을 줄이니 백성들이 즐거운 얼굴을 하였으며, 과부를 불쌍히 여기고 고아를 가엾게 여기니 백성들이 목을 내밀면서 은혜를 갈망하였습니다. 2·3년 동안 교화가 백성들에게 두루 미쳤고, 수천 리 밖에까지 은혜는 백성들에게 더해졌습니다. 삼왕三王(복희·신농·황제)도 어질지 않다면 그만이며, 어질기만 하다면 전하께서 바로 삼왕 같은 분입니다. 오제五帝(소호·전욱·제곡·요·순)도 성인답지 못하면 그만이지만, 성인 같은 행동을 한다면 전하께서 바로 오제 같은 분입니다. 오늘날에 소巢·허許[99] 같은 사람이 있다고 하더라도 어찌 옛적의 요순堯舜 같은 임금을 만난다고 장담할 수 있겠습니까?

예로부터 명군과 성왕의 행정은 분명하였으며 정치도 어질었기는 하지만 자신이 직접 만기萬機(왕의 많은 업무)를 처리해야 하므로 한 가지 실수가 있을까 걱정하였습니다. 그러므로 『서경』에는 임금을 가르치는 글인 고誥[100]가 있으며, 『시경』에는 왕을 훈계하는 시가 있습니다.

이런 까닭에 신분이 낮은 사람을 불쌍히 여기고 자신을 낮추면서 간언을 받아들임은 임금으로서의 인자함이요, 임금의 존엄성을 범하면서 당돌하게 간언을 올림은 신하의 충성심입니다. 그러므로 『서경』「열명說命」에서 "나무가 먹줄을 따르면 반듯하게 되고, 임금은 간언을 따르면 성군이 된다."라고 하였습니다. 이것이야말로 임금이 거울로 삼아야 하는 것입니다. 『좌전』(「소공昭公」 20년 8월 기사)에는 "임금이 하는 말이 옳기는 하지만 부당한 점이 있을 때, 신하는 그 부당성에 대해 의견을 올리면서 임금의 옳은 점을 이루어 준다. 임금이 하는 말이 부당하지만 옳은 점이 있을 때 신하는 임금의 옳은 점에 대해 의견을 올리면서 그 부당한 점은 없앤다."[101]라고 하였습니다. 이것이야말로 신하가 본받아야 하는 것입니다.

신은 매우 미천한 사람으로 외람되이 상문桑門(승려)이 되어 축교竺敎(불교)를 더럽히는 인간 세상 군더기 중에 하나이며, 강과 구름 속에서 떠돌아다니는 외롭고 바싹 마른 모습을 하고 있습니다. 군신君臣과 부자父子의 의리에 대해서는 평소 신경을 쓰지 않았으니, 득실得失과 치란治亂의 논의에 대해서 어찌 많은 말을 할 수 있겠습니까? 그리고 지금 감히 자신을 '신臣'이라고 부르는 것도 참으로 분수에 넘침을 알고 있습니다. 그렇지만 옛날에 (북위北魏 시대의) 법과法果 스님은 안성후安城侯로 임명되었고, 당唐의 불공不空 스님은 숙국공肅國公으로 봉해졌습니다. 모두 신하의 대열에 서서 임금의 은혜를 받았습니다. 『시경』(「소아」〈북산北山〉)에서 "왕의 신하가 아닌 사람이 없다."라고 하였으며, 『서경』(「중훼지고仲虺之誥」)에서 "우리 임금 오시기를 기다린다."라고 하였으니, 참으로 피차彼此를 가리지 않는다는 것입니다. 그렇다면 인신人臣이 비록 볼만한 형상이 없더라도 어리석은 계책이나마 있으면 임금에게 말씀드리지 않을 수가 없습니다.

伏惟聖神文武主上殿下。誕膺天命。續承丕位。儲宮之日。孝誠趙乎鷄鳴。君臨以來。恐思生乎雉劭。輕徭減賦。則蒼生怡顏。恤寡憐孤。則赤子延頸。二三載之間。化洽生靈。數千里之外。恩添品彙。三王不仁則已。仁則殿下是也。五帝不聖則已。聖則殿下是也。豈意今日之巢許復遇昔時之堯舜乎。雖然自古明君聖王政非不明也。治非不仁也。而躬臨萬機慮有一失。故書有訓君之誥。詩存戒王之篇。是以矜憐鄙陋。枉屈從諫者。君父之仁也。冒瀆尊嚴。唐突進言者。臣子之忠也。故說命曰。木從繩則正。后從諫則聖。此君父之所可鑑也。春秋傳曰。君所謂可而有否焉。臣獻其可。以去其否。此臣子之所可效也。臣以至微至賤。猥叨桑門。謬忝竺敎。人世上一贅物。水雲間隻枯容。其於君臣父子之義。素昧留心。得失治亂之談。寧能剌口。而今敢稱臣者。固知濫矣。然昔法果沙門。拜安城候。[1] 不空法師。封肅國公。咸以臣例。紆荷主恩。則詩所謂。莫非王臣。書所謂。徯我后來者。固無揀擇於彼此也。然則爲人臣者。雖甚無狀。凡有愚計。不得不稟於君父也。

---
1) ㉮ '候'는 '侯'의 오자이다.

삼가 조보朝報(조정에서 발행하는 소식지)에 근거하여 성지聖旨(임금의 뜻)를 알아보니, 승니僧尼(비구와 비구니) 모두를 사태沙汰(많은 사람을 떨쳐내는 일)시키도록 하여 비구니는 환속시키고 비구들 역시 없애기로 논의하였다고 합니다. 신은 참으로 우매하여 임금님의 생각이 무엇을 의미하는지 헤아리지 못하겠습니다.

임금께서 생각하시기를 불교가 서방 인도에서 탄생되었지만 중국에 흘러들어 왔으니 지역이 다르다고 하여 그렇게 하시는 것입니까? 혹은 삼대三代(하·은·주) 이후에 나왔으니 상고시대의 법이 아니므로 시대가 다르다고 해서 그렇게 하시는 것입니까? 혹은 인과를 거짓으로 말하고 응보를 기만하여 널리 알리고 윤회로 백성을 그릇된 길로 끌고 간다고 하여 그렇게 하시는 것입니까? 혹은 농사도 짓지 않고 누에도 치지 않고 하는 일도 없이 놀고먹으면서 재물을 소모시킨다고 그렇게 하시는 것입니까? 혹은 함부로 머리를 깎아 항상 법망에 걸리어 헌정 질서를 손상시킨다고 그렇게 하시는 것입니까? 혹은 불교도라 핑계 대고 구차하게 요역徭役을 회피하며 군대에도 빠진다고 그렇게 하시는 것입니까?

신은 불교가 탄생하게 된 시종을 먼저 말하고, 위에서 말한 몇 가지 조목은 뒤에 설명하고자 합니다. 임금님께 하소연하오니 읽어 주시기를 바랍니다.

謹因朝報。伏奉聖旨。遂令僧尼。並從沙汰。尼已還俗。僧亦議廢。臣實闇斷。未窺聖慮之何謂也。聖慮必以佛氏。生彼西方。入此華夏。有異邦域而然歟。抑出三代後。非上古法。有殊當代而然歟。抑僞啓因果。謬暢報應。有諔輪廻而然歟。抑不畊不蠶。遊手遊食。有耗財帛而然歟。抑妄爲剃落。每罹憲網。有傷政教而然歟。抑托號浮啚。苟避徭役。有失偏伍而然歟。臣請先言佛興之始終。後陳右列之條目。仰愬宸襟。乞垂睿覽。

신臣이 멀리 이전 역사를 살피고 고찰하니, 『주서이기周書異記』[102]에서 다음과 같이 말하였습니다.

"부처는 주나라 소왕昭王 24년 갑인년(B.C. 1027)에 세상에 태어났다. 밤에 오색 기운 빛이 있으며 청홍색이었다. 왕이 태사太史인 소유蘇由에게 묻기를 '이것은 무슨 상서로운 징조인가?'라고 하니, 대답하기를 '서방에 위대한 성인이 태어났기 때문입니다'라고 하였다. 주나라 목왕穆王 53년 임신년(B.C. 949)에 열반에 들었다. 당시 흰 무지개 열한 줄기가 남북을 관통하였다. 목왕이 태사 호다扈多에게 묻기를 '무슨 징조인가?'라고 하니, 대답하기를 '서방의 위대한 성인이 돌아가셨습니다'라고 하였다."

또 말하였습니다.

"오나라 태재太宰(재상)인 백비白嚭가 공자에게 묻기를 '선생님은 성자이십니까?'라고 하니, 공자가 대답하기를 '나는 학식이 넓고 기억력이 풍부한 사람이지 성인은 아닙니다'라고 하였다. '그렇다면 누가 성자인가요?'라고 하니, 공자는 조용히 대답하기를 '서방에 위대한 성인이 있습니다. 말을 하지 않아도 저절로 믿음이 있으며, 교화를 베풀지 않아도, 교화가 저절로 행해집니다.'"[103]

또 『장자』「제물론齊物論」에서 "만년 후에라도 한번 대 성인을 만나서 그 견해를 인정받는다면, 이것은 아침저녁으로 만나는 것과 같습니다."라고 하였습니다. 모두 부처님을 가리키며 한 말입니다.

진시황제의 시대에 이르러 사문 실리방室利防[104] 등이 서역에서 왔을 때 진시황제는 그들의 기이한 풍속을 미워하여 감옥에 가두었습니다. 갑자기 신장이 나타나서 옥문을 부수고 그들을 구출해 가자, 진시황제는 두려워서 후하게 예물을 주어 돌려보냈습니다.

또 한나라 무제武帝 때 곽거병이 곤야왕昆耶王[105]과 금인金人을 잡았는데 금인의 키가 1장丈 남짓이 되었으므로, 한 무제는 대신大神이라 여기고 감천궁甘泉宮에 안치하였습니다. 또 박망후博望侯 장건張騫을 서쪽 신두身毒(인도)에 보내어 불법을 구해 오도록 하였습니다. 한나라 원제元帝 때 광록

대부光祿大夫 유향劉向¹⁰⁶이 인도 고대 언어로 기록된 불경 20여 권을 구해 자신의 저서인 『열선전列仙傳』에 넣었습니다. 한나라 애제哀帝 때에는 경헌景憲이 월지국月支國¹⁰⁷ 사신으로 가자 월지국 국왕이 불경을 바쳤습니다. 후한의 명제明帝 때에는 명제가 꿈에 감응하여 중랑장中郞將 채음蔡愔 등을 서역에 파견하여 불법을 알아보게 하니, 채음이 인도 승려인 마등摩騰과 법란法蘭 두 분 스님을 모시고 돌아왔습니다.¹⁰⁸ 이때부터 불교가 유행되기 시작하여 후한後漢과 위魏나라 연간에 점차 퍼졌고 당송唐宋 시대에 왕성하게 되었습니다. 중국 임금과 신하들은 모두 불교에 의지하여 나라를 다스리기도 하고 집안을 다스리기도 하였으니, 이것이 불교가 흥성한 전말의 대략적인 줄거리입니다.

臣逖覽前史。詳考歷代。周書曰。佛昭王二十四年甲寅出世。夜有五色光氣作靑紅色。王問太史蘇由曰。是何祥也。對曰。西方有大聖人生也。至穆王五十三年壬申。佛入寂。時有白虹一十一道貫通南北。王問太史扈多曰。是何徵也。對曰。西方有大聖人滅也。又吳太宰問孔子曰。夫子聖者歟。曰丘博識强記。非聖人也。然則孰爲聖者與。夫子動容而對曰。西方有大聖人。不言而自信。不化而自行。又藏子曰。萬歲之後。一遇大聖。知其解者。是朝暮遇之。皆指佛而言也。逮秦始皇時。沙門室利防等來自西域。帝惡其異俗。以付獄。俄有神碎獄門而出之。帝懼厚賜遣之。至漢武帝時。霍去病獲昆耶王及金人率長丈餘。帝以爲大神。安于甘泉宮。又遣博望候¹⁾張騫。西徃身毒。獲浮屠法。元帝時。光錄大夫劉向。得梵本經二十餘卷。編入仙傳。哀帝時。景憲奉使月支國。其王投獻浮屠經。明帝時。感夢遣中郞將蔡愔等。西訪其道。獲迎摩騰法蘭二僧而還。自是教法流行。漸於劉漢曹魏之間。盛於李唐趙宋之際。聖主賢臣。莫不憑賴。或治其國。或齊其家。此其佛興始終之大略也。

---
1) ㉑ '候'는 '侯'의 오자이다.

전하께서 혹시 지역이 달라서[109] 불교를 없애려고 하십니까? 그렇다면 성인이신 공자의 수레는 고국 노魯나라에 머물고 진陳나라와 채蔡나라까지는 굴러가지 않았을 것이고, 현자이신 맹자의 언변은 고국 추鄒나라에 있고 제齊나라와 양梁나라까지는 통하지 않았을 것입니다. 그것은 마치 진秦나라의 15개 성과 바꾸지도 못하는 가치 없는 조벽趙璧[110]과 같고, 수레도 비추지 못하여 위魏나라의 자랑거리가 되지도 못하는 수주隋珠[111]와 같습니다.[112] 동이東夷에서 태어난 순임금과 서강西羌에서 태어난 우임금을 성인이 아니라고 한다면, 포악한 임금인 걸桀과 주紂는 중국에서 태어났으므로 성인이라고 할 수 있습니까? 융戎에서 태어난 유여由余(춘추시대 현인)와 만蠻[113]에서 태어난 계찰季札(춘추시대 현인)을 현인이 아니라고 한다면 춘추시대의 유명한 도둑인 도척盜跖과 장교莊蹻는 중국에서 태어났으므로 현인이라고 할 수 있습니까? 이런 까닭에 공자는 (『논어』「자한子罕」에서) "구이九夷[114]에서 살고 싶다."라고 하였으며, 중국 사람은 삼한三韓에서 태어나기를 원하였습니다. 수레와 배로 갈 수 있으며, 비와 이슬을 함께 받으며, 이하夷夏(중국과 변경 국가)의 경계가 서로 이어지며, 중국이든 변경 지역이든 어디에서 태어났든지 간에 성인은 다르지가 않습니다. 그러므로 송宋의 학자인 유원성劉元城(이름은 安世)은 "공자와 부처의 말씀은 서로 끝과 처음이 된다."라고 하였습니다. 금金의 학자인 이병산李屛山은 "세 분의 성인[115] 모두 주周나라 때에 났다. 마치 해·달·별이 부상扶桑(동쪽 해 뜨는 곳) 위에 모여 있고, 강수江水·하수河水·회수淮水·한수漢水가 바닥없는 깊은 대해(尾閭)에 모여 있는 것과 같다."라고 하였습니다. 이상의 사실을 근거로 본다면 『중용』에서 "도는 함께 운행해도 서로 거스르지 않는다."라고 하였고, 『주역周易』 「계사繫辭」 하에서는 "길은 달라도 귀일점은 같다."라고 하였습니다. 성인이 다르지 않음은 화살에 화살촉이 걸려 있는 것과 같으며(하나로 일치한다는 말), 도가 다르지 않음은 부절符節을 합친 것과 같다고 할 수 있습니다. 이것이 지역이 다르기는 하지만 불교를 폐지할 수 없는 첫째 이유입니다.

> 殿下若曰. 有異邦域而廢之. 則孔聖之轍. 止於魯而不必環於陳蔡. 孟賢之
> 舌. 藏於鄒而不必棹於齊梁. 其猶趙璧. 不得連城於秦價. 隋珠不能照乘於
> 魏誇. 豈以舜生於東夷. 禹出於西羌. 爲不聖. 而聖中國之桀紂乎. 豈以由
> 余生於戎. 季札出於蠻. 爲不賢. 而賢中國之跖蹻乎. 是以魯叟. 欲居九夷.
> 華人願生三韓. 況舟車所通. 雨露所同. 夷夏之境相接. 內外之聖不殊. 故
> 劉元城曰. 孔子佛之言. 相爲終始. 李屛山曰. 三聖人者. 同出於周. 如日
> 月星辰之合於扶桑之上. 江河淮漢之匯於尾閭之涯. 迹此觀之. 中庸所謂
> 道并行而不相悖. 繫辭所謂殊途而同歸者. 可謂聖之不殊. 若柱箭鋒. 道之
> 不異. 如合符節. 此不可以有異邦域而廢者一也.

전하께서 혹시 시대가 다르다고 해서 불교를 없애려고 하십니까? 그렇지만 문자로 기록된 서적을 사용하면 그만이지 새끼를 꼬아서 만든 상고시대로 되돌아갈 필요는 없습니다. 편안히 집에서 살면 그만이지 반드시 위태로운 나무 둥지에서 살면서까지 거처를 바꿀 필요는 없습니다. 그것은 겨울 음식이 맞지 않는다고 하여 봄부터 미리 곡식을 먹는 것과 같고, 밤잠이 적합하지 않다고 해서 낮부터 마루에 앉아 있는 것과 같습니다. 어찌 은殷나라의 현인인 기자箕子·비간比干·미자微子 세 사람이 은나라가 멸망할 즈음에 나왔다고 해서 불충不忠이라 하고, 상고시대의 포악한 무리인 구려九黎를 충忠이라고 할 수 있겠습니까? 공자의 제자인 십철十哲[116]이 주나라 말기에 태어났다고 해서 본받을 수가 없다면 상고시대의 포악한 사흉四凶을 본받겠습니까? 이런 까닭에 상고시대의 황제인 포희庖犧(복희)가 팔괘八卦를 그리자 『주역』의 도가 문왕文王에 의해 발현되었으며, 하나라 우임금이 홍범구주洪範九疇의 뜻을 서술하자 낙서洛書가 기자에 의해 완성되었습니다. 하물며 하늘과 땅이 제 위치에 있고, 해와 달이 세상을 비춤은 고금의 이치가 같습니다. 이전 시대나 이후 시대의 규범이 동일하기 때문입니다. 그러므로 춘추시대의 조맹趙孟은 "한번은 그때이고, 한번은 이때이다. 어찌 영원한 것이 있는가?"(『좌전』「소공」 원년)라고 하였습니다. 모자牟子[117]는 "저 때도 한때, 이때도 한때이다."라고 하였습니다. 이런 역사적인 사실을 추적해서 본다면 순임금·우임금이 다시 살아나더라도 반드시 "부처와 우리들은 차이가 없다."라고 말할 것이고, 탕임금·무왕이 다시 세상에 나오더라도 반드시 "부처에 대해 우리들이 무슨 말을 하겠는가?"라고 할 것입니다. 그리고 공자는 『논어』(「자한子罕」)에서 "후생가외後生可畏(후배들이 두렵다.)"라고 하였으며, 『춘추좌씨전』(「소공」 원년)에서는 "시원여이視遠如邇(먼 시대에 있는 것을 보기를 가까운 시대에 있는 듯이 한다.)"라고 하였습니다. "시대는 다르나 일은 동일하며, 시대는 다르나 이치는 하나이다."라고 평가할 수 있습니다. 이것이 바로 시대가 다르다고 해서 불교를 폐지할 수 없는 두 번째 이유입니다.

> 殿下若曰。有殊時代而廢之。則書契之籍。不必代結繩之政。屋宇之安。不必易居巢之危。其猶冬食不宜春畊之粒。夜眠不合晝坐之堂。豈以三仁。出於殷滅。爲不忠。而忠上古之九黎乎。豈以十哲。生於周衰。爲不法。而法上古之四凶乎。是以庖犧畫卦。易道顯乎文王。夏后叙疇。洛書成乎箕子。況乾坤所位。日月所臨。古今之致同焉。前後之規一也。故趙孟曰一彼一此。何常之有。牟子曰。彼一時也。此一時也。迹此觀之。如使舜禹復生。必曰佛氏。吾無間然矣。湯武復出。必曰佛氏。吾何言哉。然則魯論所謂後生可畏。左史所謂視遠如邇者。可謂時異而事同。代殊而理一。此不可以有殊時代而廢者二也。

전하께서 혹시 불교의 윤회설이 백성을 속이므로 불교를 폐지하려고 하십니까? 그렇다면 당나라 천자의 옥소玉簫는 도승道僧에게 전해지지 않앗을 것이고, 진晉나라 도독都督의 금반지는 이웃 노파가 찾지 못했을 것입니다.[118] 윤회설을 믿지 않는다면 그것은 지는 노을이 강에 잠기는데 내일 다시 해가 뜨지 않고, 시든 꽃이 언덕에 떨어지는데 내년에 다시 꽃이 피지 않는다고 생각함과 같습니다. 당나라 학자 배휴裵休가 진晉의 허현도許玄度[119]가 다시 태어난 몸임을 믿지 않고, 대청 위에 걸려 있는 활이 뱀이라고 믿을 수 있겠습니까? 당나라 위고韋皋[120]가 제갈량諸葛亮이 다시 태어난 몸임을 믿지 않고, 길거리의 돌을 호랑이라고 믿을 수 있겠습니까? 진종眞宗이 미소를 지은 것[121]은 천존天尊이 탄생했음을 깨달았기 때문이며, 송宋 인종仁宗[122]이 울음을 그친 것은 위대한 신선이 세상에 내려왔음을 증명합니다. 더구나 죽음과 삶은 연계되어 있고, 화와 복은 인간이 불러들이는 것이고, 장수와 요절은 천생적으로 정해진 것이며, 상서로움과 재앙의 징조는 드러나게 되어 있는 것입니다. 그러므로 (한漢의) 가의賈誼는 「복조부鵩鳥賦」에서 "천변만화千變萬化는 끝이 없다."라고 하였으며, 수隋의 이사겸李士謙은 "등애鄧艾는 소, 서백徐伯은 물고기, 군자는 고라니, 소인은 원숭이가 된다."[123]라고 하였습니다. 이런 역사적인 사실을 추적해서 본다면 『예기』「월령月令」에서 "쥐가 변하여 메추라기가 된다."라고 하였으며, 『장자』「소요유逍遙遊」에서 "곤鯤이라는 물고기가 변하여 붕鵬이라는 새가 된다."라고 하였습니다. 일은 다르지만 이치는 하나요, 말은 다르지만 뜻은 동일하다고 할 수 있습니다. 이것이 바로 불교의 윤회설이 백성을 속인다고 하여 불교를 폐지할 수 없는 세 번째 이유입니다.

殿下若曰. 有誣輪回而廢之. 則唐天子之玉簫. 不必假道僧而傳. 晋都督之金環. 不必因隣媼而得. 其猶落暉沉江. 應無來日之再繼. 殘花墜岸. 必無明春之重敷. 豈以裵休是許玄度之奮身. 爲不信. 而信堂上之弓蛇乎. 豈以韋皋是諸葛亮之前魂. 爲不眞. 而眞路中之石虎乎. 是以眞宗開哂. 悟斯天尊之降誕. 仁宗止啼. 驗是大仙之下生. 況死生所系. 禍福所召. 壽夭之分

之矣。休咎之徵昭焉。故賈誼曰。千變万化。未始有極。李士謙曰。鄧艾爲牛。徐伯爲魚。君子爲鵠。小人爲猿。迹此觀之。禮記所謂鼠化爲鴽。莊書所謂鯤變爲鵬者。可謂事殊而致一。言異而意同。此不可以有誣輪回而廢者三也。

전하께서 혹시 재물을 소모한다고 여기어 불교를 폐지하려고 하십니까? 그렇다면 순임금은 역산歷山에서 쟁기를 잡고 농사를 지으면 그만이지 남면南面(임금은 남쪽을 바라봄)하여 임금 노릇을 할 필요가 없었습니다. 은나라 재상인 이윤伊尹도 신야莘野에서 낫을 휘두르고 농사를 지으면 그만이지 북면北面(신하는 북쪽을 바라봄)하여 신하가 될 필요는 없었습니다. 노나라 음식이 기杞나라 사람들의 입맛에는 적합하지 않고, 월나라의 구운 고기는 진秦나라 사람들의 입맛에 적합하지 않음과 같습니다. 공자가 노련한 농부보다 농사일을 못한다[124]고 하여 천하의 사리에 달통하지 못했다고 여기며, 농사일을 물어본 번수樊須를 천하의 사리에 통달했다고 하겠습니까? 맹자가 사람들에게 봉양을 받는다고 해서 검소하지 않다고 여기며, 짚신을 직접 삼는 허행許行[125]을 검소하다고 하겠습니까? 이런 까닭에 도심지에 나와 사는 사람들은 구태여 모두가 농사를 지으면서 생활을 할 필요가 없으며, 안방 깊숙이 사는 여인들도 반드시 길쌈을 하여 옷을 직접 지어 몸을 가릴 필요는 없습니다. 하물며 세상을 다스리는 임금과 나라를 다스리는 군주는 덕을 근본으로 삼고 재물을 지엽적인 것으로 삼습니다. 그러므로 주나라의 소공召公은 (『서경』「여오旅獒」에서) "보물로 삼는 것은 오직 어진 사람이니, 가까이 있는 사람이 편안하다."라고 하였으며, (춘추시대 진晉의) 호언狐偃은 『대학』에서) "보배로 삼을 것은 별로 없고, 어진 사람과 친하게 지냄을 보배로 삼는다."라고 하였습니다. 이런 역사적인 사실을 추적해서 본다면 『대학』에서 "토지를 가지고 있으면 재물이 있다", 『서경』「무성武城」에서 "천하에 크게 곡식을 푼다."라고 한 것은,

즉 토지가 있으면 재물이 모여 소모됨을 걱정하지 않고 재물을 뿌리면 백성이 모이니 쌓아 두기를 바라지 않는다는 의미입니다. 이것이 바로 재물을 소모한다고 하여 불교를 폐지할 수 없는 네 번째 이유입니다.

殿下若曰。有耗財帛而廢之。則舜虞操耒於歷山。而不必南面爲君。伊尹揮鐵於莘野。而不必北面爲臣。其猶魯食不適杞夫之肥。越炙不合秦人之嗜。豈以孔丘不如老農。爲不達。而達問稼之樊須乎。豈以孟軻養於野人爲不儉。而儉捆屨之許行乎。是以出遊闤闠者。不必皆耘籽而餬口。深居閨室者。不必皆績紡而遮身。況經世之君。治國之主。以德爲本。以財爲末。故召公曰。所寶惟賢。則邇人安。孤偃曰。無以爲寶。仁親以爲寶。迹此觀之。經傳所謂。有土。此有財。武成所謂。大賚于四海者。可謂土有則財聚。不憂耗也。財散則民聚。不願畜也。此不可以有耗財帛而廢者四也。

전하께서 혹시 국가 정책과 교육을 손상시킨다고 여기어 불교를 폐지하려고 하십니까? 그렇다면 위에서 가르치지 않은 것이 아닌데 요임금은 단주丹舟라는 어리석은 아들이 있었고, 아래에서 간언을 하지 않은 것이 아닌데 순임금은 고수瞽瞍라는 못난 아버지가 있었습니다. 그것은 악취가 나는 풀이 향기 좋은 난초에 섞여 있고, 원앙새가 봉황새를 어지럽힘과 같습니다. 하나라 예羿와 착浞이 불충不忠하여 죽일 수는 있지만 신하가 되는 길을 막을 수 있겠습니까? 계신癸辛[126]이 불분명하여 추방시킬 수는 있지만 임금 모시는 의리를 끊을 수 있겠습니까? 이런 까닭에 중이 조정의 법을 어기면 경黥(묵형. 얼굴에 죄수라는 표시의 먹물을 들임)을 해도 좋으며 죽여도 좋습니다. 비구니가 세상에 정한 법을 범했으면 의형劓刑(코를 베는 형벌)을 해도 좋고 죽여도 좋습니다. 어찌 부처를 탓하고 미워하며 불교 전체를 폐지할 수 있습니까? 단지 타고난 성품이 선으로 옮겨 가지 못한 것이지, 불교의 가르침이 악으로 물들인 것은 아닙니다. 그러므로 춘추시대 정鄭나라의 자산子産은 "남의 선행은 내가 본받아 실천하고, 남의 악행은 내가 고친다."[127]라고 하였습니다. 당나라의 이사정李師政은 "유생儒生들이 죄가 있어도 공자의 잘못과는 관계가 없으며 승려가 잘못을 저질러도 어찌 이것이 석가세존의 허물인가?"라고 하였습니다. 이런 역사적인 사실을 추적해서 본다면 『주역』(「해괘解卦」)에서 이른바 "과오를 용서하고 죄를 용서한다."라고 한 것과 『서경』 「다방多方」에서 "덕행을 한 사람을 분명히 밝히고 벌을 줌을 신중히 한다."라고 한 것 등은, 사람 중에 벌을 받아야 하는 사람이 있더라도 법은 폐지할 수 없음을 분명히 밝힌 것입니다. 이것이 바로 국가 정책과 교육을 손상시킨다고 해서 불교를 폐지할 수 없는 다섯 번째 이유입니다.

> 殿下若曰。有傷政教而廢之。則上非不敎而堯有丹朱之子。下非不諫而舜有瞽瞍之父。其猶薰蕕雜乎蘭芷之叢。鸂鶒亂乎鳳凰之群。豈以羿浞之不忠爲可誅。而塞其爲臣之路乎。豈以癸辛之不明爲可放。而絶其戴君之義乎。是以僧干朝憲。則黥之可也。殺之亦可也。尼犯俗刑。則劓之可也誅之亦可也。寧咎釋而惡之。幷與佛而廢哉。但以性品。或不遷於善。非是教法。能使染於惡。故子産曰。人之所善。吾則行之。人之所惡。吾則改之。李師政曰。青衿有罪。非關尼父之失。皁服爲非。豈是釋尊之咎。迹此觀之。大易所謂。赦過宥罪。多方所謂。明德愼罰者。可謂人雖可罰者有矣。法不可廢者明焉。此不可以有傷政教而廢者五也。

전하께서 혹시 승려가 군대 조직에서 빠진다고 해서 불교를 폐지하려고 하십니까? 그렇다면 도성에 산다고 거짓으로 속이면서 세금을 내지 않는 가구는 얼마나 많으며, 지방의 호족에게 거짓으로 몸을 의탁하여 장정壯丁으로 등록되지 않은 사람은 얼마나 많습니까? 그런데 불교는 세력이 점차 약해져 가지만 승려들의 역할은 매우 많아 호적에 편입된 가구와 동일하고 일반 백성들과 차이가 없습니다. 양서兩西(황해도·평안도)에는 군적軍籍에 등록된 승려가 많으며, 삼남三南(경상도·충청도·전라도)에는 관의 요구에 부응하는 승려가 많습니다. 중국에 종이를 공물로 보내는 것도 모두 승려들에 의해 나왔으며, 상급 관청에 잡다한 물건을 바치는 것도 모두 승려들이 준비한 것입니다. 그 이외 잡역이 수백 가지이고, 독촉하고 요구함이 수만 가지입니다. 관아 문에서 나오자마자 관아의 명령이 계속 이어집니다. 바빠서 날짜를 어기면 간혹 감옥에 잡혀가기도 하고, 순식간에 닥치는 상황에 어찌할 바를 모르면 매질도 당합니다. 각 도의 외곽에 있는 보루堡壘와 남한산성 등에서 보초를 서기 위해서 천 리 길에서 양식을 지고 와 해마다 성곽을 지킵니다. 몸은 파수 보는 사람과 같고 행적은 전쟁 나간 군인과 같습니다. 감색 머리칼과 파란 눈동자는 바람에 머리 빗질을 하고 비로 목욕을 하였으며, 하얀 버선과 하얀 누더기 옷은 진흙을 뒤집어쓰고 먼지로 더럽혀져 있습니다. 놀랄 만한 급한 상황이 생기면 벌떼처럼 개미처럼 모여들며 전쟁터에 나아가서는 번개처럼 우레처럼 달려 나갑니다. 십만 명으로 대부대를 만들고, 오십 명으로 소부대를 만듭니다. 활과 화살을 좌로 당기고 우로 뽑습니다. 크고 긴 창으로 전방 부대는 돌진하고, 후방 부대는 최후까지 남아서 방어를 합니다. 칼을 쓸 때는 진晉나라·초나라의 강함을 다투고 진을 칠 때는 진秦나라·월나라의 병법을 익힙니다. 이런 사실을 추적해서 본다면『시경』「당풍唐風」(〈보우鴇羽〉)에서 "나라의 일을 하느라 힘을 다 쏟는다."라고 한 것과『시경』「소아」(〈하초불황何草不黃〉)에서 "아침저녁으로 겨를이 없다."라고 한 것 등은, 은혜를 저버린 자는 적고 정의로운 일을 한 사람은 많다는 것을 말한 것입니다. 이것이 바로 군대 조직에서 빠지기는 하였지만 불교를 폐지할 수 없는 여섯 번째 이유입니다.

殿下若曰。有失偏伍而廢之。則矯托於輦轂之下。而戶不出稅者。幾多。詐欺於蕃鎭之間。而名不添丁者。何限。而佛道陵遲。僧役浩穰。有同編戶。無異齊民。兩西則占軍籍者多。三南則應官徵者衆。紙楮之貢獻中國者。皆出於緇衣。雜物之進納上司者。盡儢於白足。其餘百役。督索万般。衙門纔退。官令繼至。忙迫失期。則或遭囚繫。創卒罔措。則或被鞭朴。[1] 至於諸道郊。壘南漢山城。千里裹粮。每歲守堞。身同戍客。迹等征夫。紺髮靑眸。櫛風沐雨。素襪白衲。蒙泥染塵。粵有警急。則蜂屯蟻聚。爰臨戰伐。則電擊雷犇。千百爲群。什伍作隊。桃弧棘矢。左挽右抽。大戟長鈹。前驅後殿。鋒爭晋楚之强。陣習嬴越之法。迹此觀之。國風所謂。王事靡監。小雅所謂。朝夕不暇者。可謂孤恩者寡矣。仗義者多焉。此不可以有失偏伍而廢者六也。

1) ㉑ '朴'은 '拍'과 통한다.

이상이 위에서 열거한 조목의 대략적인 줄거리입니다. 신의 지혜는 하찮고 정성도 부족하여 이상의 여섯 조목 이외에는 다른 것이 없습니다. 그러면 불교가 치국평천하治國平天下를 하는 데 해로움만 있고 보탬이 없다고 여기십니까? 전대前代에 불법을 숭상한 임금과 불법을 보호한 신하들을 들어 말씀드리겠습니다. 임금을 들어 말한다면 불법을 숭상한 임금은 천 명 만 명 이상이 되지만 간략히 몇 명의 임금을 열거하겠습니다.

예악을 천하에 널리 밝힌 이로는 어느 누가 후한後漢 명제明帝만 하겠습니까? 유학과 문인 학자를 크게 일으킨 이로는 어느 누가 후한 효장제孝章帝만 하겠습니까? 문무를 겸비한 이로는 어느 누가 양梁나라 무제武帝만 하겠습니까? 천하를 통일한 이로는 어느 누가 수나라 고조만 하겠습니까? 국가의 문물제도를 통일되게 정비한 이로는 어느 누가 당나라 태종만 하겠습니까?

후한의 명제가 세상을 다스릴 때에는 학문이 뛰어났고 위엄도 대단하였으며 공손함과 검소함을 겸비하였습니다. 사치와 화려함이 없고 국가를 다스리는 경략에 뛰어났으며 유학자를 높이 받들고 덕이 있는 사람을 존경하여 나라의 정치가 밝게 되었습니다. 이때에는 길에서는 노인에게 인사를 하였으며 경전을 들고 뜻을 물어보았습니다. 학식 있는 학자와 문장가들이 많았음은 『시경』「주남周南」〈인지지麟之趾〉¹²⁸처럼 성대하였습니다. 하·은·주 삼대 이래로 성대한 학풍이 이처럼 위대한 적은 없었습니다. 그런데 명제는 석가모니의 불상을 현절릉顯節陵과 청량대淸凉臺에 모시도록 하였으며, 당대의 문장가인 반고班固와 부의傅毅는 부처의 공덕을 찬양하였는데 후한의 가장 뛰어난 글이었습니다. 그런데 종리의鍾離意¹²⁹가, 특히 명제의 성격이 "편협하고 자질구레하다."¹³⁰라고 그의 전기에다 기록하였으니 어찌 훌륭한 역사적 평가라고 하겠습니까?

후한의 장제가 세상을 다스릴 때에는 유순하고 선량한 사람을 선발해서 등용하여 충간忠諫하는 길을 열었습니다. 정치 체제를 분명히 밝히어 엄한 형벌을 없애고 문장을 좋아하여 유가儒家의 고전을 숭상하였습니다. 이때에는 신작神雀과 신봉神鳳이 왔으며 백조白鳥(학)와 백록白鹿이 나타나는 상서로운 조짐이 있었습니다. 서주 자사徐州刺史 왕경王景¹³¹이 〈부처를 찬송하는 글(金人頌)〉을 올리고 선제先帝(명제)가 부처를 섬긴 공로를 찬미하였는데 『한서漢書』에 실려 있습니다. 그런데 사관들이 참언讒言으로 태자를 폐위시켰으며 해로운 정치를 했다고 썼으니 어찌 진실한 논의라 하겠습니까?

양나라 무제가 세상을 다스릴 때에는 진실로 문무를 겸비하여 유업儒業을 널리 알렸습니다. 예술성과 재주가 많아 무기를 거두어 모았으며(전쟁을 끝냈다는 의미) 덕을 베풀고 인정仁政을 실천하여 은택이 먼 지방까지 두루 퍼졌습니다. 이때에 궁궐에는 오색구름과 여섯 마리 용이 궁궐 기둥을 지켰으며 궁궐 정원에는 삼족오三足烏¹³²와 공작 두 마리가 계단을 지나갔습니다. 인류의 문화가 시작된 이래로 영험하고 신기한 감응이 이처럼 기이한 적이 없었습니다. 그리하여 밤낮으로 재계齋戒하였으며 나이가 들어서도 게으르지 않았습니다. 사관 위징魏徵이 "양나라 무제는 하늘이 내려 준 인물이며 삼생三生을 알고 있으니 천하의 어진 사람이라고 할 수 있다."라고 하였습니다. 그런데 당나라 문장가인 한유韓愈가 "꿀을 찾았으나 오지 않아 아사餓死하였다."라고 썼으니 어찌 정직한 기록이라고 하겠습니까?

수나라 고조가 세상을 다스릴 때는 모든 지역을 통치하여 아름다운 명성을 열었습니다. 주나라 이후로 내려오는 육관六官[133] 제도를 폐지하고 예악을 처음으로 두었으며, 한나라의 삼성三省(중서성·상서성·문하성)에 의거하여 법도를 준수하였습니다. 이때에는 "하늘에서는 상서로운 조짐인 구문龜文이 나타났고, 물에서는 오색 기운이 떠올랐으며, 땅에서는 맛있는 물인 예천醴泉이 솟았고, 산山은 만년 세를 누리라."[134]라고 외쳤습니다. 위진魏晉 이후로 국토를 개척한 공로는 이만큼 광대한 적이 없습니다. 그리고 기주岐州 등 30개 지역에서 절과 탑을 세웠습니다. 『석실론石室論』[135]에서 "수나라 문제文帝는 황통皇統을 계승하여 자신의 세대에서 태평성대를 이루었으니 참으로 한 시대의 영명한 군주이다."라고 하였습니다. 그런데 (당唐의) 두목杜牧이 "지위와 명호名號를 훔쳐 제대로 수명을 누리지 못하였다."라고 썼으니 어찌 사람을 훈계하는 좋은 말이라고 할 수 있겠습니까?

당나라 태종이 세상을 다스릴 때는 반란을 평정하고 쇠약해진 세상 풍속을 혁신하였습니다. 메뚜기를 깡그리 잡아 농사의 재앙을 구제하였으며 군사적인 무력을 떨쳐 먼 지역의 강한 오랑캐를 복종시켰습니다. 이때에는 신령한 다섯 짐승(기린·거북·용·봉황·백호)과 일각一角(기린)이 서로 모여 상서로운 조짐을 나타내었고, 백호白狐(흰 여우)와 주안朱鴈(붉은 기러기)이 나타나 상서로운 모습을 나타내었습니다. 양한兩漢 이래로 국가의 업적을 떨친 규모가 이보다 큰 적은 없었습니다. 그리고 세상을 떠난 모후母后 목 태후穆太后를 추숭追崇하여 눈물을 흘리면서 홍복사弘福寺를 건립하였습니다. 『신당서新唐書』 권2에서 찬미하기를, "성대하다, 태종의 공적이여! 은殷나라의 탕湯임금과 주周나라의 무왕武王과 견줄 만하고, 주나라의 성왕成王과 강왕康王에 가깝다."라고 하였습니다. 그런데 오직 송宋나라의 문장가인 구양수歐陽修가 "병력을 동원하여 공적을 얻기를 좋아하니 잘못이다."라고 썼으니 어찌 진실한 말이겠습니까? 이상의 몇 분 임금들은 모두 세상에 드문 군주였습니다.

此其右列條目之大槩也。臣智不衛蔡。誠非橫草。莫是此六之外別有所害。無補於治平而然歟。臣誠言前代崇奉之君護持之臣而質之。以君言之。則崇奉之君。不翅千萬。而略擧數主焉。修明禮樂。孰如漢明帝乎。隆興儒雅。孰如孝章帝乎。文武兼俻。孰如梁武帝乎。混同四海。孰如隋高祖乎。混一車書。孰如唐太宗乎。漢明之治世也。有文雅威重。而恭儉兼焉。無奢靡淫麗。而經略能焉。有崇儒尙德。而政治明焉。于斯時也。臨雍拜老。执經問義。其宿儒文士之濟濟。猶周南獜趾之洋洋。三代以來。儒風之盛。未有若是之偉。而詔以釋迦寶像。安顯節陵及淸凉臺。班固傅毅。頌其勳德。於漢爲最。而惟鍾離意。特以帝性褊詧。書爲實錄。豈良史哉。章帝之治世也。選用柔良。而開忠諫之路。明愼政躰。而除嚴刻之刑。雅好文章。而崇儒術之典。于斯時也。有神雀神鳳之來儀。現白烏白鹿之瑞祥。徐州刺史王景。上金人頌。美先帝致佛之功。載于漢書。而惟史氏。特以譖廢太子書。爲害政。豈篤論哉。梁武之治世也。允文允武。而闡揚儒業。多藝多才。而載戢干戈。施德施仁。而澤周遐裔。于斯時也。殿有五色雲。六隻龍而守柱。庭有三足烏二孔雀而歷階。書契以來。靈異之應。未有若是之奇。而日夕齋戒。到老不倦。史官魏徵曰。梁武固天攸縱道亞生知。可謂天下仁人。而惟韓愈。特以索蜜不至。書爲餓死。豈直筆哉。隋祖之治世也。君臨万國。而運啓嘉號。廢周六官。而粃置禮樂。依漢三省。而聿遵法度。于斯時也。天兆龜文。而水潤五色。地開醴泉。而山呼万年。魏晉以來。開拓之功。未有若是之廣。而岐州等三十。各建寺塔。石室論曰。隋文開統。身及太平。固一世之英主。

而惟杜牧。特以偸窃位號。書爲不終。豈警辭哉。唐宗之治世也。戡之禍亂。而革季俗之衰。撥吞蝗虫。而救年穀之災。肅振軍旅。而服遠夷之强。于斯時也。五靈一角。雜畓而呈祥。白狐朱鴈。昭彰而現瑞。兩漢以來。朌業之規。未有若是之宏。而追崇穆太后。流涕而建寺。唐史贊曰。盛哉。太宗之烈也。比迹湯武。庶幾成康。而惟歐陽脩。特以好功勤兵。書爲病疵。豈諒言哉。是皆稀世之君也。

신하를 말한다면 불법을 보호한 신하는 수천수만 명이 넘습니다마는 간략히 몇 시대의 인물을 거론하겠습니다.

진대晉代에는 치초郗超·손작孫綽·허순許詢·도잠陶潛·왕도王導·주개周凱·유량庾亮·왕몽王蒙·왕공王恭·왕밀王謐·곽문郭文·사상謝尙·대규戴逵 등이 있었습니다.

양대梁代에는 임방任昉·하점何點·하윤何胤·심약沈約·유협劉勰·부흡傅翕·부왕傅暀·소종蕭宗·이식李寔·이윤지李胤之·완효서阮孝緖 등이 있었습니다.

당대唐代에는 유선柳宣·송경宋景·장열張說·왕유王維·왕진王縉·양숙梁肅·이선李詵·유가劉軻·육우陸羽·이고李翶·최암崔黯·위주韋宙·두홍점杜鴻漸·백거이白居易 등이 있었습니다.

송대宋代에는 전숙錢俶·왕단王旦·양걸楊傑·양억楊億·위기魏紀·이구李覯·소식蘇軾·소철蘇轍·이병李邴·증개曾開·이준훈李遵勖·장덕원張德遠 등이 있었습니다.

어떤 이들은 조정의 계획을 돕고 국가 계획에 협동하였으며, 어떤 이들은 산천(煙霞)에 몸을 맡기거나 자연에 은둔하고 살았습니다. 어떤 이들은 문장 공부를 원대하게 해서 글재주를 마음껏 펼쳤습니다. 모두가 죽기를 작정하고서 심오한 이치를 탐구하였으며 자신의 육체를 잊고서 불법의 가르침을 받았으니 모두가 견줄 만한 상대가 없는 뛰어난 신하들입니다.

이상의 여러 임금과 신하들은 부처를 더욱 힘써 모셨다고 할 수 있지 치국평천하함에 해를 끼쳤다는 이야기는 듣지 못하였습니다.

以臣言之。删護持之臣。不翅千萬。而略擧數代焉。晋世。則有郄超孫綽許詢陶潛王導周凱庾亮王蒙王恭王諡郭文謝尚戴逵之徒。梁世則有任昉何點何胤沈約劉勰傅翕傅睢蕭宗李寔李胤之阮孝緖之輩。唐世删[1]有柳宣宋景張說王維王縉梁肅李訥劉軻陸羽李翺崔黯韋宙杜鴻漸白居易之儔。宋世則有錢俶王旦楊傑楊億魏杞李覯蘇軾蘇轍李邴曾開李遵勗張德遠之類。或翊亮朝猷。資諧庙筭。或杭迹烟霞。棲身林壑。或磅礴文章。馳騁詞句。咸誓死而耽玄。並忘形而稟敎。是皆空匹之臣也。此數君諸公。可謂奉佛尤勤。而未聞有害於治平者也。

1) ㉘ '删'는 '則'의 오자이다.

신은 또 전 시대에 불교를 배척한 임금과 불교를 비방한 신하들에 대해서 질문을 올리고자 합니다.

임금으로 말하자면 불교를 배척한 임금은 몇 명에 지나지 않습니다. 북위北魏의 무제武帝는 불교를 비방하고 배척하여 도가道家의 태평천군太平天君을 모시는 정륜천궁靜輪天宮을 세우면서 인력과 재물을 낭비하다가 마침내는 전염병에 걸렸습니다. 북주北周의 무제武帝는 스님들을 함부로 죽이고 자신은 황의黃衣를 입었는데 진양晉陽에서 열이 올라 말소리도 내지 못한 채 죽었습니다. 당나라 무종武宗은 사찰과 불상을 없애고 신선이 된다는 금단약金丹藥을 먹었습니다. 회창會昌(무종의 연호) 연간에는 사찰의 방이 2백 칸을 넘지 못하도록 하였으며 일찍 세상을 하직하였습니다. 후주後周의 세종世宗은 불상을 훼손하고 해마다 스님들의 인적 사항이 기재된 승장僧帳을 만들었습니다. 군사를 일으켜 북쪽을 정벌하러 갔다가 악성 종기가 터져 죽었습니다. 이상의 임금들은 모두 쇠퇴한 시대의 임금들입니다.

　신하로 말하자면 불교를 배척한 신하는 몇 명에 지나지 않습니다. 당나라의 부혁傅奕이 장도원張道源의 도움에 힘입어 당 태종太宗에게 불교를 혁파해야 한다는 상소를 올리자, 재상 소우蕭禹는 그가 불교를 비방한다는 죄과를 물어 물리쳤으며, 태종은 부혁의 말이 도리어 어긋난다고 미워하여 종신토록 등용하지 않았습니다. 또 북위北魏 재상 최호崔浩가 구겸지寇謙之의 술책을 믿고서 북위 무제에게 승려를 죽여야 한다고 건의를 하였습니다. 사마온공司馬溫公은 그들의 술수를 택한 무지함을 비방하였으며, 그리고 당시 길 가던 사람들은 최호의 악행을 원망하였으며 최호의 얼굴에 오줌을 뿌렸습니다. 또 북주北周 시대에 도사 장빈張賓이 위효관韋孝寬의 일당과 결탁하여 북주의 무제에게 불교를 헐뜯는 말을 하고 불상을 허물어야 한다고 하자 대부大夫 견란甄鸞이 불법의 정직함을 논변하였고, 후대에 당나라 상서尙書 당림唐臨은 배척을 근거로 해서 (불교설화집인) 『명보기冥報記』를 지었습니다. 또 당나라 도사 조귀진趙歸眞[136]이 유현정劉玄靜의 아첨에 따라 당 무종에게 은근히 참소하여 절을 불 지르고 없앴습니다. 그리고 당시 습유拾遺 왕철王哲도 무종에게 불교를 믿는 사람이 너무 많다고 간언하였습니다. 그리고 사관史官도 불교 혁파를 거론하였음은 호오好惡가 같지 않았기 때문입니다. 이상의 신하들은 모두 혼란한 시대의 신하들이었습니다.

　이상의 여러 임금과 여러 신하들은 불교 배척에 매우 철저하였다고 평가를 할 수 있지만 치국평천하에 도움을 주었다는 이야기는 듣지 못했습니다. 대체로 전 시대 군주들의 행위는 자신의 손에서 직접 나온 것이 아닙니다. 모두가 시호市虎[137]가 전하는 말이요, 베틀에 앉아 있던 증자의 어머니가 베틀 북을 던지게 된 것[138]에 연유하는 것입니다.[139]

臣又言前代廢斥之君排毁之臣而質之。以君言之。則廢斥之君。不過數三。

而惟魏武帝。詆排釋敎。建靜輪天宮。費竭人財。而終感勳疾。周武帝。殲戮沙門。身服黃衣。熱發晉陽。而失音抵死。唐武宗。罷除寺像。餌金丹藥。會昌不滿。而早致崩亡。周世宗。毀仆鑄像。歲造僧帳。擧兵北伐。而疽遺殂落。是皆衰世之君也。以臣言之。則排毀之臣。不過數三。而惟傅奕附張道源之助。奏疏於唐祖。請罷釋敎。宰相蕭瑀。斥其謗佛之罪科。而太宗惡奕言悖。終身不齒。又崔浩信冠謙之之術。建白於魏武誅滅沙門。司馬溫公。譏其擇術之不智。而路人忿浩元惡。行溺其面。又張賓搆韋孝寬之黨。譎譖於周武。猜毀浮圖。大夫甄鸞。辨其佛法之正直。而尙書唐臨。因其抵排。述冥報記。又趙歸眞。從劉玄靜之佞。暗訴于唐武。焚廢淨坊。拾遺王哲。諫其信諂之太過。而史氏論其革罷。好惡不同。是皆季習之臣也。此數君諸公。可謂斥佛尤篤。而未聞有補於治平者也。大抵前代君主之所爲不出於自用。皆因市虎之傳言。致有機母之投抒也。

　유학을 공부하는 사람으로는 송대宋代의 학자인 정자程子[140]와 주자朱子보다 뛰어난 사람은 없습니다. 그런데 정명도程明道는 불상을 배척하지 않았고, 주회암朱晦菴(주자의 호가 회암)은 불서佛書를 즐겨 보았습니다. 장난을 칠 때에 단지 문자로 배척한 것에 불과합니다. 즉 "고원한 듯하지만 내용이 없고, 이치에 가까운 듯하면서 진실을 어지럽힌다."라고 하였지 불교를 폐지해야 한다는 글은 보지 못했습니다.
　당나라의 학자 한퇴지韓退之(한유)가 「논불골표論佛骨表」를 올려 불교를 배척하자 서촉西蜀 용 선생龍先生[141]이 한유의 말이 불교의 교리에 거슬린다고 원통히 여겨 「비한非韓」을 지어 한유를 공격하였습니다. 나중에 한유가 태전太顚 스님과 교유를 하자 상서尙書 맹간孟簡(한유의 제자)이 한유에게 편지를 보내어 미망迷妄을 고친 점을 좋게 평가하였습니다. 송宋나라의 문장가인 황노직黃魯直(황산곡)은 "한유가 태전 스님을 만난 이후로 불교를 배척하는 주장이 조금 줄었다."라고 평가를 하였습니다. 구양수는 한유의 인간됨을 사모하였고 그가 불교를 배척함을 좋아하였습니다. 구양수가 언젠가 숭산崇山에 유람을 간 적이 있었습니다. 우연히 스님을 만나 대화를 나누다가 자신도 모르게 저절로 무릎을 꿇었다고 하니, 사희심謝希深(송의 문장가)이 글을 지어 그 사건을 기록하였다고 합니다. 송나라의 학자인 사마광司馬光은 순자荀子와 맹자孟子의 뜻을 계승하여 불교를 없애려고 하였으나 원통 선사圓通禪師[142]를 만난 것이 계기가 되어 갑자기 숙세의 원을 깨달았습니다. 마침내 자신의 예기銳氣를 잊고 공공연히 "불법의 정미함이 우리 유가서儒家書에 벗어나지 않는다."라고 하였습니다. 송나라의 장상영張商英은 공자의 도를 숭상하여 무불론無佛論을 지으려다가 임제종의 고승인 도솔 종열兜率從悅 스님을 찾아가 마음이 확 트이어 「호법론護法論」을 지었습니다. 나중에 우의정으로 벼슬이 올랐는데, 오랜 가뭄 끝에 비가 내렸으므로 송나라의 문장가인 당자서唐子西(唐庚)가 시를 지어 그의 미덕을 칭송하였습니다.

　이들은 모두 걸출한 사람들입니다. 그렇지만 단지 문자로써 불교를 멀리하였을 뿐이지 불교를 폐지하자는 논의는 또 보지 못했습니다. 즉 불법의 이치를 깊이 음미하는 동안에 마음으로 합치하는 점이 있었기 때문입니다.

業儒之士。莫賢乎程朱。而程明道。不背塑像。朱晦菴。喜看佛書。爭戱之間。只以文字斥之不過。曰似高而無實。近理而亂眞。廢佛之論。未之見焉。韓退之上表排佛。西蜀龍先生。憤其言忓。著書攻之。愈後與太顚交遊。尙書孟簡寄書。嘉其改迷。故黃魯直謂。韓愈見太顚之後。排佛之論少沮云。歐陽脩。慕韓愈爲人。喜排釋氏。嘗遊崇山。遇僧談話。不覺膝之自屈。故謝希深。作文記其事云。司馬光繼荀孟之志。方營汰去。因謁圓通。忽悟宿願。遂忘意之自銳故。公之言曰。其精微不出吾書云。張尙英尊孔氏之道。欲作無佛論。尋叅從悅。豁省心地。乃著護法論。後登右揆。久旱而雨故。

唐子西賦詩。頌其美云。此皆豪傑之士。而只以文字斥之。廢佛之論。又未
之見焉。則翫味之間。默契者存焉。

이런 관점에서 논한다면 불교를 숭상하고 모신 임금과 신하는 수천수
만 이상입니다. 그런데 불교가 세상에 도움이 되지 않는다고 해서 당시
불교를 믿은 임금과 신하는 모두 잘못이라고 할 수 있겠습니까? 불교를
배척한 임금과 신하는 두세 명에 불과합니다. 그런데 불교가 유해하다고
해서 당시의 임금의 신하는 모두 옳다고 할 수 있겠습니까?

과연 불교를 받들고 믿음이 잘못이라고 한다면 후한의 명제 같은 임금
이 북위 무제보다 못하며, 송경이 장빈 같은 무리보다 뒤떨어질 것입니
다. 과연 불교를 폐지하고 배척함이 옳다고 한다면 북주의 무제 같은 임
금이 당의 태종보다 뛰어나며, 최호가 부의 같은 인물보다 현명할 것입니
다.

그렇지만 태평한 시대를 따진다면 반드시 한漢·당唐을 말하고, 부의·
송경이 사특한 마음을 가지고 있다고 듣지 못했습니다. 혼란한 시대를 말
한다면 반드시 북위·북주를 말하고, 최호·장빈이 나라를 경륜할 만한 솜
씨가 있다고 듣지 못했습니다.

전하께서는 반드시 여러 역사를 종합하여 (부처가 없다는) 무불설無佛
說에 관하여 단정을 내리십시오. 신 역시 여러 역사를 열거하여 여쭈어
보도록 하겠습니다.

옛적 공자가, 노자에게 예를 물었고, 사양師襄에게 거문고를 배웠고, 장
홍萇弘에게 음악을 물었고, 담자郯子에게 고대 관직 체제에 대해 배운 것
은, 이들 모두에게 취할 만한 점이 있고 『춘추春秋』를 저술하고자 위함이
었습니다. 그런즉 담자는 경전에 적히었으며[143] 해석하는 이가 관직 명칭
의 학설로 기록하였습니다. 나머지 세 사람이 경전에 적혀 있지 않은 것
은 편찬하는 이가 이들의 학술이 기예지술技藝之術이라고 여겨 물리쳤기

때문입니다. 그렇지만 사양·장홍 등이 어찌 담자보다 현명하지 못하였겠습니까? 대개 관직 명칭은 세상 교화와 관계가 있고 기예는 나라를 다스리는 데 벗어난 것이기 때문입니다.

이런 까닭에 구양수와 송기宋祁가 『신당서新唐書』를 편찬할 때에 구양수는 혜정惠淨의 행적을 삭제하고 오직 일행一行[144]이 만든 대연력大衍曆을 남겨 두었습니다. 송기는 현장玄奘 등의 전기는 모두 삭제하고 오직 도홍道弘이 남긴 지리설地理說을 드러냈습니다. 혜정·현장 등이 어찌 일행·도홍 등보다 능력이 미치지 못해서 그렇겠습니까? 대개 대연력은 사계절을 통괄하는 것이요, 지리설은 인간의 일에 관계된 것이기 때문이니, 사관들의 기록을 취함이 합당합니다.

사마광이 『자치통감資治通鑑』을 지을 때, 즉 「태종기太宗紀」에 실린 부혁傅奕이 주술력을 시험한 등의 종류는 많은 지면을 할애하여 기술하고, 현완玄琬[145]이 도를 논한 것은 억제하고 싣지도 않았습니다. 어찌 주술력을 시험한 것은 뛰어나고 도를 논한 것은 하열하다고 하겠습니까?

대개 주술력을 시험한 것은 호사자好事者들이 근거도 없이 제시하였으므로 인용하여 불교의 공허한 점(虛)을 폄하한 것입니다. 도리를 논한 것은 이치를 탐구하는 자들이 눈을 부릅뜨고 당당하게 수집하였으므로 물리치고 불교의 참된 점(實)을 숨기고 물리친 것입니다. 그리고 구양수·송기·사마광이 지은 『신당서』와 『자치통감』은 저 『춘추』를 본받아서 저술되었습니다.

그렇기는 하지만 저 『춘추』는 사사로이 편을 드는 것이 없는데, 이 『신당서』와 『자치통감』은 한쪽으로 치우쳐 미워함이 있습니다. 불교의 참된 점은 물리치고 숨기며, 공허한 점은 인용하여 폄하합니다. 어찌 춘추시대의 정직한 역사가인 동호董狐의 붓과 같다고 할 수 있겠습니까? 이런 까닭에 불교와 관련된 학설이 역사서에 실리지 않게 된 것입니다.

由是論之。崇奉君臣。不趐千萬。而佛若無補。則當時君臣。盡皆非乎。廢
斥君臣。不過數三。而佛若有害。則當時君臣。盡皆是乎。果以崇奉爲非。
則漢明諸君。劣乎魏武。而宋景短於張賓之儔也。果以廢斥爲是。則周武
諸君。拔乎唐宗。而崔浩賢於傅毅之徒乎。雖然論治日。則必曰漢唐。而未
聞傅宋有邪僻之心也。語亂世則必稱魏周。而未聞崔張有經綸之手也。殿
下必謂綜核諸史。斷無佛說。臣亦擧數史而質之。昔孔子問禮於老子。學琴
於師襄。問樂於萇弘。學官於郯子。皆有所取。而其修春秋也。則郯子得書
乎經。而釋之者錄其官名之說。三子不書乎經。而編之者黜其方技之術。襄
弘諸子。豈不若郯子賢哉。蓋官名所以關於世教者也。方技所以脫於國經
者也。是故歐陽脩宋祈修唐史也。則歐公偏削惠淨等迹。而唯存一行大衍
之作。宋公並删玄裝等傳。而獨著道弘地理之說。淨裝諸師。豈不及行弘輩
哉。蓋大衍所以統天時者也。地理所以係人事者也。見取於史筆宜矣。司馬
光修通鑑也。則太宗紀所載。與傅奕試呪之類。揚而洒書。與玄琬談道之
比。抑而不載。豈試呪爲優而談道爲劣哉。蓋試呪好事者。孟浪所提故。引
之而貶訕佛氏之虛也。談道探理者。瞋堂所輯故。黜之而諱却佛氏之實也。
然則抑此三史。法彼春秋而作也。雖然彼春秋。則必無私挾。而此三史。則
互有偏疾。其於釋氏。宗者黜而諱之。虛者引而貶之。豈皆董狐之筆哉。此
所以佛說之不載於史氏者也。

전하께서는 불교가 없던 예전에는 나라가 태평하고 편안하였는데 불교
가 있은 후에는 나라의 존속 기간도 짧고 운수도 다 되었다고 생각하고
있으니, 신 역시 전대의 혼란한 시대를 열거하여 묻도록 하겠습니다.
　혼란하여 멸망한 세상은 이루 다 기록할 수 없습니다. 몇 시대만 대략
열거하겠습니다. 사람을 해치고 많이 죽이기로는 어느 누가 하나라 걸왕
桀王만 하겠습니까? 의로운 사람을 해치고 선한 사람을 손상시키기로는
어느 누가 은나라 주왕紂王만 하겠습니까? 권력을 탐내고 공적을 좋아하

기로는 어느 누가 진시황제만 하겠습니까?

하나라 걸왕이 임금 노릇을 할 때입니다. 그는 탐욕스럽고 포학하였으며 힘은 쇠를 구부릴 정도로 대단하였습니다. 화려한 궁궐과 누대를 지어 총애하는 말희妹喜를 기쁘게 하였으며 산더미 같은 고기와 포를 만들어 백성의 재산을 고갈시켰습니다. 술로 못을 만드니 천 명이 마셨으며, 술지게미로 둑을 쌓으니 십 리 길에서도 바라볼 수 있었습니다. 은덕을 베풀지 않고 포악한 짓을 하니 백성들은 그 괴로움을 참지 못하였으며, 음탕하고 방종한 짓을 하여 백성들을 모두 고생길로 빠뜨렸습니다. 이런 까닭에 하늘이 하나라가 지은 죄에 대하여 벌을 내렸으며, 사람들은 "저 태양은 언제 없어지려나."[146]라고 하는 원망을 품었습니다. 그러자 은나라의 탕왕은 백성들에게 걸을 정벌하겠다는 맹세를 하면서 정벌 길에 나섰고, 중훼仲虺는 탕왕에게 훈계하는 「중훼지고仲虺之誥」라는 글을 지었습니다. 마침내 금성탕지金城湯池처럼 견고한 좌측의 하수河水와 제수濟水를 상실하였고, 반석처럼 견고한 우측의 태산과 화산華山이 무너졌으며, 남쪽의 험준한 지역인 이궐伊闕을 빼앗겼으며, 북쪽을 완전히 방비하는 양장산羊腸山이 붕괴되었습니다. 탕임금은 남소南巢[147]로 걸을 추방하였습니다. 명조鳴條로 달아난 걸이 죽자 하나라도 역시 곧이어 멸망했습니다. 그러므로 『서경』「탕서湯誓」에서 "천명으로 걸을 죽였다."라고 하였습니다.

은나라의 주紂임금이 임금 노릇을 할 때입니다. 그는 언변이 뛰어나 거짓을 잘 꾸몄으며 지혜도 넉넉해 간언을 막았습니다. 옥 술잔과 상아 젓가락을 사용하여 사치가 극에 달하였으며 시뻘건 구리 기둥 위로 사람을 걷게 하는 잔혹한 형벌을 행하였습니다. 세금을 많이 거두어 녹대鹿臺(주임금의 보물 창고)에 보물이 가득 찼으며, 잔악한 짓을 행하여 곡식이 거교鉅橋(주임금의 곡식 창고)에 가득하였습니다. 충성스런 어진 신하들에게는 포락지형炮烙之刑[148]을 내렸으며, 추운 겨울 아침 강물을 건너오는 충성스런 신하들을 보고는 정강이가 추위를 견디는지 알아본다고 두 정강이를 베었습니다. 간언을 하여 보필하는 신하들의 살을 가르고 어진 신하 비간比干의 일곱 구멍을 쪼갰습니다.

이런 까닭에 하늘은 은나라에 가득 퍼진 포학한 죄에 분노하였으며, 백성은 대대로 원수로 지내는 원통함을 품었습니다. 그리하여 주周나라 무왕은 용감한 병사를 격려하였으며 태공太公 여상呂尙은 직간直諫을 하는 강직한 지사들을 도왔습니다. 마침내 상교商郊(은나라·주나라가 전투를 벌인 곳)는 화살이 날아가는 전쟁터가 되었고, 목야牧野(은나라와 주나라의 최후 격전지)는 은나라의 군대가 창을 거꾸로 들고 도리어 자신의 군대(은나라)를 공격하는 전쟁터가 되었습니다. 맹문산孟門山(은나라 좌측의 요지)에는 태항산太行山(은나라 우측의 요지)의 먼지가 휘날리고, 북쪽의 항산恒山에는 황하의 물결이 쳤습니다. 군사들이 회동하니 숲처럼 가득하였으며, 죽은 병사들의 피는 방패를 흘려보낼 정도로 치열하였습니다. 은나라의 보물은 모두 불에 탔으며 자신과 국가가 한꺼번에 멸망했습니다. 그러므로 『서경』 「태서泰誓」에서 "천명이 은나라의 주임금을 죽였다."라고 하였습니다.

진나라의 진시황제가 임금 노릇을 할 때입니다. 그는 천성이 모질어 사납고 평소 마음은 탐욕스럽고 잔인하였습니다. 유학자를 구덩이에 파묻어서 어질고 정의로운 사람을 죽였으며 책도 불태웠습니다. 자신의 공적을 칭송하는 사업[149]을 크게 일으켰으며 하늘에 제사를 지내는 의식도 거행하였습니다. 북쪽 오랑캐가 우환거리가 되자 장군 몽염蒙恬이 북쪽에 만리장성을 쌓았으며, 신선이 되고자 하여 서불徐巿로 하여금 동쪽 신선이 산다는 삼신산三神山에 보내어 불로초를 가져오도록 시켰습니다. 백성의 재산을 긁어모으고 부자들은 수도인 함양咸陽으로 이주시켰으며, 백성들의 노동력을 짜내어 위수渭水 남쪽에 아방궁阿房宮을 지었습니다. 2세世 호해胡亥(진시황제 둘째 아들)[150]에 이르러서는 권력이 약해져 간사한 자들이 드러낸 야욕이 널리 퍼졌으며, 3세世 자영子嬰에 이르러서는 나라가 망했습니다. 이런 까닭에 구슬이 호지滈池의 임금에게 되돌아가고, 건어물은 진시황제의 시체를 실은 온량거輼輬車151에 잠기었습니다.

유방劉邦은 패서沛西 지방에서 용처럼 웅크리고 있었으며, 항우項羽는 산동山東 지역에서 호랑이 이빨을 드러내고 있었는데, 마침내 관중關中 지방에서 천하의 패권을 다투는 전투가 일어났습니다. 유방이 패상霸上에 당도하니, 그 지역의 제후들은 양羊을 보내어 항복하였습니다. 효산崤山과 함곡관函谷關에서는 싸우는 소리가 울려 퍼졌고, 농隴과 촉蜀에서는 비릿한 피비린내가 진동하였습니다. 망이궁望夷宮에서 호해는 조고趙高에게 살해당했으며, 자영은 지도軹道152에서 목에 밧줄을 걸고 항복하였으니, 만년을 위한 계책은 2세世를 지나서 멸망하고 말았습니다. 그러므로 가의賈誼는「과진론過秦論」에서 "인의仁義를 실행하지 않았기 때문이다."라고 하였습니다.

이상의 여러 임금들이 통치하던 시대에 불교가 없었는데도 패망하였으며, 나라의 운수 역시 단명하였다고 할 수 있습니다. 이러한 사실들은 승려가 있지 않은데도 그렇게 된 것이 분명합니다.

殿下必謂無佛之前。國治邦寧有僧之後。年夭運促。臣亦擧前代亂亡之世而質之。亂亡之世。不可勝記。略擧數代焉。賊人多殺。孰如夏桀乎。殘義損善。孰如殷紂乎。貪權好功。孰如秦皇乎。夏桀之爲君也。貪固肆虐。力能伸鉤。悅婦寵於瓊宮瑤臺。殫民財於肉山脯林。酒爲池則千人俯飮。糟築堤則十里延望。滅德作威。不忍其荼毒。耽婬縱暴。盡墜其塗炭。是以天降夏氏有罪之罰。人懷時日曷喪之怨。於是成湯行誓衆之征。仲虺作諭王之誥。遂使河濟失湯池之固。泰華摧盤石之堅。伊闕割南阻之險。羊腸崩北備之完。放之南巢。走於鳴條。身終遷死。國亦隨亡。故湯誓曰。天命殛之。殷紂之爲君也。言能飾非。智足拒諫。窮奢侈於玉盃象著。[1] 重刑辟於炭火銅柱。厚賦稅則財寶鹿臺。行殘害則粟盈鉅橋。炮烙忠良。斲朝涉之兩脛。剖剔諫輔。剖比干之七竅。是以天怒商[2]罪貫盈之虐。民抱乃汝世讎之冤。於是武王勗如熊之夫。太公扶叩馬之士。遂使商*郊爲鳴鏑之場。牧野作倒戈之地。孟門騰太行之塵。恒山沸大河之浪。師會若林。血流標杵。寶玉俱焚。身國並滅。故泰誓曰。天命誅之。秦皇之爲君也。天性剛戾。素心貪殘。刻仁義於坑儒焚書。崇事業於頌功封祀。患胡虜則蒙恬北築萬里。慕神仙則徐市東入三山。畜聚人民。徒豪富於咸陽。焦勞心力。作宮庭於渭南。陵夷至於胡亥。姦回逞志。蔓衍及於子嬰。宗祀不血。是以璧返滈池之君。鮑潰輼輬之魄。於是劉邦丕據乎沛西。項籍虓噉乎山東。遂使關中迎爭鹿之戰。覇上送納羊之降。殽涵轟伐戮之聲。隴蜀漲腥膻之氣。弑身望夷。繫頸軹道。萬歲之計。二世而亡。故賈誼曰。仁義不施。此數君之世。可謂无佛而敗亡相尋。年祚亦促。此非有僧而致然者朗矣。

1) ㉄ '著'는 '箸'의 오자이다. 2) ㉄ '商'은 '商'과 통한다. 이하도 동일하다.

오호! 기이합니다.

우리나라의 전대 기록을 조사하니 양梁나라에서 신라에 부처님의 사리를 보내자 모든 관리들이 나가 영접하였습니다. 그 이후로 사찰이 웅장한 모습으로 자리를 잡았으며 불상도 찬란히 빛이 났으며 신승神僧도 간간히 배출되었고 기이한 스님도 계속해서 나왔습니다. 불법을 구하러 서역으로 갈 때는 너른 바다에 배를 띄웠으며, 불법을 구해 동쪽으로 돌아와서는 고구려에 머물기도 하고 백제에 거주하기도 하였습니다.

삼국의 왕과 신하들은 모두 기쁜 마음으로 달려가 부처를 모셨으며 매우 즐겁게 부처를 섬겼습니다. 심지어는 수염과 머리를 깎고 손가락과 온몸을 소신공양燒身供養하면서 국가의 운명이 오래되고 집안이 잘되기를 기대하였습니다. 그리하여 신라는 992년, 고구려는 705년, 백제는 618년의 왕조를 누렸습니다. 삼국시대에 불교가 나라를 다스리는 데에 유해하다는 소리는 듣지 못했습니다.

고려의 왕씨王氏가 삼한을 통일을 하게 되자 불법이 널리 퍼지고 신도가 많이 늘어났습니다. 높은 관직에 있는 재상에서 재주가 뛰어난 사람들 모두가 마음을 기울여 불교에 귀의하고 불법이 널리 퍼지기를 갈망하였습니다. 혹은 왕족으로 비구니와 스님이 된 사람도 간혹 있었으니 불법이 악을 막고 선을 널리 퍼뜨리는 근본이 되기를 바랐기 때문입니다. 그리고 고려 왕씨가 나라를 475년 동안 통치하였습니다. 고려 왕조 기간 동안에도 불교가 나라를 다스리는 데에 유해하다는 소리는 듣지 못했습니다.

嗚呼异哉。若稽我東之前錄。則梁送佛舍利于新羅。百官郊迎。自爾梵宇崎嶇。尊容燦爛。神僧間生。異釋繼出。訪道西遊。則或舫渤桴溟。得法東還。則或居麗止濟。三國王臣。莫不駿奔而遵。雀躍而奉。至於剪鬢落髮。灼指燃身。期爲壽國祐家之助。而新羅歷年九百九十二年。高麗歷季七百五年。百濟歷季六百一十八年。此時未聞佛之有害於治道也。逮夫王氏之統合也。玄綱振紐。道樹增芽。宰輔之冠冕。人倫之羽儀。靡不倒心而歸投。翹首而佇仰。或至於王族之爲尼爲僧者。間常有之。冀爲遏惡弘善之本。而王氏曆季四百七十五年。此豈亦未聞佛之有害於治道也。

삼가 생각하건대 우리 태조 대왕 전하께서는 천명에 응하여 국운國運을 열었으며 흉악한 적들을 제거하였습니다. 위대한 명성은 임금이 된다는 예언이 있었으며 성인의 덕이 있어 구오지위九五之位(제왕의 지위)에 올랐습니다. 경건하고 지혜롭고 도덕심과 재주는 모든 왕의 으뜸이며, 심오한 지혜와 온화하고 공손함으로 뛰어난 인재들을 많이 포용하였습니다. 나라를 세운 초창기와 국가의 기틀을 잡은 후에는 취령鷲嶺에 정신을 두고[153] 계원鷄園에 마음을 두고서[154] 무학 대사無學大師를 방문하여 한양을 수도로 결정하였습니다.

태종 대왕께서는 진실로 중용中庸의 도를 잡고서 선왕의 덕을 계승하였습니다. 동정서원東征西怨[155]의 경사慶事를 가지고 있었으며 노인을 돕고 유

약자를 이끌어 주는 인자함을 쌓았습니다. 남을 해치는 잔악한 자를 제거하고 없애면서도 관대한 처분을 내렸으며(湯網[156]), 형벌을 관대히 하고 죄 있는 사람을 사면하고 길을 가다가 죄수를 만나면 수레를 멈추고 죄의 경위를 물어 보았습니다(禹車[157]). 문안을 드리는 여가와 정무를 보고 난 한가한 때는 각원覺苑(사찰)을 찾아다니면서 공空의 종지宗旨를 연구하였습니다.

세종世宗·문종文宗 대에 이르러서는 이제 막 개국한 나라의 초창기에 대단히 신중하게 처신하면서도 공로를 많이 드러내었습니다.

세조世祖 대왕께서는 학문을 진작하는 계획(文謨)을 대대적으로 밝히고 군사적인 공적(武烈)을 널리 드러내었습니다. 덕이 있는 사람을 받들고 현명한 사람을 숭상하는 전통을 이어받고, 도리를 논의하고 나라를 다스리는 위엄을 세웠습니다. 신성하고 총명한 자질로 아름다운 공적을 세우려고 노력하였습니다. 엄숙하고도 공손하며 경건하고 조심하여 참으로 영웅의 자질에 딱 들어맞았으며 은혜를 가득 내리는 태양을 돌리고 진실한 교풍教風을 고무시켜 일으켰습니다.

성종成宗·중종中宗 대에 이르러서는 역대 왕들의 아름다운 명령을 이어갔으며 그러한 규범을 후대에 전하였으니, 특별히 승과僧科를 설치하여 나라의 과거 시험과 동급으로 하였습니다.

명종明宗·선종宣宗 대에 이르러서는 역대 왕들이 남긴 교훈을 실천하느라 부지런히 노력하였으며 그들이 남긴 계획을 경건히 실천하였습니다.

지혜로우신 인조 대왕仁祖大王 전하께서는 역대 왕들의 큰 업적을 모으고 하늘이 내린 천명을 잘 알았습니다. 반란을 제압하고 포악한 사람을 죽이는 도리를 실천하였습니다. 위험한 상황 앞에서는 임기응변으로 처리하는 권도權道를 생각하였습니다. 나라의 재앙이 될 만한 싹이 트면 반드시 자르고 사죄四罪[158]에게 벌을 내리고 백성의 농사에 반드시 관심을 가져 육책六責[159]으로 스스로를 지켜 나갔으니, 참으로 예로부터 지금까지 짝을 찾기 힘든 참된 군주이며, 현재를 뛰어넘어 영원히 적수가 없을 정도인 성군이었습니다. 그렇지만 연꽃 속에 간직되어 있는 진리와 깨달음의 도를 그대로 두고 고치지 않으며 북돋아 주고 베지를 않았습니다. 훌륭한 왕의 자손들이 대대로 계승하여 내려와 그 자신 한 몸은 경사를 누리며 영원토록 끝이 없는 국가 사업을 후대에 전하였습니다. 이러한 때에도 불법이 나라를 다스리는 도에 해로움이 있다고 듣지 못했습니다.

『시경』「주송周頌」(〈민여소자閔予小子〉)에서 "위대한 조상들을 생각한다."라고 하였으며,『시경』「노송魯頌」(〈반수泮水〉)에서 "자신의 마음을 밝혀 나라를 세운 공로가 많은 조상에게 다가간다."라고 하였습니다. 바라건대 전하께서는 역대 빛나는 조상들을 생각하시기 바랍니다.『서경』「대우모大禹謨」에서 "항상 생각함이 조상의 공로에 있다."라고 하였으며,『서경』「군아君牙」에서 "조상들을 욕되게 하지 마라."라고 하였습니다. 바라건대 전하께서는 이와 같은 조상들을 생각하시기 바랍니다.

恭惟我太祖大王殿下。應天啓運。制惡除兇。當鴻號四七之符。禦龍飛九五之位。欽明文思。邁絶百王。濬哲溫恭。牢籠千聖。草昧之初。權輿之後。栖神鷲嶺。致情鷄園。訪得無學。之都漢陽。太宗大王。允執厥中。克肖其德。蘊東征西怨之慶。貯扶老携幼之仁。去殺勝殘。輒解湯網。寬刑赦罪。爰停禹車。問安之暇。垂拱之餘。鉤深覺苑。索隱空宗。至于世宗文宗。克愼厥緖。篤叙乃功。世祖大王。丕顯文謨。維揚武烈。承崇德尙賢之統。立論道經邦之威。聖神聰明。用勸嘉績。嚴恭寅畏。允惕英姿。輪昇惠日。鼓振眞風。迄于成宗中宗。嗣厥休命。傳此風規。特設僧科。例同國試。及乎明宗宣宗。敢勤厥訓。祇服斯猷。睿聖仁祖大王殿下。集厥大勳。顧諟明命。行救亂誅暴之道。晉臨危制變之權。孼蘖必鋤。四罪能施。稼穡必念。六責自全。實曠古難雙之眞主也。亦超今永隻之聖君也。然而蓮藏之詮。菩提之道。存而不革。培而不剪。文子文孫。乃繼乃承。享一人有慶之禎。垂萬歲無疆之業。此時亦未聞佛之有害於治道也。周頌曰。念玆皇祖。魯頌曰。昭

假烈祖。伏願殿下。念玆烈祖。禹謨曰。念玆在玆。君陳[1]曰。無忝祖考。伏
願殿下。念玆祖考。

---
1) ㉮ '陳'은 '牙'의 오기이다.

 일반적으로 천하에는 불교가 없는 나라가 없습니다. 이마에 문신을 새기고 이빨에 옷칠을 하는 나라, 짐승처럼 마시고 상투를 치는 풍속이 있는 지역, 풀옷을 입고 털을 먹는 지역, 몸에 문신을 새기고 머리를 늘어뜨리는 지역, 구이팔만九夷八蠻의 바깥 지역, 오융육적五戎六狄의 사이에도 모두 다 승려가 있습니다. 그 지역을 다스리는 임금이나 사대부가 백성을 교화함은 승려들 덕분이고, 승려들에 의해 자신들의 절개를 온전히 지킬 수 있었습니다.
 하물며 전하의 아름다운 덕행은 금수를 포용하고 지극한 사랑은 초목에까지 두루 미칩니다. 어찌 소를 양으로 바꾸어 살린 것에 구애받겠습니까?[160] 어찌 나무와 기러기의 능력이 다르다고 해서 죽음에 대해 치우친 생각을 하십니까?[161]
 삼가 역대 고승들의 족보를 보면 국사國師 도선道詵(827~898)은 우리 동방의 성승聖僧입니다. 당나라에 들어가 일행一行에게 불법을 전수받았습니다. 당나라의 도사道士인 윤음尹愔은 "일행 화상은 참으로 성인이다."[162]라고 하였습니다. 그는 (한나라 무제武帝 때의 천문가인) 낙하굉洛下閎이 설명한 6백 년 예언설을 받아들여 『주역』의 대연수大衍數[163]를 추측해서 점성가들의 오류를 바로잡았습니다. 도선 대사는 일행 스님의 오묘한 학설을 모두 이어받고 동쪽 신라로 돌아왔습니다. 천지의 이치를 연구하고 음양의 조화를 관통하였습니다. 높고 낮은 산을 올라가 두루 조사해서 사찰을 건립하여 천오백여 개의 비보裨補(도와서 이익이 되게 함)의 장소로 삼았습니다. 비보란 국가를 도와서 이익이 되게 한다는 뜻입니다. 지세地勢가 가장 신령하면 반드시 예언하기를, "이 절이 흥하면 이 나라가 흥한다."라고 하였습니다. 도선 대사의 말이 거짓이고 현실적인 근거가 없다면 그만이지만 그의 학술이 기이하고 징험이 있으면, 즉 사찰을 건립함이 국가에 도움이 되고 나라를 다스리는 도에 손해됨이 없음이 또한 분명합니다.

근래 어지러워진 세상에 이름난 거대한 사찰은 불에 타 없어지고, 또 권세가들에 의해서 절을 많이 빼앗겼습니다. 나라의 큰 기운이 무너지고 산맥의 기운이 쇠약해졌습니다. 불교가 망하겠습니까? 나라가 흥하겠습니까? 그렇지만 도선 대사의 예언으로 본다면 사찰이 있고 없음은 국가의 흥망성쇠와 관계가 있습니다. 신은 항상 국가를 위해서 애통하게 여기고 있으며 나라를 위해서도 불안해하고 있습니다.

또 승려들의 역사를 조사해 보니 제왕이 흥성할 때는 반드시 명망이 있는 고승을 방문하였으며 국사國師라는 호칭을 세웠습니다. 국사란 나라의 임금을 돕는 스승이라는 의미입니다. 고승의 도덕심과 명망은 가장 높아 "나라가 흥하려면 신승神僧이 출현한다."라고 반드시 기록하였습니다.

중국을 예로 들어 말하겠습니다. 후한後漢 명제明帝 때의 마등摩騰, 양梁나라 무제武帝 때의 보지寶志(418~514), 수나라의 지의智顗(538~597), 당나라 태종 때의 현장玄奘(600~664), 송나라 태조 때의 마의麻衣 등이 바로 그들입니다.

해동海東을 예로 들어 말하겠습니다. 신라 시대의 묵호자墨胡子, 고려 시대의 순도順道, 백제 시대의 난타難陁, 송악의 도선道詵, 한양漢陽의 무학 대사 등이 바로 그들입니다.

이상의 여러 승려들이 교활하고 남을 속였다면 그만이지만 그들의 불도는 넓고도 멀리 퍼졌습니다. 즉 신승이 출현함은 국가에 이익을 주었지만 나라를 다스리는 데에도 손해가 없음은 또한 분명합니다.

요즈음 세상은 황당하여 큰 덕을 가진 스님은 연기처럼 사라졌고, 불법이 높은 고승들은 거품처럼 사라지고 또 갑자기 단절되었습니다. 불법이 내려오는 계통은 막혔으며, 사찰은 황폐해졌습니다. 불교가 장래에 쇠퇴

하겠습니까? 아니면 국가가 미래에 흥성하겠습니까? 그렇지만 비기秘記를 근거로 해서 본다면 신승의 출현 유무에 따라 국가의 흥망성쇠가 관계되어 있습니다. 신은 항상 국가를 위해 안타까이 여기고 나라를 위해 근심을 하고 있습니다.

凡天下未有無佛之國。雖彫題漆齒之邦。罟飮雌結之俗。卉服毛茹之疆。文身被髮之域。九夷八蠻之外。五戎六狄之間。咸皆有僧。蒙其君長之化。全其操守之節。況殿下之懿德。涵於禽獸。至仁浹於草菅。豈陯牛羊互易之生哉。豈偏木鴈異喜之殺哉。謹案釋譜。國師道詵。我東之聖僧也。入唐受法於一行。一行者。尹愔所謂聖人者也。膺洛下閎六百年之讖。推大衍數。糾其數家之繆。詵盡傳其妙。秘而東歸。縕天地。貫幽冥。陟巘登巒。歷銓建寺。爲一千五百禆補之所。禆補者。禆補國家之謂也。其地勢寂靈。則必識云。此寺興則此國興。其言恐詑狂妄則已。其術神異徵驗。則寺宇之刱。有益於國家。無損於治道者亦明矣。近世澆灘。名籃巨刹。鞠爲火燼。又爲勢奪。元氣剝喪。山脉凋零。佛將亡耶。國將興耶。雖然以識觀之。寺宇之成毀有。則國家之興亡繫焉。臣常爲國痛之。爲國危之。又勘僧史。帝王之興也。必訪尊宿。立國師之號。國師者。師補國君之謂也。其道望寂高。則必記云。國之將興。神僧出。以中國言之。漢明之於摩騰。梁武之於寶誌。隋祖之於智顗。唐宗之於玄奘。宋祖之於麻衣是也。以我東言之。新羅之於墨胡。高麗之於順道。百濟之於難陁。松嶽之於道詵。漢陽之於無學是也。其人點頑[1]欺謎則已。其道恢弘廣達。則神僧之出有益於國家。無損於治道者亦明矣。近世荒唐。碩德煙消。開士漚滅。又爲斗絶。道統陻塞。禪林蕪穢。佛將衰耶。將盛耶。雖然以記觀之。神僧之出沒有則國家之盛衰係焉。臣常爲國慨然。爲國愀然。

---
1) ㉮ '頑'은 '頡'의 오자인 듯하다.

아! 전체적인 입장에서 본다면, 사찰이 있으면 이익이 있고, 승단이 없으면 손해가 있습니다. 치도治道의 손익은 역시 사찰의 유무와 관련이 있습니다. 하필이면 승단을 없애고 절을 허문 연후에 치국평천하를 이룰 수 있다고 하십니까? 신은 거짓으로 전하를 속이는 것이 아닙니다. 전하께서는 역사서를 섭렵하시어 고금의 일을 환하게 알고 있습니다. 사찰을 없애고 흥한 임금이 몇 분이 됩니까? 승단을 존속시키고서 갑자기 망한 임금이 몇 분이 됩니까?

또 비구니가 있음은 한대漢代에 시작되었습니다. 당시 왕의 후궁인 첩여婕妤[164]와 궁녀 등 230여 명은 속세에 염증을 느끼고 불교로 귀의하였습니다. 여혜경呂惠卿[165] 등은 도사 628명과 함께 관직을 버리고 승복을 입었습니다. 현종顯宗은 열 군데에 절을 세웠습니다. 성안에 있는 세 곳의 절에는 비구니와 첩여 등을 편안히 거주하도록 하였고, 성 밖의 일곱 개 절은 스님을 안주시키면서 여혜경 등을 머물도록 하였습니다. 성 안팎으로 구분 지은 것은 남녀의 구별이 있기 때문입니다.

우리 조선에서도 그 법도가 역시 실천되었습니다. 자수원慈壽院[166]·인수원仁壽院[167] 두 원院은 궁궐 바깥에 있으니 즉 선대 왕후王后의 내원당內願堂[168]입니다. 봉은사奉恩寺(서울 강남구 삼성동)와 봉선사奉先寺(경기도 남양주시 진접읍) 두 사찰은 능침陵寢 안에 있으니, 즉 선왕先王의 외원당外願堂입니다. 내외內外를 구분 지은 것은 역시 남녀의 구별이 있기 때문입니다. 이것은 일조일석一朝一夕에 만들어진 것이 아니라 실로 선왕先王·선후先后의 제도입니다. 사찰은 국가와 더불어 흥하였고 국가와 함께 망하였습니다. 사찰이 있으면 국가의 경사요, 사찰을 훼손하면 국가의 재앙입니다. 그러므로 『시경』「대아大雅」〈첨앙瞻卬〉에서 "사람들이 망한다고 하니, 마음의 근심이다."라고 하였습니다. 자수원·인수원을 철폐하면 전하의 근심이 됩니다. 『시경』「소아」〈육아蓼莪〉에서 "병이 비어 있음은, 술잔의 수치이다."라고 하였으니, 봉은사·봉선사가 쇠망하면, 즉 전하의 수치일 것입니다. 지금 자수원·인수원 모두를 철폐해서 비구니를 내쫓아 보내었으며, 봉은사·봉선사를 모두 폐기해서 노비들을 몰수하였습니다. 우뚝 솟은 사원들이 고대 은나라의 황폐한 도읍지처럼 처참한 모습을 띠고 있으며, 청정한 스님과 비구니들은 모두 곤궁에 처한 사람들의 슬픔을 가지고 있습니다. 회상조용繪像雕容(불상)은 마을 아낙네들의 마음을 아프게 하고, 방포원정方袍圓頂[169]은 마을 어린이들의 눈물을 닦아 줍니다. 전하의 관대한 마음은 충분한데 무엇을 꺼리어 선후가 남긴 내원당의 비구니들을 내쫓으십니까? 전하의 부富 정도면 충분한데 무엇이 부족하기에 선왕이 남긴 외원당의 노비들을 빼앗으십니까?

(『춘추좌씨전』 「소공昭公」 15년에) 목자穆子가 "옛날의 좋은 것을 버리면 상서롭지 못하다."라고 하였으니, 오늘날 상서롭지 못한 것으로는 사원을 폐기한 것이 가장 큽니다. 우자郰子가 "나는 돌아갈 곳이 없다."(「소공」 18년)라고 하였습니다. 오늘날 돌아갈 곳이 없기로는 비구니들을 쫓아낸 것이 가장 큽니다.

噫。合而觀之。有寺則在所益矣。無僧則在所損矣。治道之益損。亦預乎其間。而何必曰除僧毁寺。然後爲治平者哉。臣非架空而誣罔於殿下也。殿下涉獵圖史。曉達古今。廢寺而勃興者。有幾君乎。存僧而忽亡者。有幾主乎。且僧有尼衆。始於漢世。當時王婕好等。與宮媛二百三十餘人。厭俗歸眞呂惠卿等。與道士六百二十八人。投簪被衲。顯宗建寺十所。城內三寺安尼婕好等住之。城外七寺安僧。惠卿等住之。所以限內外者。男女有別故也。至於我東。其揆亦行。夫慈壽仁壽兩院在宮掖之外。卽先后之內願堂也。奉恩奉先兩寺。在陵寢之內。卽先王之外願堂也。所以限內外者。亦男女有別故也。此非一朝一夕之刱。實是先王先后之制也。與國同興。與國同亡。有成則國之慶也。有毁則國之殃也。故大雅曰。人之云亡。心之憂矣。兩院廢則殿下之憂也。小雅曰。瓶之罄矣。惟罍之恥。兩寺衰則殿下之恥也。今兩院盡廢。放黜尼衆。兩寺盡棄。剗沒奴婢岧嶤寺院。帶殷墟之慘。淸淨僧尼。含楚囚之悲繪像雕容。傷心於巷婦。方袍圓頂。拭淚於閭兒。殿下之寬。有何所忌。而黜先后內願堂之尼衆乎。殿下之富。有何所乏。而剗先王外願堂之奴婢乎。穆子曰。棄舊不祥。今日之不祥。孰若寺院之廢棄哉。郿子曰。余无歸矣。今日之無歸。孰若尼衆之放逐哉。

천리天理로 말을 하자면 선왕·선후의 법도를 따름이 이치에 순응함입니다. 인사人事로 말을 하더라도 하루아침에 만들어진 논의를 따름은 이치에 위배됩니다. 그러므로 『서경』「태갑太甲」상에서 "너의 조상들의 행실을 따른다."라고 하였으며, 『서경』「낙고洛誥」에서는 "전대 사람이 이룬 업적을 더욱더 굳건히 한다."라고 하였습니다. 참으로 이렇게 한다면 천리에 순응하는 것입니다.

『춘주좌씨전』「성공成公」9년에서 "선군先君을 잊지 않는다."라고 하였으며, 『예기』「교특생郊特牲」에서 "조상의 명을 받든다."라고 하였습니다. 이렇게 하지 않으면 인사에 위배되는 것입니다.

일단 임금과 백성의 관계에 대해 말씀드리겠습니다. 임금이 있으면 반드시 백성이 있습니다. 그러므로 『시詩』에서 "나만 홀로 백성이 아니랴?"[170]라고 하였고, 『서경』「대우모大禹謨」에서 "사랑해야 할 사람은 임금이 아닌가?"라고 하였습니다.

비구니들이 어찌 전하의 백성이 아니며, 그리고 전하는 비구니들의 임금이 아니겠습니까? 백성은 임금을 받들어 모시며 임금은 백성을 부립니다. 그러므로 백성의 입장에서는 의리상 당연히 정성스럽고 공경해야 합니다. 임금의 입장에서는 백성을 사랑하고 관대하고 어질게 대해야 합니다. 이것이 바로 존비尊卑의 명분이고 상하 간에 편안히 사는 길입니다. 만약 비구니를 추방시킴이 과연 옳다면 선대 왕들의 영령이 전하에게 부끄러움을 가지게 될 것이요, 사원을 철폐함이 과연 잘못되었다면, 즉 전하께서는 선대 왕들의 영령에 부담감을 가지게 될 것입니다.

아! 이상의 일로써 추론해 본다면 사원이 있으면 순리에 따르는 것이요, 비구니를 추방함은 순리에 위배됩니다. 정치가 순리적으로 되어 나갈 것인가 혹은 잘못되어 나갈 것인가의 여부도 역시 사원의 존폐와 비구니의 추방과 연계되어 있습니다. 그런데 하필 사원을 혁파하고 비구니를 추방시킨 연후에 인정仁政을 실천할 수 있다고 하십니까?

신은 근거도 없이 전하를 현혹시킴이 아닙니다. 전하의 효도는 천심天心을 감동시키고 지혜는 인도人道에 달통하였습니다. 선대 왕후께서 남긴 법도를 생각한다면 어찌 차마 비구니를 추방시킬 수가 있습니까? 선왕의 옛 법도를 생각한다면 어찌 차마 노비들을 빼앗을 수 있겠습니까?

以天理言之。循先王先后之法則順也。以人事言之。從一朝一夕之議則背也。故太甲曰。率乃祖攸行。洛誥曰。篤前人成烈。苟如是則順天理者也。左傳曰。不忘先君禮記曰。受命于祖。不如是則背人事者也。姑以君民語之。有君則必有民。故詩云。我獨非民。書云。可愛非君。尼衆豈非殿下之民。而殿下豈非尼衆之君哉。民以君戴。君以民使。故在民義當慤謹。在君愛宜寬仁。此尊卑之名分。上下之安寧也。若放尼果是。則先靈有愧於殿下矣。若廢院果非。則殿下有負於先靈矣。噫。推而觀之。存院則在所順矣。放尼則在所背矣。政體之順背。亦與乎其間。而何必曰。罷院黜尼。然後爲仁政者哉。臣非鑒虛。而眩亂於殿下也。殿下孝感天心。明通人道。思先后之遺範。則忍黜其尼衆乎。念先王之舊模。則忍削其奴婢乎。

또 절에는 역대 제왕들의 위패를 모셨는데 당대唐代에 시작되었습니다. 개원開元(713~741) 연간에 활동한 도의 선사道義禪師가 금각사金閣寺를 세웠습니다. 대종代宗이 두 종류의 세금으로 도움을 주니 고조·태종 이하 일곱 분 왕들의 위패를 모시고 각각 황제의 칭호를 그 위패에 표시하였습니다. 광순문光順門에 모든 관리를 세우고 사찰 안으로 맞이하여 차례로 제사를 올리게 하였으며 이때부터 해마다 지내는 것을 원칙으로 하였습니다. 당시 태묘太廟와 동쪽과 서쪽의 두 궁궐에 영지靈芝가 자라니 황제가 시를 지어 찬미하였습니다.[171]

우리 조선에서도 대개 당의 제도를 본받아 내외 원당願堂에 왕의 위패를 모신 지가 수백 년이 되었습니다. 이것은 왈가왈부할 일도 아니요 참으로 공경하고 존중해야 할 의식입니다. 지금 하루아침에 흙더미 속에 위패를 묻어 버렸으며 제단도 붕괴되었고 제사도 끊어졌습니다. 전하께서는 그 지역이 아닌 곳(즉 사찰이라는 의미)에 위치하여 위패를 설치하기가 합당하지 않아서 그렇게 되었다고 생각하십니까? 아니면 시대가 많이 지나가서 오랜 세월이 흘러 존속시킬 필요가 없다고 생각하십니까? 만약에 그 지역이 아닌 곳에 위치했다고 한다면, 즉 당시 사람들의 식견이 높지 못함이요, 전하의 잘못이 아닙니다. 만약 시대가 많이 지나가서 오랜 세월이 흘러서 그렇게 된 것이라면, 즉 전대의 경전에 근거가 있고 흙더미에 묻힐 것이 아닙니다. 은대殷代에는 삼종三宗[172]이 있고 주대周代에는 칠묘七廟[173]가 있는데, 이것을 종묘라고 합니다. 종묘의 법은 고대에는 조주祧主[174]는 태조묘의 동서쪽 협실에 모셨으며, 흙더미 속에 묻었다는 소리는 듣지 못했습니다. 주대周代에 이르러 소昭[175]의 자리에 있는 신주를 옮길 때에는 문왕文王의 사당으로 옮기고, 목穆의 자리에 있는 신주를 옮길 때에는 무왕武王의 사당으로 옮기는데, 역시 흙더미에 묻는다는 소리는 듣지 못하였습니다. 하물며 시조는 백대가 지나더라도 신주를 다른 곳으로 옮기는 이치가 없습니다.

사원은 본래 불우佛宇라고 불렀습니다. 비록 그 자리가 아니기는 하지만 이미 제왕의 위패를 모셨다면 참으로 종묘와 같습니다. 옛적 춘추시대에 정鄭나라의 자산子産이 향교鄕校를 허물지 않자 공자는 그가 어질다고 여겼고, 이영李榮이 사당의 신주를 헐어야 한다고 논의하자 한유韓愈는 그를 비난하였습니다. 하물며 우리 태조 이하 역대 왕들께서는 어떠한 존귀한 신령이기에 어찌 차마 왕의 호칭이 새겨져 있는 신주를 진흙 속에 묻을 수 있겠습니까?

춘추시대의 채묵蔡墨이 "옛 유적을 허물지 않는다."(「소공」32년)라고 하였습니다. 국가의 옛 유적으로 제사를 지내는 장소만큼 중요한 것이 어디에 있습니까? 춘추시대의 자어子魚가 "옛날의 제도를 따른다."(「정공」4년)라고 하였습니다. 국가의 옛날 제도로 체협지사禘祫之祀[176]만큼 중요한 것이 어디에 있습니까?

천리를 기준으로 말을 한다면 공경할 만한 귀중한 유적을 지켜 나가면 이득이요, 인사를 기준으로 말을 한다면 왈가왈부하는 논쟁을 일으킨다면 손실입니다.

그러므로 『서경』 「상서商書」 〈열명說命〉 하에서 "선왕들이 완성한 법도를 거울로 삼는다."라고 하였으며, 『서경』 「주서周書」 〈필명畢命〉에서 "선왕들이 완성한 공적을 공경하며 따른다."라고 하였습니다. 진실로 이와 같이 한다면 천리를 얻게 될 것입니다.

『주역』 「수괘需卦」 구삼九三에서 "공경하고 신중하면 패배하지 않는다."라고 하였으며, 「곤괘困卦」 구오九五에서 "제사를 지냄이 이롭다."라고 하였습니다. 이렇게 하지 않으면, 즉 인사를 잃어버리게 될 것입니다.

> 且寺設聖位。始於唐世。禪師道義。建金閣寺。代宗助以二税。設高祖太宗已下七聖位。各以帝號標其上。立百僚於光順門。迎入寺內。以次致祀。自是歳爲常准。于時太廟二宮。生靈芝帝。賦詩美之。至於我東。盖取諸此。夫聖位之設於內外願堂者。數百季矣。此非曰可曰否之端。實是乃敬乃重之儀也。今一朝瘞於沙土之中。壇墠既崩。禘祫斯絶。聖慮必謂處非其地。不宜設而然歟。抑世數久遠。不應存而然歟。若曰處非其地。則當時之識見未高。非殿下之失也。若曰世數久遠。則前代之經典有據。非沙土之瘞也。

殷有三宗。周有七廟。是謂宗廟。宗廟之法。古者祧主。藏於太祖廟之東西夾室。未聞瘞於沙土之中也。至周則昭之遷主。藏於文王之廟也。穆之遷主。藏於武王之廟也。亦未聞瘞於沙土中也。況始祖百世。無遞遷之義。今寺院本稱佛宇。則雖非其地。旣設聖位。則實同宗廟。昔子産不毁鄕校。孔子仁之。李榮議毁廟主。韓愈非之。況我太祖已下列聖。是何等尊靈。而忍以泥塵瘞其標號之主哉。蔡墨曰。不廢舊績。國之舊績。曷若壇墠之位乎。子魚曰。以率舊職。國之舊職。曷若禘祫之祀乎。以天理言之。遵酒敬酒重之蹟則得也。以人事言之。起曰可曰否之諍。則失也。故商*書曰。監于先王成憲。周書曰。欽若先王成烈。苟如是則得天理者也。需之九三曰。敬愼不敗。困之九五曰。利用祭祀。不如是則失人事者也。

신이 날짜를 계산해 보니 가뭄과 기근은 신주를 묻은 해에 시작되었으며 지금 4년째로 접어듭니다. 벼를 심지도 못하고 곡식 수확도 못하였으며, 멀건 죽도 솥에는 없습니다. 남아를 데리고 가서 (종으로 만들어) 곡식과 바꾸니 부부가 마주 보고 눈물을 흘리며, 자식을 팔아 살아 나갈 계책을 세우니 부모자식 간에 서로 이별하고, 유리걸식하면서 돌아다니는 자들은 길을 덮고, 굶어 죽는 사람은 거리를 메웠습니다.

춘추시대의 유하劉夏가 "신이 노하면 그 제사를 받지 않는다."(『춘추좌씨전』「소공」원년)라고 하였습니다. 혹시 선대왕들의 영혼이 노하여 제사를 받지 않아서 나라가 이러한 상황을 불러온 것이 아니겠습니까?

춘추시대의 안자晏子가 "신이 노하면 그 나라를 바라보지 않는다."[177]라고 하였습니다. 혹시 선대왕들의 영혼이 노하여 우리나라를 향하지 않아 나라가 이 지경이 된 것이 아니겠습니까?

그렇지 않다면 어찌 현재 대단히 덕이 많은 임금이 다스리는 시대에 이렇게 비가 내리지 않는 것이 몇 년이나 계속될 수 있습니까? 이것은 필연적인 결과여서 의심할 것이 없습니다. 현재의 상황을 근거로 과거를 본다면 더욱더 잘못됨이 있습니다.

용俑[178]을 만든 것이 비록 미미하지만 위대한 성인인 공자는 용을 만든 사람이 후손이 없을 것임을 알았습니다. 돌을 땅속에 묻음이 비록 사소한 일이기는 하지만 신령한 부처는 석씨石氏[179]가 망하게 될 것이라고 말하였습니다. 하물며 지금 역대 왕의 위패는 목자木子[180]입니다. 웅덩이를 파서 묻는다면 어떠하겠습니까?

臣以年月考之。旱饉始於瘞主之歲。于今四載。秧穀退鎌。饘酏辭甕。持男易粟。則夫妻對泣。鬻子謀生。則父母相離。流亡者蔽路。餓莩者塡衢。劉夏曰。神怒不歆其祀。或者先靈怒。不歆祀而致此耶。晏子曰。神怒不嚮其國。或者先靈怒。不嚮國而至是耶。不然。豈今至德之治世。有此不雨之連年哉。此必然而無疑者也。將今視古尤有甚焉。作俑雖微。大聖知俑人之無後。埋石雖小。神釋諭石氏之致亡。矧今聖位。乃木子也。其於穿坎而故坑之。爲何如哉。

조손祖孫 관계로 말해 보겠습니다. 조상이 있으면 반드시 후손이 있습니다. 『서경』(「태갑太甲」) 중에서 "너의 빛나는 조상을 본받으라."라고 하였으며, 『시경』(「상송商頌」 〈나那〉)에서 "오 빛나는 탕의 후손이여!"라고 하였습니다. 역대 왕들이 어찌 전하의 조상이 아니겠으며, 그리고 전하는 어찌 역대 왕의 후손이 아니겠습니까? 후손은 조상을 계승하고 조상은 후손들에 의해 영원한 생명력을 가집니다. 그러므로 후손들의 효도는 당연히 조상들을 추모하고, 조상들의 영혼은 은밀하게 후손들을 도와줍니다. 이것이 바로 저승 세계와 현실 세계에서 벌어지는 일상적인 이치요, 죽은 사람과 산 사람이 해야 하는 본래의 모습입니다.

신주를 묻음이 과연 옳다면, 즉 선왕들의 영혼은 전하에게 노여워하지 않을 것입니다. 제사를 폐지함이 정말로 잘못이라면, 즉 전하는 선왕들의 영혼에 보답하지 못할 것입니다.

아! 거꾸로 살펴본다면 위패를 설치함이 즉 이득이 있고, 제사를 중단하면 즉 손실이 있습니다. 교화의 득실은 역시 그 사이에서 나옵니다. 하필이면 위패를 훼손시키고 제사를 폐지한 연후에 덕교德教를 실행하려 하십니까?

신은 유언비어에 따라 전하에게 참람되게 말씀드림이 아닙니다. 전하의 도덕심은 천인天人을 관통하고 학문은 심오한 경지까지 도달하였습니다. 제터가 무너짐을 안타까이 여기신다면 어찌 차마 선왕들의 신주를 묻을 수 있겠습니까? 체협禘祫이 끊어짐을 슬퍼한다면, 즉 어찌 차마 그 올리는 제사를 없애려고 하십니까?

姑以祖孫語之。有祖則必有孫。故書云。視乃烈祖。詩云。於赫湯孫。聖位豈非殿下之祖。而殿下豈非聖位之孫乎。孫以祖承。祖以孫永。故在孫孝。當追思。在祖靈。合陰隲。此幽明之常理。死生之本然也。若瘞主果是。則先靈無怒於殿下矣。若廢祀果非。則殿下無報於先靈矣。噫。逆而觀之。設位則在所得也。停祀則在所失也。敎化之得失。亦出乎其間。而何必曰。毀位廢祀。然後爲德教者哉。臣非踵訛而借議於殿下也。殿下道貫天人。學臻深奧。憮壇墠頹崩。則忍瘞其標主乎。愴禘祫之停絶。則忍廢其享祀乎。

상세하게 논의한다면 봉은사·봉선사 두 절은 쇠망시켜서는 안 되며, 자수원·인수원 두 원도 폐지해서는 안 됩니다. 두 가지 일을 함께할 수 없다면 차라리 봉은사·봉선사 두 절을 망하게 하십시오.

비구니는 추방시켜서는 안 되며, 역대 왕들의 위패도 땅에 묻어서는 안 됩니다. 두 가지 일을 함께할 수 없다면 차라리 비구니를 추방시키십시오. 그렇기는 하지만 이것은 부득이해서 하는 설명입니다. 진실에 근거해서 말을 한다면 모두 해서는 안 되는 일입니다. 무엇 때문입니까? 역대

왕의 신주를 묻은 옛적부터 비구니를 추방한 금년에 이르기까지 비가 제때에 내렸습니까? 날씨가 조화를 이루었습니까? 오곡이 익었습니까? 백성들이 즐거워하였습니까? 작년의 가뭄은 왕년보다 심하고 금년의 가뭄은 또 작년보다 심합니다. 내년의 가뭄이 금년보다 심하지 않을 것이라고 어찌 알겠습니까?

바라건대 전하께서는, 위로는 역대 왕들이 순리에 따라 업적을 이룬 뜻을 본받으시고, 아래로는 어리석은 신이 감히 간언하는 정성을 살피십시오. 지난 세대에 일어난 일을 깊이 연구하여 미래에 벌어질 일을 막지 마십시오. 그러면 선왕의 영혼들이 아낌없이 돌보고 도움을 줄 것이요, 전하께서는 사찰을 폐지하고 혁파하는 허물이 없을 것입니다. 사람들은 모두 기뻐하고 귀신도 모두 즐거워합니다. 오전五典[181]이 순조롭게 실행되며 모든 관리들의 일이 제때에 시행됩니다. 계절에 따라 칠정七政[182]을 고르게 하며,[183] 백성들은 친족들과 화목하게 살도록 하니, 곳곳에서 배를 두드리는 노랫소리(鼓腹之歌)가 들리고 사람들은 콧날을 찡그리는 탄식이 없으니 태평한 세상을 이룰 수 있고 융성한 국가의 복을 이어갈 수 있습니다. 신은 선조先朝(효종)에게 외람되이 지우知遇를 입었으므로 감히 오늘에 목숨을 돌보지 않습니다. 불안하고 두려운 마음을 감당할 길이 없으며 삼가 죽음을 무릅쓰고 아룁니다.

詳而論之。兩寺不可衰也。兩院不可廢也。二事不兼。則寧衰兩寺也。尼衆不可黜也。聖位不可瘞也。二事不兼。則寧黜尼衆也。雖然此不得已之說也。據實而言之。皆不可也。何者。自瘞主之往年。至放尼之今年。則風雨時乎。陰陽調乎。五穀熟乎。百姓樂乎。前年之旱。甚於往年。而今年又甚於去年。則又安知明年之不甚於今年哉。伏願殿下。上體祖宗奬順之意。下察臣愚敢諫之誠。深追旣往。不塞將來。則先靈有眷顧之佑。殿下無廢革之愆。人靈咸悅。神鬼盡歡。五典克從。百揆時叙。齊七政於天時。睦九族於民類。處處有鼓腹之歌。人人無蹙額之歎。太平可致矣。洪祚可延矣。臣於先朝。猥蒙知名故。敢於今日。不避隕命焉。不勝屏營悚慄之至。謹昧死以聞。

글자를 새긴 사람들(刻字秩)

무주茂朱의 인명印明, 금구金溝의 성정省淨, 무주의 신청信淸, 태인泰仁의 종원宗元, 임실任實의 원익元益, 금구의 각심覺心·경한敬閑.

강희康熙 22년 계해년(1683, 숙종 9) 3월 모일에 마치다.

茂朱印明。金溝省淨。茂朱信淸。泰仁宗元。任實元益。金溝覺心。敬閑。
康熙二十二年。癸亥。三月日。訖功。

주

1 보우普愚(1301~1382) : 고려 말 스님으로 법호는 태고太古, 시호는 원증 국사圓證國師이다. 본관 홍주洪州, 속성은 홍씨洪氏이다. 46세가 되던 1346년(충목왕 2)에 중국으로 건너가 석옥 청공石屋淸珙 스님에게서 법을 이어받아 우리나라 임제종臨濟宗의 시조가 되었다. 저서로『태고화상어록太古和尙語錄』이 있다.
2 어린 나이에 중국에 들어가 : 실제로는 46세에 중국에 들어갔다. 어린 나이라고 함은 13세에 출가함을 말한다.
3 석옥 청공石屋淸珙(1277~1352) : 원元의 고승이다. 고려의 태고 보우와 백운 경한白雲景閑(1298~1374)이 그에게 공부를 하였다.
4 환암 혼수幻菴混修(1320~1392) : 고려 말의 고승으로 태고 보우의 법맥을 이었다.
5 구곡 각운龜谷覺雲 : 고려 말의 고승으로 환암 혼수의 법맥을 이었다. 글씨에도 뛰어났다고 한다.
6 사태沙汰 : 조선 시대의 불교 억압 정책을 가리킨다.
7 법안法眼 : 여기서는 법에 대해 안목이 열린 걸출한 제자를 말한다. 원래의 뜻은 모든 현상을 꿰뚫어 보는 부처의 눈, 모든 현상의 참모습과 중생을 구제하는 방법을 두루 아는 보살의 눈을 말한다.
8 정관 일선靜觀一禪(1533~1608) : 조선 중기 스님이다. 백하 선운의 제자로 교학을 전수받았으며, 청허 휴정에게도 가르침을 받았다. 저서로『정관집靜觀集』이 있다. 사명 유정泗溟惟政·편양 언기鞭羊彦機·소요 태능逍遙太能과 함께 휴정의 4대 제자 중 한 사람이다.
9 네 마리 용(四龍) : 원문에는 '四衣'로 되어 있으나, '四龍'으로 비정하여 해석한다. 네 분의 훌륭한 대덕을 말한다.
10 임성 대사任性大師(1567~1638) : 호는 충언冲彦 또는 충언忠彦으로 정관 일선의 가르침을 받았다. 백곡 처능의 설을 근거로 임성 대사에게까지 이어지는 조선 불교의 맥은 다음과 같다. 태고 보우→환암 혼수→구곡 각운→등계 정심, 또는 벽계 정심碧溪正心(동일 인물)→벽송 지엄→부용 영관→청허 휴정과 부휴 선수. 등계 정심으로부터 교학의 맥이 다시 이어지는데, 등계 정심→정련 법준→백하 선운→정관 일선→임성 충언이다.
11 사일社日 : 사일은 입춘 후, 입추 후 제5 무일戊日로 춘사일春社日, 추사일秋社日이 있다. 보통 춘사일은 3월 17~26일에, 추사일은 9월 18~27일 사이에 있다. 춘사일에는 부지런히 일하자는 뜻에서, 추사일에는 풍성하게 된 것을 기뻐하자는 뜻에서 지신地神과 농신農神에게 제사를 지냈다. 왕수가 7세 때인 사일에 어머니가 돌아가셨다. 이

듬해 사일에 어머니를 생각하고 매우 슬퍼하므로 마을 사람들이 감동하여 사일의 행
사를 그만두었다고 한다.
12 유서劉恕(1032~1078) : 송나라 학자로 역사학에 정통하였으며 자는 도원道原이다.
13 안수晏殊(991~1055) : 송나라 재상으로 자는 동숙同叔이다.
14 구준寇準(961~1023) : 송나라 재상으로 자는 평중平仲이다.
15 왕우칭王禹偁(954~1001) : 송나라 문장가로 자는 원지元之이다. 「대루원기待漏院
記」로 유명하다.
16 투간投簡 : 대쪽을 던졌다는 뜻이나 그 고사는 미상이다.
17 순舜임금에게는 어리석은~걸桀이 있었다 : 군부君父가 제 노릇을 하지 못하면 제대
로 받들지 않는다는 뜻이다.
18 성군이신 요堯임금에게는~주紂가 있었으니 : 자식이 제 노릇을 하지 못하면 전해지
지 않는다는 뜻이다.
19 미소 : 염화미소拈花微笑를 말한다. 석가세존이 영산회상靈山會上에서 강연을 할 때
꽃을 들고서 대중을 바라보았다. 아무도 응답하는 이가 없었는데 제자인 가섭迦葉이
부처님의 참뜻을 깨닫고 미소를 지었다. 부처가 "나에게 정법안장正法眼藏, 열반묘심
涅槃妙心, 실상무상實相無相, 미묘법문微妙法門이 있으니 이제 가섭에게 준다."라고
하였다.
20 결집結集 : 부처님이 열반하신 후에 가르치신 말씀이 흩어지지 않게 하기 위하여 제
자들이 저마다 들은 것을 외워서 경전으로 만든 사업이다. 열반하신 직후에 1차 결
집, 백 년 후에 2차 결집, 330년 후에 3차 결집, 6백 년 뒤에 4차 결집이 있었다. 십대
제자 중 한 사람인 아난은 다문제일多聞第一로 1차 결집 때 중요한 역할을 하였다.
21 하관夏官 : 병조兵曹 관리이다. 조선 시대에는 승군僧軍의 역할이 컸으므로 병조에서
승과를 담당하였다.
22 중시重試 : 현직으로 있는 문무文武 당하관堂下官을 위하여 둔 과거이다. 10년에 한
번씩 실시되었으며 합격한 사람은 품계品階를 올려 주었다.
23 요사채 : 스님들이 식사를 마련하는 부엌과 식당, 잠자고 쉬는 공간이다. 아울러 기
도하러 온 신도들이 잠깐 쉬고 음식을 먹을 수도 있는 곳이다.
24 파릉巴陵 : 경기도 양천陽川의 옛 이름이다.
25 〈입천복사入薦福寺〉 : 정확한 제목은 〈제천복사형악선사방題薦福寺衡嶽禪師房〉이
다.
26 가설假設 : 임시로 지은 건물을 말한다. 여기서는 죽은 사람의 영혼을 위로하는 사찰
로 이해된다.
27 한유韓愈는 조주潮州~애도의 글 : 한유는 딸의 죽음을 슬퍼하며 시를 짓기를, "죄 없
는 네가 죽은 것은 나의 죄이다. 한평생이 부끄럽고 애통한 눈물이 줄줄 흐른다.(致汝

無辜由我罪。百年憥痛戾闌干。)라고 하였다.

28 승통僧統 : 승군僧軍을 통솔하는 승직僧職의 하나로 처능은 당시 관서 도승통都僧統이었다.

29 장건張騫(?~B.C. 114) : 한 무제 때 장군으로 서역으로 가는 길을 개척하는 데 많은 공로를 세웠다.

30 지기석支機石 : 직녀가 베를 짤 때 베틀이 움직이지 않도록 괴었다는 돌이다.

31 천명天命을 성성이라 한다 : 『중용』 제1장.

32 선성繕性 : 본성本性을 함양함을 가리킨다. 『장자』 「선성繕性」에서 "繕性於俗"이라고 하였다.

33 수성修性 : 성정性情을 함양함을 가리킨다. 한漢나라 양웅揚雄의 『법언法言』 「학행學行」에서 "學者所以修性也。視聽言貌思。性所有也。學則正。否則邪。"라고 하였다.

34 공자는 초나라~인정하지 않았다 : 『논어』 「공야장公冶長」에 "자장이 묻기를 '초나라 영윤인 자문은 세 차례 영윤을 지냈지만 기뻐하는 안색이 없었고, 세 차례 그만두었으나 노여워하는 기색이 없었습니다. 어떻습니까?'라고 하니, 공자가 '충성스럽다'라고 하였다. 자장이 말하기를 '인합니까?' 하니, 공자가 말하기를 '모르겠다. 어찌 인을 실천했다고 하겠는가?'라고 하였다.(子張問曰。令尹子文。三仕爲令尹。無喜色。三已之。無慍色。何如。子曰。忠矣。曰仁矣乎。曰未知。焉得仁。)"라는 구절이 있다.

35 관중管仲 : 제나라 대부이다. 제 환공을 도와 천하의 패자가 되게 하였으며 관포지교管鮑之交로 유명하다. 『논어』 「헌문憲問」에서 "공자가 말하기를, 환공이 제후들을 아홉 번이나 규합하였을 때 무력을 사용하지 않았음은 관중의 힘이다. 그는 어진 사람 같다. 그는 어진 사람 같다고 하였다.(子曰。桓公九合諸侯。不以兵車。管仲之力也。如其仁。如其仁。)"라고 하였다.

36 삼현三賢 : 은殷나라의 세 분 현자인 미자微子·기자箕子·비간比干을 말한다. 『논어』 「미자」에서 "미자는 나라를 떠났고, 기자는 노예가 되었고, 비간은 간하다가 죽었다. 공자가 말하기를, 은나라에는 세 명의 어진 분이 있다고 하였다.(微子去之。箕子爲之奴。比干諫而死。孔子曰。殷有三仁焉。)"라고 하였다.

37 『석씨원류釋氏源流』는 명나라 스님 보성寶成이 편찬한 것을 1672년(현종 13)에 간행한 것이다. 내용은 석가모니의 일대기와 석가모니 이후 서역 및 중국에서 불법이 전파된 사실을 400항에 걸쳐 기술하였다. 양주楊州의 불암사佛巖寺에서 중간重刊한 것에 처능이 발문을 쓴 것이다.

38 『전등록傳燈錄』 : 『경덕전등록景德傳燈錄』을 말한다. 송宋나라 도원道源 스님이 지은 것으로 1004년에 간행되었다. 총 30권이다. 인도 선종의 조사들과 달마 이후 중국에서 불법이 전해지는 계통을 밝혔다. 등燈은 중생의 어리석음을 깨우쳐 주는 불법을 비유한 것이다.

39 『통재通載』: 『불조역대통재佛祖歷代通載』를 말한다. 원나라 스님 염상念常이 지은 것으로 1341년에 간행되었다. 역대 여러 고승들의 전기와 불교와 관련된 여러 가지 사적이 실려 있다.

40 담파 국사膽巴國師(1230~1303) : 원元의 고승인데, 티벳 사람으로 공가갈자사功嘉葛刺思이다.

41 정두원鄭斗源(1581~?) : 조선 중기 문신이다. 본관 광주光州이고 자는 정숙丁叔, 호는 호정壺亭이다. 1630년 진주사陳奏使로 명明나라에 갔다가 이듬해 귀국할 때 천리경千里鏡·자명종自鳴鐘 등 서양 기계와 천문학과 관련된 서적을 많이 가져왔다. 『석씨원류』도 이때 가져온 것으로 추측된다.

42 풍운風雲이 만났을 즈음(風雲際會) : 현명한 군주와 신하가 만난 것을 말한다.

43 팔개八凱 : 중국 전설상의 임금인 고양씨高陽氏의 뛰어난 아들 여덟 명을 일컫는다. 창서蒼舒·퇴애隤敳·도인檮戭·대림大臨·방강尨降·정견庭堅·중용仲容·숙달叔達이다.

44 사흉四凶 : 중국 상고시대 전설상의 순임금 때의 공공共工·환두驩兜·삼묘三苗·곤鯀을 말한다. 『서경』「순전舜典」에서 "유주로 공공을 유배 보내고, 숭산으로 환두를 추방시키고, 삼위로 삼묘를 쫓아 보내고, 추산으로 곤을 귀양 보냈다. 네 명의 악인에게 죄를 주니 천하의 모든 사람이 복종하였다.(流共工于幽洲。放驩兜于崇山。竄三苗于三危。殛鯀于羽山。四罪而天下咸服。)"라고 하였다.

45 재사才士를 맞이할~거머쥐고 맞이하였습니다 : 어진 인재를 구함에 부지런하다는 말이다. 옛날 주공周公이 한 끼 밥을 먹을 때 세 번 밥을 뱉고, 머리 한 번 감을 때 세 번이나 머리털을 거머쥐었다고 한다. 토포악발吐哺握發.

46 범중엄范仲淹(989~1052) : 송나라 충신으로 자는 희문希文이다. 「악양루기岳陽樓記」에서 "천하의 모든 사람들이 근심하기 이전에 근심하고, 천하의 모든 사람들이 즐거워한 다음에 즐거워한다.(先天下之憂而憂。後天下之樂而樂。)"라고 하였다.

47 상하上下 : 신분이 높은 사람과 낮은 사람, 또는 나이가 많은 사람과 젊은 사람을 뜻한다.

48 수가須賈 : 전국시대 위魏나라 대부이다. 진나라에 사신으로 가서 옛 친구인 범수范雎에게 솜옷을 선물하여 사신 임무를 수행할 수 있었다.

49 유총劉寵 : 후한의 관리이다. 자는 조영祖榮이고 일명 일전태수一錢太守라고도 한다. 회계현 태수로 부임하다가 중앙의 대신으로 자리를 옮기게 되자 마을의 원로 여섯 명이 각각 1백 전을 보내었는데 유총은 각 개인에게 1전을 받았다고 하는 고사가 있다.

50 속수束脩 : 속수지례束脩之禮를 말한다. 제자가 되기 위하여 스승을 처음 뵈올 때에 드리는 예물을 일컫는 말이다. 속수는 열 묶음의 육포를 뜻한다. 『논어』「술이」에서

"공자가 말하기를, '속수 이상을 가지고 오면 나는 그를 가르치지 않은 적이 없었다'
하였다.(子曰. 自行束脩以上. 吾未嘗無誨焉.)"라고 하였다.

51 백곡 처능이 스승인 벽암 각성을 위해 지은 행장이다.
52 삼산三山 김씨金氏 : 현재에 삼산 김씨가 없으며, 삼산이라는 지명은 충청도에 있는 것으로 추측된다. 각성 스님의 본관이 김해金海라고 된 곳도 있다.
53 구족계具足戒 : 비구나 비구니가 지켜야 할 계율을 말한다. 비구는 250계, 비구니는 348계가 있다. 구족계를 받았다고 함은 정식으로 스님이 되었다는 뜻이다.
54 차의衩衣 : 일반 남자들이 입는 평상복이다.
55 청계난야淸溪蘭若 : 청계사를 가리킨다. 난야는 아란야阿蘭若의 줄임말로 사찰을 의미한다. 두보의 시 〈알진제사선사謁眞諦寺禪師〉에 "蘭若山高處"라는 구절이 있다.
56 중사中使 : 왕명을 전달하는 궁중 내시이다.
57 냉이처럼 달게 여겼다 : 『시경』 「패풍邶風」 〈곡풍谷風〉에서 "누가 씀바귀를 쓰다고 했나, 내게는 냉이처럼 달다.(誰謂茶苦. 其甘如薺.)"라고 하였다. 어떤 고생도 감수하는 의미로 사용되었다.
58 총림叢林 : 승려들의 참선 수행 전문 도량인 선원禪院, 경전 교육기관인 강원講院, 계율 전문 교육기관인 율원律院 등을 모두 갖춘 사찰을 말한다. 현재 송광사·수덕사·통도사·해인사·백양사 등 국내에 다섯 곳이 있다.
59 고한 희언孤閑熙彦(1561~1647) : 부휴 선수의 제자이다.
60 이시죽반二時粥飯 : 스님들이 옛날에 아침에는 죽, 낮에는 밥으로 하루 두 끼만 먹었음을 말한다. 여기서는 당시 가난한 사람들의 음식을 뜻한다.
61 경오일 : 1659년 12월에 경오일은 없다. 경오일은 1659년 11월 13일, 또는 1660년 1월 14일이다.
62 임신일 : 1561년 9월에는 임신일이 없다. 9월 1일 무자일에서 시작하는데 9월에는 임신일이 들어 있지 않다. 착오가 있는 듯하다.
63 법성원융法性圓融 : 의상 대사의 핵심적인 사상으로 법성원융무이상法性圓融無二相이라고 한다. 존재하는 모든 사물의 본성은 원융하여 두 모습이 없다는 뜻이다.
64 이난二難 : 난형난제難兄難弟, 즉 우열을 가리기 어렵다는 말이다.
65 관백關白을 봉封하려고 가던 길 : 관백은 간파쿠, 즉 일본 막부의 최고 책임자를 일컫는다. 1598년에 풍신수길豐臣秀吉을 봉하러 가는 길이다.
66 계수족啓手足 : 계수계족啓手啓足, 즉 임종이 다가옴을 말한다. 『논어』 「태백泰伯」에서 "증자가 병이 들어 제자를 불러 모아 '나의 다리를 들어라, 나의 손을 들어라'라고 했다.(曾子有疾. 召門弟子曰. 啓予足. 啓予手.)"라고 하였다.
67 가을 뱀과~서로 잡아당긴다 : 필법이 뛰어남을 말한다.
68 중국 장군이~멈추고 지체했었다 : 이종성이 해인사에 들른 것을 말한다.

69 노창蘆樅 : 스님들이 먹는 수수한 음식으로 여겨진다.
70 한 짝~두고 떠났고 : 달마 대사가 서방으로 돌아갈 때에 한 짝의 신발은 남기고 한 짝은 신고 갔다. 불법을 전하고 갔음을 말한다.
71 두타頭陀 : ⓢ dhūta의 음역으로 세상의 욕심을 버리고 청정하게 수행에 정진한다는 의미이다. 두타에는 모두 12조항이 있어서 이를 12두타행이라고 부른다. 인가와 떨어진 조용한 숲 속에 머문다, 항상 걸식을 한다는 등의 12조항이 있다.
72 호련瑚璉 : 곡식을 담아서 종묘에 올리는 제기祭器이다. 뛰어난 사람을 비유할 때 쓴다. 『논어』「공야장」에서 "공자의 제자인 자공이 '저는 어떠합니까?'라고 공자에게 물으니, 공자가 대답하기를 '너는 그릇이다'라고 하였다. '무슨 그릇입니까?' 하니, '호련 瑚璉이다'라고 하였다.(子貢問曰。賜也。何如。子曰。女器也。曰何器也。曰瑚璉也。)"라고 한 고사가 있다.
73 이시방李時昉(1594~1660) : 본관은 연안延安이고 자는 계명季明, 호는 서봉西峯이다. 귀貴의 아들이며 영의정 시백時白의 동생이다. 저서로 『서봉일기西峯日記』가 있다.
74 옹성甕城 : 성문을 보호하고 성을 든든히 지키기 위하여 성문 바로 바깥쪽에 성곽을 둥글게 한 번 더 둘러쳐 방비에 유리하도록 쌓은 작은 성을 말한다.
75 흑의지걸黑衣之傑 : 검은 옷을 입은 호걸이란 뜻으로, 검은 옷은 스님을 뜻한다. 남조시대 제齊나라 무왕武王 때에 법헌法獻과 현창玄暢이라는 두 분 스님이 가마를 타고서 대궐에 들어갔다고 하여 당시 흑의이걸黑衣二傑이라고 한 고사가 있다.
76 서럽게 용양龍驤의 무덤을 바라보고 : 두보杜甫의 시 〈증좌복야정국공엄무贈左僕射鄭國公嚴武〉에 '悵望龍驤塋'이라는 구절이 있다. 용양은 진晉의 용양 장군 왕선王濬을 가리킨다.
77 복야僕射의 관을 부축한다 : 두보의 시 〈관에 누워 고향으로 돌아가는 엄 복야를 곡함(哭嚴僕射歸櫬)〉.
78 현안지병玄晏之病 : 은둔하고 싶은 마음의 병을 말한다. 진晉의 황보밀皇甫謐이 고상한 뜻을 가져 벼슬을 하지 않았으며 자칭 현안 선생이라 하였다. 후대에 현안은 은거하면서 고상하게 산다는 뜻으로 사용되었다.
79 문원지질文園之疾 : 소갈증消渴症, 요즈음의 당뇨병을 말한다. 한漢의 문장가인 사마상여司馬相如가 효문원령孝文園令이란 관직에 있을 때 소갈병에 걸려 후대에 소갈병을 문원병이라고 하였다.
80 신분은 고귀하고~궁궐을 넘나들었습니다 : 신익성은 선조의 딸 정숙 옹주와 결혼하여 부마駙馬의 지위를 누렸다.
81 아양곡峨洋曲 : 거문고를 잘 타기로 유명한 백아伯牙가 탔던 악곡樂曲이다. 『열자列子』「탕문湯問」에서 "백아는 거문고를 잘 탔고, 종자기鍾子期는 소리를 잘 들었다. 백

아가 거문고를 타면서 뜻이 높은 산에 있으면 종자기가 말하기를, '좋구나! 아아峨峨하기가 태산泰山과 같구나' 하였고, 뜻이 흐르는 물에 있으면 종자기가 말하기를, '좋구나! 양양洋洋하기가 강하江河와 같구나' 하였다."라고 하였다.

82 절양곡折楊曲 : 이별의 노래로 옛날의 악곡樂曲 가운데 이별의 아쉬운 정을 노래한 절양류곡折楊柳曲을 말한다. 옛날에는 이별할 때 버들가지를 꺾어 이별의 아쉬움을 표현하였다.

83 광릉廣陵의 동쪽, 두강斗江 옆 : 광릉은 경기도 광주廣州로 추정되며, 두강도 광주 주위를 흐르는 강물로 이해된다.

84 왕손곡王孫谷 : 신익성이 만년에 산 곳이다. 1638년 51세 되던 해에 왕손곡에 집을 짓고 살았다고 한다. 왕손곡의 정확한 위치는 미상이다.

85 풍성豊城의 칼과~적수赤水의 구슬 : 풍성·고죽孤竹·공상空桑·적수 모두 중국의 지명이다. 풍성은 전설상의 명검인 용천검과 태아검이 나왔다는 지역이고, 고죽에서는 경쇠와 피리, 공상에서는 거문고, 적수에서는 구슬이 많이 생산되었다고 한다.

86 예양豫讓 : 전국시대 진晉나라의 의사義士로 지백智伯의 신하였다. 지백이 조양자趙襄子에게 죽자 복수를 하기 위해 몸에 옻칠을 하여 벙어리 행세를 하며 기회를 노렸다. 조양자가 외출할 때 다리 밑에 숨었다가 찔러 죽이려고 하였으나 발각되어 칼로 자결하였다.

87 상여제주相如題柱 : 한漢나라 문장가인 사마상여司馬相如가 촉蜀을 떠나 벼슬을 하기 위해 장안長安으로 향할 때, 성도成都의 승선교昇仙橋 다리 기둥에 "네 마리 말이 끄는 붉은 수레를 타지 않고서는 이 다리를 건너오지 않겠다."라고 써서 포부를 밝혔던 고사가 있다. 『한서漢書』「사마상여전司馬相如傳」.

88 윤수尹壽 : 요임금의 스승이라고 알려진 사람이다.

89 무성務成 : 순임금의 스승이라고 알려진 사람이다.

90 추요蒭蕘 : 나무꾼 또는 나무꾼과 같은 하찮은 사람의 말이라는 뜻이다. 『시경』「대아大雅」〈판板〉에서 "옛날의 현자가 한 말이 있으니, 추요에게도 묻는다.(先民有言。詢于芻蕘。)"라고 하였다.

91 추로鄒魯 : 추는 맹자의 고향인 추나라, 노는 공자의 고향인 노나라이다. 추로라고 하면 보통 공자와 맹자, 또는 유가儒家를 의미하는 뜻으로 쓰인다.

92 중니仲尼가 노담老聃에게 배웠습니다 : 공자가 노자에게 배웠다는 말은, 『사기史記』「공자세가孔子世家」에서 공자가 노자에게 예禮를 물어보았다는 말에 근거한 것이다. 즉 유가儒家가 도가道家에게 물었다는 말이다. 여기서는 종파를 초월하여 유가가 불가佛家에게 물을 수도 있다는 상징적인 의미를 깔고 있다.

93 여망呂望 : 태공망太公望, 강태공姜太公이라고 부른다. 나이 칠십에 낚시를 하다가 주문왕에게 발탁되었다고 한다.

94 사호四皓 : 상산사호商山四皓를 말한다. 진秦나라 때 학정을 피해 산중에 숨어 살던 동원공東園公·하황공夏黃公·녹리선생甪里先生·기리계綺里季 등 네 노인을 말한다. 한漢나라가 들어서자 세상에 다시 나왔다.

95 죽림칠현竹林七賢 : 위魏·진晉의 정권 교체기에 죽림에 모여 거문고와 술을 즐기며 청담清談으로 세월을 보낸 일곱 명의 선비를 가리킨다. 완적阮籍·혜강嵇康·산도山濤·향수向秀·유영劉伶·완함阮咸·왕융王戎이다.

96 십란十亂 : 행정에 뛰어난 열 명의 신하를 가리킨다. 난亂은 치治의 뜻이다. 『서경』 「태서泰誓」에서 "予有亂臣十人。同心同德。"이라고 하였다. 열 명은 주공周公·소공召公·태공망太公望·필공畢公·영공榮公·태전太顚·굉요閎夭·산의생散宜生·남궁괄南宮适·문모文母이다.

97 삼우三愚 :『집고금불도논형집古今佛道論衡』에 "세 명의 어리석은 이가 지혜를 이룬다.(三愚成一智)"라는 말이 있다.

98 치구雉雊 : 치구雉雛로도 쓴다. 꿩이 날아와 제사를 지내는 솥 위에서 울었다는 고사가 있다. 후에 치구는 변란이 일어날 조짐의 뜻으로 사용되었다.『서경』「고종융일高宗肜日」의 서문에 보인다.

99 소巢·허許 : 요임금 때의 은자인 소부巢父와 허유許由를 말한다.

100 고誥 :『서경』에「주고酒誥」,「대고大誥」,「강고康誥」등의 글이 있다. 고는 훈계할 때 내리는 글이다.

101 임금이 하는~점은 없앤다 : 처능이『좌전』을 인용하면서 중간 구절을 빼어 버렸는데 여기서는 전체를 인용하여 번역하여 문맥이 통하도록 하였다. "君所謂可而有否焉。臣獻其否以成其可。君所謂否而有可焉。臣獻其可以去其否。" 밑줄친 부분이 처능이 인용한 부분으로 중간에 두 구절을 빠뜨렸다.

102 『주서이기周書異記』: 중국에서 간행된 책으로 부처와 관련된 내용이 다소 많지만 신빙성이 떨어지는 책으로 평가된다.

103 이상은『광홍명집廣弘明集』에 나오는 내용이다.『광홍명집』은 당나라 고승인 도선道宣(596~667)이 편찬한 저서이다. 총 30권으로 664년에 완성되었다. 유교·불교·도교 연구에 귀중한 저서이다.

104 실리방室利防 : 진시황제 때 불경을 가지고 와서 중국에 전파했다고 하는 서역 스님이다.

105 곤야왕昆耶王 : 당시 흉노족의 추장이다.

106 유향劉向 : 전한 시대의 학자이다. 저서로『설원說苑』,『열선전列仙傳』,『열녀전列女傳』등이 있다.

107 월지국月支國 : 옛날 서역에 있던 나라로 지금의 감숙성 서부에 해당된다.

108 명제가 꿈에~모시고 돌아왔습니다 : 명제 10년인 67년에 백마白馬에 불경을 싣고

왔다고 한다.
109 지역이 달라서 : 불교가 중국에서 탄생된 것이 아니라 변경 국가인 인도에서 탄생되었다는 뜻이다. 당시 중국을 제외한 모든 나라를 오랑캐로 여겼으니, 불교가 인도에서 생성되었으므로 오랑캐 종교라고 본 것이다.
110 조벽趙璧 : 화씨지벽和氏之璧을 가리킨다. 조趙나라 혜문왕惠文王이 가지고 있었다. 당시 진나라 소양왕昭襄王이 탐을 내어 진나라 15개 성과 바꾸자고 하였다.
111 수주隋珠 : 수후지주隋侯之珠. 즉 수후가 얻었다는 매우 진귀한 구슬이다. 화씨지벽과 함께 수주화벽隋珠和璧이라고 칭한다.
112 성인이신 공자의~수주隋珠와 같습니다 : 공자와 맹자가 천하를 돌아다니면서 자신의 이상을 실현하지 못함은 마치 가치가 없는 화씨지벽과 수주 같다는 의미이다. 즉 불교가 온 나라에 널리 전파되지 못하면 아무런 가치를 가지지 못한다는 뜻이다.
113 만蠻 : 남만南蠻이라고도 하는데 춘추시대에는 남쪽 오랑캐가 사는 지역이라고 하였다. 동이東夷·서강西羌·융戎 모두 다 변경 오랑캐가 사는 지역이라 천시하였다.
114 구이九夷 : 공자가 살던 시대에 구이가 정확히 어디를 가리키는지는 알 수 없지만, 처능은 동이, 즉 조선을 구이로 보고 있는 듯하다.
115 세 분의 성인 : 요·순·우 임금, 또는 우임금·주공·공자를 말한다.
116 십철十哲 : 공자의 뛰어난 열 명의 제자로 공문십철孔門十哲이라고도 한다. 덕행德行에는 안연顔淵·민자건閔子騫·염백우冉伯牛·중궁仲弓, 언어에는 재아宰我·자공子貢, 정사政事에는 염유冉有·계로季路, 문학에는 자유子游·자하子夏가 뛰어났다.
117 모자牟子(170~?) : 후한後漢의 불교학자로 이름은 융융, 자는 자박子博이다. 저서로 『이혹론理惑論』이 있다. "彼一時. 此一時."라는 말은 『맹자』 「공손추하公孫丑下」에도 보인다.
118 당나라 천자의~못했을 것입니다 : 미상.
119 허현도許玄度 : 동진 사람으로 왕희지와 교유가 있었다. 조선 시대 무용당 대사無用堂大師(1651~1719)의 『무용당집無用堂集』에 "3백 년 전의 허현도, 3백 년 후의 배공미(三百年前許玄度. 三百年後裴公美.)"라는 시구절이 있다.
120 위고韋皐 : 당나라 사람으로 『당명황잡록唐明皇雜錄』에, 성도城都에서 윤위고尹韋皐가 태어나자 어떤 스님 한 분이 와서 이 사람은 제갈무후의 후신이라고 한 고사가 있다.
121 진종眞宗이 미소를 지은 것 : 미상.
122 인종仁宗 : 송나라 진종眞宗의 아들이다. 1010년 5월 그믐에 태어났는데 태어난 후로 계속 울고서 그치지 않자 유명한 고승을 초빙해서 기도를 하여 울음을 그쳤다는 고사가 있다.
123 등애登艾는 소~원숭이가 된다 : 이 글은 『고금사문류취古今事文類聚』 후집 권5 「전후

론신前後論身〉〈수이사겸隋李士謙〉에 보인다.
124 공자가 노련한~농사일을 못한다 : 공자의 농사와 관련된 고사는『논어』「자로子路」에 보인다.
125 허행許行 : 맹자와 동시대 사람이다.『맹자』「등문공滕文公」상에 관련 기사가 보인다.
126 계신癸辛 : 송宋의 주밀周密(1232~1298)이 지은『계신잡지癸辛雜識』를 말하는 듯하다. 당과 송을 다룬 역사서이다.
127 남의 선행은~내가 고친다 :『좌전』양공 31년의 기사이다.
128 『시경』「주남周南」〈인지지麟之趾〉 : 당시 진실하고 뛰어난 사람들이 많았음을 노래한 시이다. "振振公子。于嗟麟兮。"
129 종리의鍾離意 : 후한 초기 사람으로 자는 자아子阿이다. 명제明帝가 귀신을 존중하고 허명을 좋아한다고 비판하였다. 회계 현령을 지냈다.
130 편협하고 자질구레하다 :『후한서』「종리의전」에 기사가 보인다.
131 왕경王景 : 왕경이 〈부처를 찬송하는 글(金人頌)〉을 올렸다는 기사는『불조역대통재佛祖歷代通載』권5에 보인다. 처능도『불조역대통재』의 문장을 인용한 것으로 추측된다.
132 삼족오三足烏 : 고대 전설에 나오는 신화의 새, 길조라고 한다.
133 육관六官 : 주대周代의 관직 제도인 천관天官·지관地官·춘관春官·하관夏官·추관秋官·동관冬官을 말한다.
134 이상의 기록은『불조역대통재』권10에 보인다.
135 『석실론石室論』: 누구의 글인지는 확실하지는 않으나『불조역대통재』권10에『석실론』의 글을 인용한 것이 보인다.
136 조귀진趙歸眞 : 당나라의 도사로 불교와 유교가 나라를 망친다고 하여 회창법란會昌法亂을 일으킨 사람으로 유명하다. 회창會昌(무종 연호) 5년인 845년 8월에 조귀진이 유교와 불교가 나라를 망친다는 진언을 하자, 당시 무종이 이 말을 듣고 장안과 낙양에는 각각 네 개 사찰만을, 각 주에는 한 주에 한 개 사찰만을 남기고, 전국 4만여 개의 절을 없애고 승려 26만여 명을 환속시켰다. 하지만, 846년 3월 당 무종이 갑자스레 죽고, 4월에는 조귀진도 처형당하며 다시 불교 원래 모습대로 차츰 회복되었다.
137 시호市虎 : 삼인성시호三人成市虎를 말한다. 시장에 호랑이가 나왔다는 말을 한 사람, 두 사람이 말할 때까지는 믿지 않다가도 세 번째 사람까지 그렇게 말하면 믿게 된다는 뜻이다.『한비자韓非子』「내저설內儲說」에 보인다.
138 베틀에 앉아~된 것 : 증삼살인曾參殺人의 고사를 말한다. 사실이 아닌데도 사실이라고 말하는 자가 많으면 진실이 됨을 비유한 말이다. 증자曾子가 노魯나라의 비費라는 곳에 있을 때의 일이다. 증자와 이름과 성이 같은 사람이 있었는데 살인을 하였다. 사람들이 증자의 어머니에게 달려와 말하였다. "증삼이 사람을 죽였습니다." 증자의 어머니는 "우리 아들은 사람을 죽이지 않았습니다."라고 하며 믿지 않고 태연히 짜고

있던 베를 계속 짰다. 얼마 후, 여러 사람이 와서 계속해서 "증삼이 사람을 죽였습니다."라고 하자 증자의 어머니는 마침내 베틀의 북을 던지고 담을 넘어 달아났다는 고사가 있다. 『전국책戰國策』 「진책秦策」에 보인다.

139 모두가 시호市虎가~연유하는 것입니다 : 모두 근거 없다는 뜻이다.

140 정자程子 : 송의 유학자인 정명도程明道와 그의 동생인 정이천程伊川을 말한다. 이정二程이라고 한다.

141 서촉西蜀 용 선생龍先生 : 서촉 용씨라고도 하는데 「비한非韓」이라는 글 백 편을 지었다고 한다.

142 원통 선사圓通禪師 : 송대의 고승으로 추측된다. 당시 원통이라는 호칭을 쓰는 스님으로는 원통 수圓通秀 선사와 원통 눌圓通訥 선사가 있었다.

143 담자는 경전에 적히었으며 : 『춘추』 「소공」 17년에 공자가 담자에게 배웠다는 기록이 있으며, 나머지 세 사람에게 배웠다는 기록이 적혀 있지 않다.

144 일행一行(683~727) : 당대의 고승이자 천문학자로 대연력大衍曆을 만들었다. 대연력은 당나라의 역법으로 729년부터 33년 동안 시행되었으며 우수한 역법이라고 전해진다.

145 현완玄琬(562~636) : 당대 초기의 고승이다.

146 저 태양은 언제 없어지려나 : 『서경』 「탕서湯誓」편에서 "이 해는 언제 없어지려나. 내가 너와 함께 망하리라.(時日曷喪, 予及汝皆亡。)"라고 하였다.

147 남소南巢 : 『서경』 「중훼지고仲虺之誥」에서 "성탕 임금이 남소로 걸을 추방시켰다.(成湯放桀于南巢)"라고 하였다.

148 포락지형炮烙之刑 : 은나라 주紂임금이 만든 형벌의 명칭이다. 구리 기둥에 기름을 발라 숯불 위에 걸쳐 놓고, 그 위를 맨발로 걸어가게 하여 발이 미끄러져 불 속으로 떨어지면 그대로 타 죽게 만들었다.

149 자신의 공적을 칭송하는 사업 : 진시황제가 천하를 통일하고 난 다음에 각지를 돌아다니며 칭송하는 글을 새겼다. 대표적인 것이 태산 정상에 세운 〈태산 각석泰山刻石〉(B.C. 219)이다. 이사李斯가 썼다고 한다.

150 호해胡亥 : 진시황제 둘째 아들이다. 첫째 아들은 부소扶蘇인데 날조된 진시황제의 명령서에 따라 자살하였다. 부소의 아들이 자영子嬰이다.

151 온량거輼輬車 : 진시황제의 시체를 실은 수레를 가리킨다. 『사기』 「진시황기」에 "36년(B.C. 211) 가을에 사신이 길을 가고 있는데 어떤 사람이 구슬을 쥐고 길을 막으며 '내 대신 호지군滈池君에게 전해 주어라' 하고, 이어 '올해 조룡祖龍이 죽는다' 하였다."라고 한다. 조룡은 진시황제를 말한다. 구슬을 호지군에게 준 이듬해 진시황제가 죽었다. 진시황제가 죽었을 때는 마침 무더위가 한창이라 온량거 안에 있던 시체에서 악취가 풍겨 나오자 진시황제의 죽음을 알아차리지 못하게 건어물을 잔뜩 실었다

고 한다.
152 지도軹道 : 이곳에서 진시황제 3세世인 자영이 목에 밧줄을 걸고 옥새를 유방에게 바쳤다.
153 취령鷲嶺에 정신을 두고 : 취령은 부처가 설법한 영취산靈鷲山을 말한다. 불교에 뜻을 두었다는 의미이다.
154 계원鷄園에 마음을 두고서 : 계원은 인도의 고대 사찰 이름이다. 즉 태조가 불교에 마음을 두었다는 의미이다.
155 동정서원東征西怨 : 동쪽 사람을 정벌하니 서쪽 사람이 원망한다는 말이다. 여러 지역을 정벌하여 백성들의 환대를 받는다는 뜻으로 쓰인다. 은나라의 탕왕이 하나라 걸왕을 정벌할 때 탕왕의 덕을 칭송하면서 생긴 말이다.『서경』「중훼지고」에서 "동쪽을 정벌하니 서쪽 오랑캐가 원망하고, 남쪽을 정벌하니 북쪽 오랑캐가 원망하였다.(東征西夷怨。南征北狄怨。)"라고 하였다.
156 탕망湯網 : 탕임금의 그물이라는 뜻으로 관대한 처분을 말한다. 옛날 탕임금이 들에 나가서 사냥을 하였다. 그물을 쳐 짐승을 잡는 사람이 4면에 모두 그물을 치고는 상하 사방의 짐승이 모두 자기의 그물로 들어오라고 기도하는 것을 보고, 그 3면에 친 그물을 제거하고는 "왼쪽으로 달아날 놈은 왼쪽으로 달아나고 오른쪽으로 달아날 놈은 오른쪽으로 달아나라. 다만 달아나기 싫은 놈만 내 그물로 들어오라."라고 한 고사故事가 있다.『사기』「은본기」에 보인다.
157 우거禹車 : 우임금이 수레를 타고 가다가 죄인을 만나면 내려서 죄의 경과를 물어보았다는 고사가 있다.
158 사죄四罪 : 순임금이 통치하던 때의 흉악한 네 명의 신하인 공공共工·환두驩兜·삼묘三苗·곤鯀을 말한다. 여기서는 흉악한 신하를 의미한다.
159 육책六責 : 탕임금이 7년 가뭄이 들었을 때 산천에 기우제를 드리면서 자책한 여섯 가지 조목을 말한다. 정치에 절도가 없는 것, 백성을 병들게 하는 것, 궁궐을 사치스럽게 꾸미는 것, 여자들이 날뛰는 것, 뇌물의 수수, 참소하는 자들의 창성 등이다.
160 어찌 소를~것에 구애받겠습니까 : 소가 도살장에 끌려가는 것을 측은하게 여겨 양으로 바꾸라고 한 고사가 있다.『맹자』「양혜왕」상에 보인다. 여기서는 모든 존재의 생명은 동일하니 차별을 두어서는 안 된다는 의미로 여겨진다.
161 어찌 나무와~생각을 하십니까 : 나무가 너무 거대하여 쓸모가 없어서 생명을 계속 유지하였고, 오리는 울지 못한다고 쓸모가 없어서 빨리 잡아먹혔다는 고사가 있다. 둘 다 쓸모없는 존재이지만 한쪽은 생명을 유지하고 한쪽은 생명을 유지하지 못했다.『장자』「산목山木」에 보인다. 여기서는 생명이 소멸되는 것에 있어서 차별을 두어서는 안 된다는 의미로 여겨진다.
162 일행 화상은 참으로 성인이다 : "一行和尙。眞聖人也。" 이 말은『송고승전宋高僧傳』

권5에 보인다.

163 대연수大衍數 : 『주역』에서 말하는 기본수이며 우주의 기본수라고 하는데 50을 말한다.

164 첩여婕妤 : 한나라 때 후궁後宮의 한 계급이다. 후궁은 등급에 따라 여러 호칭이 있었는데, 미인美人·양인良人·팔자八子·칠자七子·장사長使·소사少使·첩여婕妤·경아娙娥·용화傛華·충의充依·소의昭儀·상가인上家人·하가인下家人 등이다. 역대로 전한 성제成帝 때 총애를 받은 반첩여班婕妤가 가장 유명하다.

165 여혜경呂惠卿(1032~1101) : 북송의 정치가로 자는 길보吉甫이다. 신종神宗·철종哲宗·휘종徽宗 연간에 활동하였다. 현종顯宗과의 관계는 확실하지 않으며, 현종도 어느 왕조의 어느 임금을 가리키는지도 불분명하다.

166 자수원慈壽院 : 원래는 자수궁이었는데, 나중에 자수원이라 하여 후궁이나 승려를 살게 하였다.

167 인수원仁壽院 : 원래는 인수궁이었는데, 나중에 인수원이라 하여 후궁이나 승려를 살게 하였다. 『조선왕조실록』 1661년(현종 2) 2월 12일 기사에 의하면 자수원과 인수원을 혁파했다고 하였다.

168 내원당內願堂 : 원당은 원찰願刹이라고도 하며 죽은 사람의 명복을 비는 법당이다. 궁중 안에 둔 것을 내불당 또는 내원당, 내도량內道場이라고 한다.

169 방포원정方袍圓頂 : 승려를 말한다. 방포方袍는 중이 입는 방형方形의 승복을 말하며, 원정圓頂은 둥근 머리란 뜻으로 모두 중을 뜻한다.

170 나만 홀로 백성이 아니냐(我獨非民) : 『시경』에 이 구절은 없다.

171 이상의 기사는 『불조역대통재』 권15에 보이는데 766년(당 대종 대력 원년)에 일어난 일이다.

172 삼종三宗 : 황제黃帝·요·순 임금을 말한다.

173 칠묘七廟 : 천자의 종묘, 곧 태조의 종묘와 삼소三昭·삼목三穆의 총칭이다.

174 조주祧主 : 봉사손奉祀孫과 대수代數가 끊어진 먼 조상의 신주를 말한다.

175 소昭 : 소목昭穆의 소를 말한다. 소목은 종묘나 사당에 조상의 신주를 모시는 차례이다. 왼쪽 줄을 소라 하고, 오른쪽 줄을 목穆이라 한다. 1세를 가운데에 모시고 2세, 4세, 6세는 소에 모시고, 3세, 5세, 7세는 목에 모신다.

176 체협지사禘祫之祀 : 임금이 시조에게 올리는 큰 제사를 말한다.

177 신이 노하면~바라보지 않는다(神怒不嚮其國) : 『안자춘추晏子春秋』에는 "귀신이 그 나라의 제사 음식을 받아먹지 않고 재앙을 내린다.(鬼神不饗其國以禍之)"로 되어 있다.

178 용용俑 : 사람 모양으로 만든 인형을 말한다. 『맹자』 「양혜왕」 상에서 "공자가 말하기를, 처음으로 용을 만든 사람은 아마도 후손이 없을 것이다. 그가 사람의 모습을 본떠서

만들었기 때문이라고 하였다.(仲尼曰。始作俑者。其無後乎。爲其象人而用之也。)"라고 하였다.
179 석씨石氏 : 오호십육국五胡十六國 시대에 후조後趙를 세운 석륵石勒을 말한다.
180 목자木子 : 나무로 된 위패, 또는 '이李'를 말한다. 조선 왕실이 이씨李氏에 의해 건국되었음을 뜻한다.
181 오전五典 : 오상五常과 같은 말이다. 부자유친父子有親, 군신유의君臣有義, 부부유별夫婦有別, 장유유서長幼有序, 붕우유신朋友有信을 말한다.
182 칠정七政 : 일월日月과 오성五星(수성·화성·목성·금성·토성)을 말한다.
183 오전五典이 순조롭게~고르게 하며 : "五典克從。百揆時叙。齊七政." 『서경』「순전」에 기사가 보인다.

임성당 대사 행장任性堂大師行狀

사조석嗣祖釋 흥비운지興悲運智 변재무애辯才無碍 부종수교扶宗樹敎 복국우세福國祐世 대각등계大覺登階 처능處能이 짓고 쓰다.

대사의 이름은 충언忠彦, 속성은 김씨金氏로 전주全州 봉상리峰上里 사람이다. 자호는 임성任性이다. 어머니 최씨崔氏가 상서로운 조짐이 몸에 들어오는 태몽을 꾸었는데 깨어나니 임신이 되어 있었다. 정묘년(1567, 명종 22) 12월 19일에 태어났다. 조금씩 성장하자 골격이 훤칠하고 웅대한 기상이 뿜어져 나와 사람들이 기이하게 여겼다. 18세에 어머니에게 말씀드려 출가를 하겠다고 요구하니 부모가 허락하였다.

천정 대사天定大師를 따라가 머리를 깎고, 탄연 대선사誕衍大禪師에게 구족계具足戒를 받고 스님이 되었다. 21세에 수계를 받고 추줄산崷崒山(전라북도 완주군 소재)에 들어가 학호 공學浩公을 찾아뵈었는데, 공이 법기法器로 여겼다. 외부와의 접촉을 끊고 학호 공을 3년 동안 모셨다. 학호 공과 작별 인사를 하고 대둔산大芚山으로 들어가 정관 대사靜觀大師를 찾아가 공부하였다. 정관 대사의 이름은 일선一禪으로 당대의 대강주大講主였으며, 도가 남북으로 퍼져 스님으로서 교해敎海에서 법어를 구하는 사람들이 모두 깨우침을 구하니, 강석에 모인 대중이 5백 명이나 되었다.

대사는 불경의 오묘한 뜻을 듣고서 푹 빠져들어 연구하였다. 대사는 은밀히 마음으로 다짐하기를, "가르침의 근원에 자유자재로 해석을 할 수 있어야 한다. 필요하지 않으면 그만이지만 필요하다면 여기를 버리고 어디로 간단 말인가? 몸을 바치고 뼈가 부스러지는 정성을 바쳐야 하고, 사병전등瀉甁傳燈[1]할 수 있는 영민함을 배워야 한다."라고 하면서 새벽부터 밤늦게까지 가르침을 부탁하였으며 열심히 노력하면서 지칠 줄 몰랐다. 정관 역시 감탄을 하고 불교도의 호련瑚璉(뛰어난 인재)이라고 여기면서 자랑스럽게 생각하였다.

   대사는 가르침을 가슴속에 깊이 새기고서 열심히 칠팔 년을 공부하였다. 『금강경』·『능엄경』·『법화경』 등 세 경전의 핵심적인 뜻을 물으니 청출어람青出於藍이라는 명예가 있었다. 이때부터 뛰어나다는 소문이 사방에 널리 퍼졌다. 당시에 유명한 호연 태호浩然太浩·무염 계훈無染戒訓·운곡 충휘雲谷冲徽 등 마음이 열린 모든 스님들도 와서 함께 공부를 하였다. 서로 질문하며 토론할 때는 대사가 제일 민첩했는데, 나머지 사람들은 모두 굴복하였으나 속으로 두려운 마음을 품고 대사를 시기하였다.

   정관 대사가 속리산으로 가자 대사 역시 따라갔다. 의문이나 막히는 곳이 있으면 질문을 해서 나날이 다달이 정진하여 불법의 오묘함을 완전히 맛보고 모두 터득하였다. 이듬해인 을사년(1605, 선조 38)에 정관 대사가 청을 받아 덕유산의 구천동九千洞에 들어가자 대사도 짐을 꾸려 동안거에 참가하였다. 또 다음 해 봄에 정관 대사가 노쇠하자 홀연 근본으로 돌아가고자 생각하여 속리산으로 돌아가면서 임성당 대사에게 대중을 거두어 보살펴 달라고 부탁하였다. 임성당 대사가 삼가 부탁하는 말을 따르니 따라온 대중들이 수백 명이 되었으며 이곳에서 6년 동안 강의를 하였다.

   이윽고 정관 대사가 세상을 떠나자 임성당 대사를 따라와 공부하겠다는 사람이 저잣거리 같았고 법석은 더욱더 크게 위세를 떨쳤다. 경술년(1610, 광해군 2)에 대사가 추줄산으로 가서 두 철 동안 설법을 하니 공부하겠다는 사람이 더욱 많이 몰려들었다. 대사는 각 개인의 근기根機에 적합하게 응답을 하니 모두 의주衣珠[2]를 얻었다. 임자년(1612, 광해군 4)에 대둔산으로 자리를 옮겨 최초로 세운 뜻을 펼쳤다. 계축년(1613, 광해군 5)에 화암사花巖寺(전라북도 완주군 소재)에서 잠시 머물면서 후대 사람들을 위한 모범적인 글을 남겼다. 갑인년(1614, 광해군 6) 연말에 추줄산의 위봉사威鳳寺로 들어갔다. 을묘년(1615, 광해군 7)에 본원本源에 몰두하려고 덕유산으로 되돌아갔다. 을축년(1625, 인조 3)에 덕유산 향적암香積菴에서 좌선을 하였는데, 내기內機³를 관조하기 위함이었다. 무오년(1618, 광해군 10)에 덕유산 계조굴繼祖窟에 은거하였는데 외부와의 인연을 끊고자 하기 위함이었다.

대사가 전후로 설법을 한 지 30여 년 동안 불법의 바른 의미를 설명하여 널리 퍼뜨리고 후학들을 일깨워 주었다. 그 이외의 신도들도 모두 귀의할 곳을 얻고서 다만 불법에 참여함이 늦었음을 안타까이 여겼다.

무인년(1638, 인조 16) 3월에 대사는 건강이 좋지 않았다. 범종 소리가 퍼지자 여러 스님들에게 "세상 사람들은 영리하게 살아가는 것을 자랑으로 여긴다. 세상일에 대해서도 내가 잘할 수 있고 내가 이해한다고 말하지 않는 사람이 없다. 그런데 자신의 존재에 대해 물어보면 모두가 모른다고 하니, 애석하고도 슬프다. 너희들은 허세를 부리지 말고 스스로 깨닫도록 노력하라."라고 하였다. 이어 붓을 찾아서 칠언 게송을 지었다.

한 가닥 고목나무가 식은 재처럼 되었으니	一條枯木似寒灰
봄을 만나도 꽃을 피우지 못하는구나.	頗有逢春花不開
세월이 오래되어 풍우에 꺾였으니	歲久年深風雨折
오늘 모두 병정대丙丁臺에 집어넣으리라.⁴	今將都付丙丁臺

또 게송을 지으니 다음과 같다.

칠십여 년을 꿈속의 집에서 노닐면서	七十餘年遊夢宅
허깨비 몸만 키웠으니 편안치 못하구나.	幻身但養未安寧
오늘 아침 껍데기를 벗고 원적으로 돌아가니	今朝脫殼歸圓寂
고불당古佛堂 앞에 깨달음의 달 밝아라.	古佛堂前覺月明

즉시 붓을 던지고 누워 몇 마디 웅얼거리더니, "난 가련다. 이번 달 30일이 지나면 깨끗한 물을 가져와 나의 몸을 씻어 달라."라고 하였다.

4월 1일 이른 새벽에 합장하고 단정히 앉아서 세상을 떠났으니 속세 나이 72세요, 스님 나이 55세이다. 제자인 각민覺敏·지선智禪·영신英信 등이 화장을 하여 사리를 수습하였으며, 덕유산 구천동에 부도를 세웠다고 한다. 아래와 같이 찬讚한다.

가르침의 바다 넓고 넓어 끝이 보이지 않으니	教海漫漫未見涯
그 얼마나 많은 나그네들이 건너옴 더디었던고?	幾多歸客渡來遲
우리 스님 홀로 외로운 배에 달을 실었으니	吾師獨載孤舟月
다른 때가 아니라 물결이 출렁거릴 때라네.	無他波瀾出沒時

내가[5] 불교 족보(釋譜)와 우리나라 전법傳法의 원류源流를 살펴보니, 고려 시대의 스님 태고 보우太古普愚가 중국에 들어가 하무산霞霧山의 석옥 청공石屋淸珙 선사를 찾아가 그의 법을 얻었다. 태고는 해동으로 와서 환암 혼수幻菴混修에게 전하였고, 혼수는 구곡 각운龜谷覺雲에게, 각운은 등계 정심登階淨心에게 전하였다.

정심은 사태沙汰로 인하여 머리를 기르고 처자식을 거느리고 황악산黃岳山으로 들어가 고자동古紫洞 물한리物罕里에서 은거 생활을 하면서 행적을 감추었다. 임종 시에는 벽송 지엄碧松智儼에게 선학禪學을 전하였다. 지엄은 부용 영관芙蓉靈觀에게 전하였고, 영관의 문하에서 두 사람의 법안이 배출되었으니, 청허 휴정淸虛休靜과 부휴 선수浮休善修이다.

청허는 도와 덕행이 남보다 뛰어났으며 재주는 타인보다 훨씬 우수하였다. 문장과 필법筆法 모두 당대에 빛이 났다.

부휴는 법法을 보는 안목이 매우 높았다. 인연이 닿은 스님을 지도하여 모인 제자들도 7백 명이 되었으며 모두 한 시대의 으뜸가는 스승이 되었다고 한다.

정심은 정련 법준淨蓮法俊에게 교학敎學을 전하였다. 법준은 『법화경法華

經』의 오묘한 뜻에 정통하여 사람들이 그를 '준법화俊法華'라고 불렀다.

　법준은 백하 선운白霞禪雲에게 전하였고, 선운은 정관 일선靜觀一禪에게 전했다. 일선은 만년에 청허가 불법을 강연하는 자리에 참가하여 『금강경』과 『능엄경』 등 여러 경전을 대강代講하였다. 교학을 바라보는 안목이 분명하여 배우는 이들이 감탄하여 모두 생生·조肇[6]가 다시 태어났다고 여겼으니 그가 대중들의 존경을 받음이 이와 같았다.

　대사는 정관에게 불법을 전수받았다. 정관이 설법하는 자리 아래에는 배우는 이들이 많기는 하였으나 깊이 터득하여 말고삐를 나란히 하여 멀리 달리거나 채찍을 휘둘러 앞서거니 뒤서거니 하는 사람은 오직 호연 태호·무염 계훈·임성 충언 등 몇 사람이 있을 뿐이었다. 그러나 임성의 학문이 그들 중에서 가장 뛰어났다.

　정유년(1657, 효종 8) 봄에 남봉 대사南峰大師 영신英信은 나와 함께 벽암 대사가 주관하는 강학회講學會에 있었다. 남봉南峰은, 즉 임성 대사의 적통嫡統을 이어받은 수제자이다. 하루는 나에게 가까이 다가와 "나의 스승인 임성 대사가 돌아가신 지 이미 오래되었습니다. 비석을 세워 언행을 기록한 일도 없고, 또 일생의 행적을 서적으로 간행한 일도 없습니다. 이름이 전하지 않고 앞으로 사라지게 될까 걱정이 됩니다. 실제의 이치에서 본다면 명성이 전해지고 전해지지 못함은 떨어진 신발처럼 하찮은 일일 뿐입니다. 그렇지만 제자가 된 저의 입장에서는 걱정이 되지 않을 수가 없습니다. 스님께서 우리 스승의 행적을 기록해 주시기를 원합니다."라고 하였다.

　나 역시 예전에 만나 뵙기를 원했지만 만나지 못하였으며, 한마디 말이라도 도와주려고 생각을 한 지가 여러 해 되었다. 또 남봉 대사 영신이 스승을 위하는 정성을 가상히 여겨 마침내 몇 마디 말을 짓고 붓이 가는 대로 쓴다. 천 리 여행길에 몸과 마음이 모두 피로하고 문장력도 엉성하여 볼만한 것이 없지마는 스승의 은혜를 기억하는 이들이 이것을 본다면 눈물을 적시는 데 약간의 도움은 줄 수 있을 것이다.

정유년 4월 16일 백곡 도인이 삼가 지리산 칠불암七佛菴에서 쓰다.

任性堂大師行狀

嗣祖釋輿悲運智辯才無碍扶宗樹教福國祐世大覺登階處能撰 幷書
大師法諱忠彦。俗姓金氏。全州峰上里人也。自號任性。母崔感瑞兆入夢。
覺而有娠。以丁卯十二月十九日誕師焉。稍壯骨相嶷然。多魁偉氣。人異
之。十八白所生求出家。父母許之。從天定大師剃髮。受具於大禪師誕衍。
得度。二十一入崑崙山。謁叅學浩公。公器之。捉接不外。遂奉匜三季。辭
入大芚山。叅靜觀大師。靜觀諱一禪。爲一代大講主。道播南北。緇學之求
筏於教海者。咸臻扣證。講下衆盈牛千。師聽其徽音。潰累者居多。潜矢心
曰。游刃於教源。不須則已。須則舍此奚適。獻捐軀碎骨之誠。斅瀉瓶傳燈
之敏。晨曛請益。亹亹不厭。靜觀亦歎。矜以爲釋門瑚璉也。師服膺勤欵者
七八季。咨訣金剛楞嚴灊華三教奥旨。有出籃[1]之譽。繇是令聞四遠。一時
名釋。如浩然太浩無染戒訓雲谷冲徽諸開士。亦來同榻。互相設難。師每大
捷。餘皆束扛。懷悒冒疾之。靜觀之之俗離也。師亦隨去。類叩疑碍處。日
磨月琢。嚌嚽其妙。盡得之。越明年乙巳。靜觀受請。詣德裕之九千洞。師
負包從叅結冬。又明年春。靜觀老倦矣。忽思歸根。還向俗離。囑師代攝衆。
師祇遹教言。衆駿附盈數百。聿講六季。曁靜觀歸寂。負笈者如市。法席益
大闡。庚戌師赴崑崙。演法二夏。執筵者彌歸。師逗機隨應。咸得衣珠焉。壬
子移錫于大芚。償初志。癸丑掛楉于花巖。留後範。甲寅臨末。稍入威鳳。
乙卯思本源還德裕。乙丑宴坐香積菴。觀內機故也。戊午隱居繼祖窟。息外
緣故也。師前後說法卅餘載。演暢諸乘格義。開覺後進。咀其緒餘者。俱獲
所歸。秪以叅預遲暮爲恨耳。越戊寅三月。師恫瘝。聲鍾執衆而告之曰。世
人之自矜恰利者。於其閒事。則莫不曰我能我解。至於問其自家。則拼[2]云
不知。惜哉悲哉。爾等毋得虛頭。用勘自覺。洒索筆。題七字偈曰。一條枯
木似寒灰。頗有逢春花不開。歲久年深風雨折。今將都付丙丁臺。又曰七十

餘年遊夢宅。幻身但養未安寧。今朝脫殼歸圓寂。古佛堂前覺月明。即擲筆而臥。咄數聲曰。吾將行也。經其月卅日。覓淨水。浴其身。至四月初吉詰朝。合掌端坐而逝。東壽七十二而臘五十五。門人覺敏智禪英信等。茶毗收靈骨。樹浮屠于德裕之九千洞中云。讚曰。

敎海漫漫未見涯　幾多歸客渡來遲

吾師獨載孤舟月　無他波瀾出沒時

余按釋譜[3]曁東僧傳法源流。麗普愚號太古。入中國。叅霞霧山石屋淸珙禪師。得其法東還。傳之幻菴混修。混修傳之龜谷覺雲。覺雲傳之登階淨心。淨心因沙汰。長髮畜妻孥。入黃岳山。隱居于古紫洞物窄里。晦迹焉。將啓手足。傳禪于碧松智嚴。智嚴傳之芙容靈觀。靈觀門下出二法眼。曰淸虛休靜。曰浮休善修也。淸虛道德拔萃。才氣絶倫。文章筆法。並煥當世。浮休法見高俊。與衲子有緣。搖拂下衆盈七百。皆爲一代宗師云。淨心傳敎于淨蓮法俊。法俊精通法華奧旨。人號俊法華。法俊傳之白霞禪雲。禪雲傳之靜觀一禪。一禪晚叅淸虛法席。代講金剛楞嚴等諸經。敎眼明白。學者推服。咸以爲生肇復出。其取重如此。任性大師。受業於靜觀。靜觀講下。聽學雖夥。其得之深入。或並轡遐邁。或爭鞭後先者。唯浩然太浩。無染戒訓。任性忠彦若干輩。而任性之學。尤出其右云。丁酉之春。南峰大師英信。與余同在碧巖會中。南峰卽任性大師嫡傳神足也。一日附耳曰。我師任性大師。云亡已久。第闕樹石系辭之事。且無入梓紀行之迹。將恐名不傳而泯然迨滅矣。以實觀之。名之傳不傳。不翅若廢屣。然爲弟子者。不得不奉慮。願子試述吾師迹。余亦曾欲願叅而未果。思所以措補一言者有年矣。又嘉信公爲師之誠。遂搆數語。信筆而揮之。千里逆旅。心腕俱倦。文筆荒澁。雖不足觀也。然思師恩者覽之。則可以供抆涕之一助云爾。

歲丁酉淸和旣望何有□白谷道人。謹再拜書于方丈之七佛菴中云。

1) ㉑ '籃'은 '藍'의 오자이다. 2) ㉑ '幷'은 '幷'의 오자이다. 3) ㉑ '余按釋譜' 이하는 『白谷集』(『韓國佛敎全書』 제8책 323면 중~하)에 있는 내용이다.

임성 대사의 법사(任性大師法嗣)

지선智禪 · 지근志勤 · 각민覺敏 · 혜원惠遠 · 지묵智默 · 성현性賢 · 규습圭習 · 천승天勝 · 옥림玉琳 · 의엄義嚴 · 덕인德忍 · 신휘神暉 · 덕여德興 · 행수行修 · 영운靈運 · 희감熙感 · 영감靈感 · 성수性修 · 법심法心 · 유승惟勝 · 신암信菴 · 해정解淨 · 경해敬解 · 의율擬律 · 정응淨凝 · 신현信玄 · 계운戒云 · 태충太忠 · 충형忠泂 · 명원明遠 · 계종戒宗 · 도엄道嚴 · 덕보德寶 · 승신勝信 · 계일戒一 · 의원義元 · 계현戒玄 · 의규義圭 · 법인法印.

智禪。志勤。覺敏。惠遠。智默。性賢。圭習。天勝。玉琳。義嚴。德忍。神暉。德興。行修。靈運。熙感。靈感。性修。法心。惟勝。信菴。解淨。敬解。擬律。淨凝。信玄。戒云。太忠。忠泂。明遠。戒宗。道嚴。德寶。勝信。戒一。義元。戒玄。義圭。法印。

인연이 되어 도와주신 분들(助緣秩)

내웅乃雄 · 지연智衍 · 현철玄哲 · 한운閑云 · 숭해崇解 · 정오淨悟 · 법영法英 · 천응天應 · 자운慈運 · 경뢰敬雷 · 청원淸元 · 지심智心 · 천운天云 · 성융性融 · 정능淨能 · 희옥熙玉 · 정일淨一 · 유경有經 · 혜학惠學 · 설화雪花 · 현관玄寬 · 인정印淨 · 덕해德海 · 덕응德應 · 혜휘惠暉 · 삼학三學 · 계경戒冏 · 경한敬閑 · 지행智行.

乃雄。智衍。玄哲。閑云。崇解。淨悟。法英。天應。慈運。敬雷。淸元。智心。天云。性融。淨能。熙玉。淨一。有經。惠學。雪花。玄寬。印淨。德海。德應。惠暉。三學。戒冏。敬閑。智行。

글자를 새긴 사람(刻字)

회일懷一.

懷一。

주

1 사병전등寫瓶傳燈 : 불법이 남김없이 계속해서 전해짐을 말한다. 사병은 병의 물을 그대로 다른 병에 쏟아붓는 것으로 스승이 제자에게 불법을 전수할 적에 조금도 남김없이 그대로 전해 줌을 말한다. 전등은 법맥이 끊어지지 않고 이어가는 일이 마치 등불이 꺼지지 않고 계속됨을 비유하는 말이다.
2 의주衣珠 : 자기 옷 안에 있는 진주를 뜻한다. 모든 인간이 불성을 깨달을 수 있는 보배를 가지고 있음을 비유한다. 먼 길 떠나는 친구의 옷 속에 보배를 넣어 주었는데 그 친구는 옷 속에 들어 있는 보배를 알지 못하고 고생하였다는 일화가 있다. 『법화경』에 보인다. 즉 중생들이 우리 몸속에 있는 보배를 모르고 있음을 비유한 것이다.
3 내기內機 : 내 몸 안의 우주 에너지의 기미를 말한다.
4 병정대丙丁臺에 집어넣으리라 : 병정은 방위로는 남방南方이며 화火를 의미한다. 부병정付丙丁이란 말은 불에 넣어 태워 버린다는 의미이다.
5 이하는 〈서序〉에 해당한다.
6 생生·조肇 : 중국의 고승인 도생道生(?~434)과 승조僧肇(383~414)를 가리킨다. 모두 구마라집鳩摩羅什(343~413)의 제자이다.

찾아보기

가야산伽耶山 / 263
각원覺圓 / 302
간 대사偘大士 / 97
강성사江城寺 / 85
강양江陽 / 166
강화도江華島 / 202
개원사開元寺 / 101
격포진格浦鎭 / 117
고란사皐蘭寺 / 204
고려산高麗山 / 202
고산高山 / 186
고한 희언孤閑熙彦 / 296, 300
공주公州 / 190
관음재觀音齋 / 50
광릉光陵 / 264
광양현光陽縣 / 318
광주廣州 / 269
구곡 각운龜谷覺雲 / 249, 392
구봉서具鳳瑞 / 296
국청사國淸寺 / 104
군산群山 / 206
금강錦江 / 58, 190
『금강경金剛經』 / 249, 390, 393
금강산金剛山 / 175, 210, 269
기 대사奇大師 / 116
기성箕城 / 321
김석주金錫冑 / 27, 316
김 파여金波如 / 206

나옹대懶翁臺 / 50
낙수암樂壽菴 / 197
낙전당樂全堂 신익성申翊聖 / 25
낙화암落花巖 / 192, 204
남봉 영신南峰英信 / 250, 393
남한산南漢山 / 294
남한산성南漢山城 / 26, 104, 154
노수신盧守愼 / 305
논산論山 / 324
늑 대사勒大師 / 81
늑 상사勒上士 / 259
『능엄경楞嚴經』 / 249, 390, 393

대둔산大芚山 / 389
대방帶方 / 39
대원사大元寺 / 91
대흥사大興寺 / 180
덕유산德裕山 / 300, 306, 390, 391, 392
덕인 대사德仁大師 / 77
도림道林 / 208
도선道詵 / 360
동명東溟 정두경鄭斗卿 / 25, 26, 29, 99, 100, 185, 265
동산桐山 / 180
동주東州(철원) / 284

찾아보기 • 399

동주東州 이민구李敏求 / 145
동회東淮 / 39, 99, 133, 134, 139, 162, 169, 182, 320
두류산頭流山 / 45, 193, 306
등계 정심登階淨心 / 249, 392
등봉사登峯寺 / 73

마산馬山 / 87
마야사摩耶寺 / 132
마운사摩雲寺 / 66
마천대摩天臺 / 128
명의明義 / 311
모악母岳 / 208
묘향산妙香山 / 146, 192, 286
무염 계훈無染戒訓 / 250, 390
무학 대사無學大師 / 357
밀양密陽 / 126

백계산白鷄山 / 115
백광훈白光勳 / 265
백마강白馬江 / 131, 136
백운산白雲山 / 115, 295, 316
백운암白雲菴 / 282
백월산白月山 / 143
백월암白月庵 / 120
백장사百丈寺 / 308
백제성百濟城 / 173
백주白洲 이명한李明漢 / 70, 71, 141

백하 선운白霞禪雲 / 249, 393
백헌白軒 / 67, 140
법성포法聖浦 / 119
법주사法住寺 / 297
『법화경法華經』 / 249, 390, 392
벽송 지엄碧松智儼 / 249, 392
벽암 각성碧嵒覺性 / 25, 250, 256, 292, 301, 307, 315
보개산寶蓋山 / 211, 296
보령保寧 / 106
보림사寶林寺 / 88
보정 대덕寶晶大德 / 292
복천사福泉寺 / 147
봉국사奉國寺 / 269
봉두타峯頭陁 / 61
봉명사鳳鳴寺 / 143
봉명암鳳鳴菴 / 143
봉선사奉先寺 / 264, 363
봉은사奉恩寺 / 264, 363
봉인사奉印寺 / 307
부산사浮山寺 / 109
부석사浮石寺 / 181
부소산扶蘇山 / 58
부여扶餘 / 124
부용 영관芙蓉靈觀 / 249, 305, 392
부휴 선수浮休善修 / 249, 292, 293, 294, 300, 305, 392
불자암佛子菴 / 135
비인庇仁 / 196

사라촌沙羅村 / 60

사선정四仙亭 / 213
삼전도三田渡 / 173
삼청동三淸洞 / 207
상원암上院菴 / 294
서운산棲雲山 / 209
『석씨원류釋氏源流』 / 282
석옥 청공石屋淸珙 / 249
석혜釋惠 / 263
선화 경림禪花敬林 / 264
설묵 장로雪黙長老 / 292
설성雪城 / 284
성부산星浮山 / 269, 315
성일 대사性一大師 / 192
성주산聖住山 / 26
성흥산聖興山 / 311
소요산逍遙山 / 215
소요 태능逍遙太能 / 293, 315
속리산俗離山 / 25, 302, 390
송광사松廣寺 / 295, 307
송민고宋民古 / 148
송운 유정松雲惟政 / 292, 305
송월 응상松月應祥 / 293
수국암壽國菴 / 293
수월암水月菴 / 121
순강鶉江 / 93
순천順天 / 201
신명 장로信明長老 / 305
신성新城 / 110
신의화申儀華 / 149
신정사神芝寺 / 114
신최申最 / 149
쌍계사雙溪寺 / 25, 45, 258
쌍암雙菴 / 63

◉

아미산峨嵋山 / 26
아미암峩嵋菴 / 205
안령鞍嶺 / 63
안흥진安興鎭 / 217
양열良悅 / 45
여악사廬岳寺 / 94
연기사煙起寺 / 215
오서산烏棲山 / 143
옥섬玉暹 / 315
옥천사玉泉寺 / 127
온성溫城 / 144
온조성溫祚城 / 211
온천 행궁溫泉行宮 / 216
용만龍灣 / 320
용봉사龍鳳寺 / 219
용성龍城 / 180
용안龍安 / 103
용흥사龍興寺 / 126
운곡 충휘雲谷冲徽 / 293, 390
운장암雲藏菴 / 136
웅철雄哲 / 93
『원각경圓覺經』 / 306
원 대사遠大師 / 179
원두표元斗杓 / 295
원효사元曉寺 / 128
위봉사威鳳寺 / 390
유점사楡岾寺 / 272
율령栗嶺 / 180
은선암隱仙菴 / 198
응암 대사應巖大師 / 115
의상대義湘臺 / 128
의천 상인義天上人 / 95

이달李達 / 265
이시방李時昉 / 315
익 대사益大師 / 200
익산군益山郡 / 148
인 대사仁大師 / 180
인 대사印大師 / 91
인 대사忍大師 / 94
인 도인璘道人 / 96
인동仁同 / 150
인 상인仁上人 / 212
인 존숙忍尊宿 / 183
일행一行 / 360
임 대사林大師 / 151, 226
임성 충언任性忠彦 / 249, 250, 390
임수대臨水臺 / 209
임운林芸 / 311
입암산성笠岩山城 / 315

진주(晋陽) / 38
진주晋州 / 159, 194
징파강澄波江 / 284

창룡굴蒼龍窟 / 136
처원 상인處愿上人 / 255
천봉산天鳳山 / 91
천정 대사天定大師 / 389
천주사天柱寺 / 71
철옹鐵瓮 / 145
청계사靑溪寺 / 121, 301
청라동靑羅洞 / 120
청주(西原) / 83, 152
청허 휴정淸虛休靜 / 249, 392
총석정叢石亭 / 212
최경창崔慶昌 / 265
최치원崔致遠 / 258
추줄산崷崒山 / 389, 390
춘소공春沼公 / 25, 26
춘파 대사春坡大師 / 283
충주(忠原) / 125
취령鷲嶺 / 357
취미 장로翠微長老 / 74
칠불암七佛菴 / 46, 188, 308, 394

장수사長水寺 / 94
적 대사迪大師 / 208
적상산성赤裳山城 / 295
『전등록傳燈錄』 / 282
전주全州 / 129
전천동箭川洞 / 294
정관 일선靜觀一禪 / 249, 389, 393
정련 법준淨蓮法俊 / 249, 392
조계산 송광사松廣寺 / 297
조비산鳥飛山 / 181
조영 대사祖瑛大師 / 311
지리산智異山 / 208, 293
지십智什 / 272, 282

탄연 대선사誕衍大禪師 / 389
태고 보우太古普愚 / 249, 392
태조산太祖山 / 132

택당澤堂 이식李植 / 62
『통재通載』 / 282
특 대사特大師 / 174

파릉현巴陵縣 / 121
팔공산八公山 / 301
팔영루八影樓 / 45
편양 대사鞭羊大士 / 59
풍악楓岳 / 116

하무산霞霧山 / 249
학 상인學上人 / 90
학서사鶴棲寺 / 127
향적암香積菴 / 390
해 두타海頭陀 / 175
해 선자海禪子 / 258
해숭위海嵩尉 윤신지尹新之 / 142

해심海心 / 92
해인사海印寺 / 292, 295, 297, 308
향림사香林寺 / 311
헌 상인憲上人 / 78
현계암玄溪菴 / 211
혜 대사惠大師 / 178, 210, 211
혜원惠遠 / 302
호거산虎踞山 / 126
호연 태호浩然太浩 / 250, 315, 390
호정壺亭 정두원鄭斗源 / 80, 282
홍주洪州 / 143
화 대사和大師 / 82
화봉사花峯寺 / 90
화엄사華嚴寺 / 295, 296
화엄종華嚴宗 / 296
환암 혼수幻菴混修 / 249, 392
황매黃梅 / 94
황악산黃岳山 / 249
회상淮上 / 25
회선懷善 / 214
회은悔隱 / 315
희 대사熙大師 / 88

한글본 한국불교전서

조·선·출·간·본

조선 1 작법귀감
백파 긍선 | 김두재 옮김 | 신국판 | 336쪽 | 18,000원

조선 2 정토보서
백암 성총 | 김종진 옮김 | 4X6판 | 224쪽 | 12,000원

조선 3 백암정토찬
백암 성총 | 김종진 옮김 | 4X6판 | 154쪽 | 9,000원

조선 4 일본표해록
풍계 현정 | 김상현 옮김 | 4X6판 | 180쪽 | 10,000원

조선 5 기암집
기암 법견 | 이상현 옮김 | 신국판 | 320쪽 | 18,000원

조선 6 운봉선사심성론
운봉 대지 | 이종수 옮김 | 4X6판 | 200쪽 | 12,000원

조선 7 추파집·추파수간
추파 홍유 | 하혜정 옮김 | 신국판 | 340쪽 | 20,000원

조선 8 침굉집
침굉 현변 | 이상현 옮김 | 신국판 | 300쪽 | 17,000원

조선 9 염불보권문
명연 | 정우영·김종진 옮김 | 신국판 | 224쪽 | 13,000원

조선 10 천지명양수륙재의범음산보집
해동사문 지환 | 김두재 옮김 | 신국판 | 636쪽 | 28,000원

조선 11 삼봉집
화악 지탁 | 김재희 옮김 | 신국판 | 260쪽 | 15,000원

조선 12 선문수경
백파 긍선 | 신규탁 옮김 | 신국판 | 180쪽 | 12,000원

조선 13 선문사변만어
초의 의순 | 김영욱 옮김 | 4X6판 | 192쪽 | 11,000원

조선 14 부휴당대사집
부휴 선수 | 이상현 옮김 | 신국판 | 374쪽 | 22,000원

조선 15 무경집
무경 자수 | 김재희 옮김 | 신국판 | 516쪽 | 26,000원

조선 16 무경실중어록
무경 자수 | 성재헌 옮김 | 신국판 | 338쪽 | 20,000원

조선 17 불조진심선격초
무경 자수 | 성재헌 옮김 | 신국판 | 166쪽 | 11,000원

조선 18 선학입문
김대현 | 성재헌 옮김 | 신국판 | 238쪽 | 14,000원

조선 19 사명당대사집
사명 유정 | 이상현 옮김 | 신국판 | 508쪽 | 26,000원

조선 20 송운대사분충서난록
신유한 엮음 | 이상현 옮김 | 신국판 | 324쪽 | 20,000원

조선 21 의룡집
의룡 체훈 | 김석군 옮김 | 신국판 | 296쪽 | 17,000원

조선 22 응운공여대사유망록
응운 공여 | 이대형 옮김 | 신국판 | 352쪽 | 20,000원

조선 23 사경지험기
백암 성총 | 성재헌 옮김 | 신국판 | 248쪽 | 15,000원

조선 24 무용당유고
무용 수연 | 이상현 옮김 | 신국판 | 292쪽 | 17,000원

조선 25 설담집
설담 자우 | 윤찬호 옮김 | 신국판 | 200쪽 | 13,000원

조선 26 동사열전
범해 각안 | 김두재 옮김 | 신국판 | 652쪽 | 30,000원

신·라·출·간·본

신라 1 인왕경소
원측 | 백진순 옮김 | 신국판 | 800쪽 | 35,000원

신라 2 범망경술기
승장 | 한명숙 옮김 | 신국판 | 616쪽 | 28,000원

신라 3 대승기신론내의약탐기
태현 | 박인석 옮김 | 신국판 | 248쪽 | 15,000원

신라 4 해심밀경소 제1 서품
원측 | 백진순 옮김 | 신국판 | 448쪽 | 24,000원

신라 5 해심밀경소 제2 승의제상품
원측 | 백진순 옮김 | 신국판 | 508쪽 | 26,000원

신라 6 해심밀경소 제3 심의식상품 / 제4 일체법상품
원측 | 백진순 옮김 | 신국판 | 332쪽 | 20,000원

신라 12 무량수경연의술문찬
경흥 | 한명숙 옮김 | 신국판 | 800쪽 | 35,000원

고·려·출·간·본

고려 1 일승법계도원통기
균여 | 최연식 옮김 | 신국판 | 214쪽 | 12,000원

고려 2 원감국사집
충지 | 이상현 옮김 | 신국판 | 480쪽 | 25,000원

고려 3 자비도량참법집해
조구 | 성재헌 옮김 | 신국판 | 696쪽 | 30,000원

고려 4 천태사교의
제관 | 최기표 옮김 | 4X6판 | 168쪽 | 10,000원

고려 5 대각국사집
의천 | 이상현 옮김 | 신국판 | 750쪽 | 32,000원

고려 6 법계도기총수록
저자 미상 | 해주 옮김 | 신국판 | 628쪽 | 30,000원

※ 한글본 한국불교전서는 계속 출간됩니다.

백곡 처능 白谷處能
(1617~1680)

속성은 전씨全氏이며, 1617년(광해군 9) 5월 3일에 태어나 1680년(숙종 6) 7월 1일에 입적하였다. 자는 신수愼守, 법명은 처능, 호는 백곡이다. 12세에 의현義賢을 따라 출가하였다. 17세경에 속리산에서 서울로 올라와 당대의 문장가이며 선조의 부마인 동양위東陽尉 신익성申翊聖(1588~1644)을 찾아가 스승으로 모시면서 4년 동안 배웠다. 20대 초반에 지리산에 있는 벽암 각성碧巖覺性(1575~1660)을 찾아가 스승으로 모시면서 입적할 때까지 배웠다. 묘향산·속리산·계룡산 등지에서 주로 생활을 하였고, 1657년(효종 8)에 대둔산의 안심사安心寺에 오래 머물면서 불법을 강설하였다.

옮긴이 임재완

성균관대학교 한문학과 박사 졸업, 한림대학교 태동고전연구소(지곡서당) 수료. 현재 한림대학교 태동고전연구소 연구 교수. 저서로 『세 분 선생님의 편지글』, 『조선시대 문인들의 초서 편지글』, 『정조대왕의 편지글』, 『백사 이항복 유묵첩과 북천일록』, 『삼성미술관 Leeum 소장 고서화 제발 해설집』, 공역으로 『성재집省齋集』 등이 있다.

교감 및 증의
김종진(동국대학교 불교학술원 조교수)
성재헌(한국불교전서 번역위원)
이대형(동국대학교 불교학술원 조교수)